U0830586

投入产出分析

刘新建 户艳辉 赵 阳 著

燕山大学出版社
·秦皇岛·

图书在版编目(CIP)数据

投入产出分析 / 刘新建, 户艳辉, 赵阳著. -- 秦皇岛 : 燕山大学出版社, 2025. 6. -- ISBN 978-7-5761-0834-7

Ⅰ. F223

中国国家版本馆 CIP 数据核字第 20258VQ218 号

投入产出分析

TOURU CHANCHU FENXI

刘新建 户艳辉 赵 阳 著

出 版 人:陈 玉
责任编辑:王 宁
责任印制:吴 波　　封面设计:刘韦希
出版发行:燕山大学出版社 YANSHAN UNIVERSITY PRESS　　电 话:0335-8387555
地 址:河北省秦皇岛市河北大街西段 438 号　　邮政编码:066004
印 刷:涿州市般润文化传播有限公司　　经 销:全国新华书店

开 本: 787 mm×1092 mm 1/16　　印 张: 13.25
版 次: 2025 年 6 月第 1 版　　印 次: 2025 年 6 月第 1 次印刷
书 号: ISBN 978-7-5761-0834-7　　字 数: 345 千字
定 价: 88.00 元

版权所有 侵权必究
如发生印刷、装订质量问题,读者可与出版社联系调换
联系电话:0335-8387718

前　　言

投入产出技术已经成为经济研究的最有力工具,被用于经济结构分析、能源与环境分析、劳动力分析、税收政策分析、经济预测、国家或地区间经济关系分析等各个方面。本书是经济管理类本科生学习投入产出分析课程的入门教材。课程教学目标是使学生掌握投入产出分析基本原理,初步学会以投入产出表为基础建立经济分析模型的方法论,能够应用投入产出技术进行简单的经济政策分析,并通过投入产出表更好地理解国民经济核算主要指标体系,对经济作出基本评价。

学习一门学科,首先应从总体上把握其知识体系结构。一门学科的知识体系总体结构一般如下图所示。

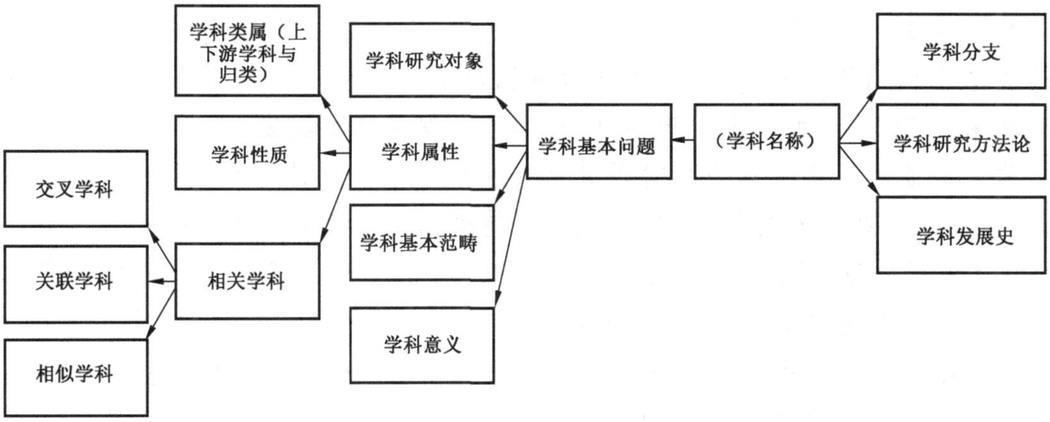

学科知识结构图

基于学科知识结构图,投入产出分析的教学内容应包括如下部分:

(1)投入产出分析的学科属性;

(2)投入产出分析的基本范畴和研究对象;

(3)投入产出分析的学术与实际应用意义;

(4)投入产出分析的研究方法论:技术创建方法,技术应用方法;

(5)投入产出分析的分支体系;

(6)投入产出分析的发展史。

本书的基本指导思想是全面准确阐述基本范畴,严谨解释相关经济理论,简明且正确地介绍基本投入产出技术,正确阐明基本概念,使用简化的数学模型展示投入产出经济学研究方法。因此,本书的特色可以概括为:全面、准确、严谨、简明、正确、简化。简要而言,就是保证内容的科学性,照顾本科生学习的特点。科学性要求首先是严谨地定义概念,特别是基本范畴,这是一门学科能被称为科学的前提。投入产出分析作为应用性极强的学科,由于现实经济极度复杂,实际测度用的指标范畴难免存在内涵边界模糊、数量外延不精确的问题,但是作为理论基础的基本概念必须内涵清晰、外延明确。基于这一认识,我们重新认识了完全消耗系数、完全分配系数、感应度系数等概念的经济意义内涵,重新认识了国内生产总值的经济性质,严谨地推导了固定资本形成流量和存量的关系。但在实际应用中需要近似处理,如:把投资时滞规定为一年或一年以内;为了便于理解,把直接消耗系数简单地解释为单位总产出对一种投入产品的消耗量。从照顾本科生的学习特点方面考虑,本书没有深入讨论动态投入占用产出模型的多年时滞模型,没有引入更复杂的全球价值链分析问题。授课教师可以根据学生的具体情况进一步精简某些内容,如地区间投入产出分析部分可以少讲一些。

第 3 章对投入产出表编制理论和技术作了详尽的描述,这是理解投入产出分析理论的基础,对于本科生和研究生来说都是应熟悉的。书中单列了一章投入产出分析发展史(第 9 章),认真考证了一些史实,提供了丰富的史料。学习学科史对培养学生正确的科学史观、增强创新意识非常有意义。完成本课程教学的最低学时要求是 24 学时加若干实验学时,教师可根据具体情况安排。

为了使读者认识到本书相对于其他已出版教材(特别是本科教材)的独特之处,从而注意一些关键的技术和理论修正,特列出主要的差异如下:

(1)清晰明确地定义术语"投入产出分析",厘清投入产出分析与投入产出技术和投入产出表的关系,阐明了投入产出分析的学科性质。

(2)深入讨论了投入产出分析学科的研究对象,区分了投入产出分析学科的研究对象和投入产出技术应用的研究对象。

(3)明确了投入产出分析学科的分支体系和紧密相关学科。

(4)明确 National 的正确翻译应是国家而不是国民,避免对 GDP 和 GNI 概念的误解。

(5)从企业经济核算出发定义基本范畴、推导投入产出表的结构。

(6)系统简明地介绍国民账户体系(system of national accounts, SNA)和中国国民经济核算体系,严谨地定义国内生产总值(gross domestic product, GDP)和国民总收入(gross national income, GNI),使学生形成清晰且正确的经济理论基本概念。

(7)从封闭经济体出发定义基本概念,构建理论投入产出表结构,并平滑过渡到开放经济体投入产出表;揭示微观产出概念与宏观产出概念的差异,说明宏观不是微观的简单线性叠加。

(8) 深入讨论了 GDP 核算中的理论问题,破除对 GDP 的神秘感和误解。

(9) 更深入详细地讨论了几类特别生产活动的产出核算问题。

(10) 提出了系统的结构关系定理,揭示了投入产出关系中的多种结构依存关系。

(11) 重新解释了完全分配系数的经济意义。

(12) 重新解释了完全和间接消耗系数的意义。

(13) 系统介绍了投入占用产出技术和动态投入占用产出建模。通过单部门与多部门的比较,使学生更深刻地理解相关系数的经济意义和模型的结构。

(14) 以系统工程方法论阐述投入产出表编制的理论与技术,提出了编表理论中的 5 个二难悖论。

(15) 对 RAS 法的 R 和 S 的经济意义进行了重新解释。

(16) 系统阐述了基于投入产出表的结构分析。

(17) 介绍了新的投入产出综合系数——推动力系数。

(18) 重新解释了感应度系数。

(19) 系统讨论了扩展的完全系数的应用,包括各项最初投入完全系数、完全能耗系数、完全耗水系数。

(20) 独立设置价格分析一章,使得投入产出经济学中的价格理论和产出数量理论并列起来,作为经济学理论更显完整。

(21) 系统讨论了投入产出价格模型的构建原理,为灵活运用投入产出价格模型分析相关经济问题提供了更便于应用的框架。基于列昂惕夫的经典方法论和中国的实际数据作了工资与税收变动的价格效应分析。

(22) 系统阐述了地区间投入产出模型,将地区间关联效应分为自乘效应、反馈效应和溢出效应。

(23) 系统阐述了基于简化假设的地区间投入产出模型,使分析目标更清晰,更容易理解。

(24) 专设一章讨论贸易分析,既包括基本的进出口效应分析,也包括前沿的贸易增加值分析,还有贸易引起的碳排放转移。为了适配本科生的知识技能水平,对学术论文中的实际应用模型作了简化处理。

(25) 专设一章阐述投入产出分析的发展史,这与其他著作有很大不同。

(26) 在史实陈述中,尽可能参考原始材料和权威资料,详细介绍了列昂惕夫的相关研究工作,矫正了某些流行说法,如列昂惕夫的出生地点和早年在德国的经历。

(27) 对中国投入产出分析发展的历史和中国学者的学术贡献尽可能作了详

细介绍。

(28)独创性地编制了投入产出分析的课程实验讲义和指导书，主要内容是使用电子表格功能。现在的电子表格功能非常强大，除了复杂的非线性方程求解之外，其他功能足以满足一般投入产出分析的教学和研究应用需求。相信这部分内容对于加深学生对投入产出分析知识的理解和掌握一些电子表格强大的功能有一定帮助。

书稿的导言、第1—6章、第8章和投入产出分析实验由刘新建撰写，第7章由户艳辉撰写，第9章由赵阳撰写，最后由刘新建负责统稿修改。

本书的内容既体现了作者对投入产出分析学科内容体系的认识，也融入了不少作者的学术思想，欢迎广大专业教师和读者对本书内容提出批评意见。

在本书的形成过程中，笔者得到了多方的大力支持，深表感谢：感谢燕山大学经济管理学院李春玲院长和靖鲲鹏副院长的大力支持，他们推荐申报了学校教材项目；感谢学院教务科老师在教学和项目申报中提供的积极协助；感谢研究生周梓豪将投入产出分析实验讲义中的MATLAB程序代码转换为MWORKS代码。

本书的出版得到了燕山大学优秀学术著作及教材出版基金的全额资助，在此谨致谢忱！

目　　录

导　言

投入产出分析是以投入产出技术为核心方法的数量经济学学科。投入产出技术是一类基于一定形式的投入产出表建立经济模型进行分析的经济研究方法。投入产出表是一张通过把经济的生产系统划分为若干部门、把实体经济产品的生产和使用关系表现出来的矩形表格。

为了理解上述对投入产出分析的学科描述,下面作一些解释。

0.1　投入产出分析的学科性质与特点

学科划分是人们对全部科学技术知识的分类,一门学科就是一类科学技术知识的集合。这里的科学技术知识不仅包括自然科学知识,还包括社会科学知识以及各种技术科学和应用技术知识。学科体系是一个具有层次结构的系统,一门大的学科由若干基本的学科组成。经济科学是一门社会科学,包括若干二级学科,其中最核心的主干叫经济学,还有一些分支学科,如经济史、经济管理学等等。不同国家对学科的划分体系不同。数量经济学是中国的经济科学学科分类体系中的二级学科,投入产出分析是数量经济学的下级学科。数量经济学是对经济问题进行数量分析的方法论学科,属于技术科学学科①。除了投入产出分析外,数量经济学的下级学科还有数理经济学、经济计量学、经济统计学、经济预测学等学科。

一张实际投入产出表是对一个经济系统在既定时期运行的经济结构及其关系的数量记录表,其基本形式如表 0-1 所示。在这个表中,一个经济系统的全部生产单位被归类为若干个部门,除了总产出列和总投入行及主栏和宾栏外,该表的表心被划分为四个部分,称为四个象限。第一象限的数据反映了在考察时期内各个生产部门在生产过程中消耗的各个部门产品的数量,或者说各部门产品被各个部门在生产中消耗的数量,行向看叫中间使用,列向看叫中间投入。第二象限的数据称为最终使用。所谓"最终使用",是指各部门产品用于居民消费、公共消费、固定资产形成、存货和出口的数量。第三象限的数据称为最初投入(又称原始投入)。所谓"最初投入",包括为了本期生产投入的劳动者报酬、生产税减生产补贴(称为生产税净额)、固定资产折旧,还有盈余(等于总产出减去中间投入总和及其他三项最初投入)。第四象限通常是空白的,这类投入产出表称为开型投入产出表。如果以适当的数据填充第四象限,就形成闭型投入产出表,可以建立投入产出闭模型(见 4.2 节)。

---

① 著名科学家钱学森将科学技术体系分为四个层级,从低到高依次是工程技术(应用技术)、技术科学、基础科学和哲学。钱学森认为,只有马克思主义哲学才是科学的哲学,哲学是从全部科学技术知识和人类经验中概括出来的抽象度最高的知识。参见:刘新建,刘海啸,房俊峰. 高等数量经济学[M]. 北京:科学出版社,2018:1-4.

表 0-1 投入产出表基本形式

<table>
<tr><td colspan="2" rowspan="2"></td><td colspan="4">中间使用</td><td rowspan="2">最终使用</td><td rowspan="2">总产出</td></tr>
<tr><td>1</td><td>2</td><td>…</td><td>n</td></tr>
<tr><td>中间投入</td><td>1
2
⋮
n</td><td colspan="4">Ⅰ</td><td>Ⅱ</td><td></td></tr>
<tr><td colspan="2">最初投入</td><td colspan="4">Ⅲ</td><td>Ⅳ</td><td></td></tr>
<tr><td colspan="2">总投入</td><td colspan="4"></td><td></td><td></td></tr>
</table>

如表 0-1 所示的投入产出表,如果其中的单元格填充历史数据,就是一个经济系统的统计表;如果填充预测数据,就是一个计划或规划表;如果填充用符号表示的经济变量,就是一个经济模型表。

以一张投入产出表中的元素为基本变量,通过定义参数,再辅以必要的其他数据,建立变量间的关系模型,然后操作模型进行经济问题分析,以这种方式进行经济分析的方法就称为投入产出技术。投入产出表编制技术也属于投入产出技术范畴。

0.2 投入产出分析的研究对象

是否具有明确的基本范畴和确定的研究对象是一个学科能否成立的基本前提。

所谓“一个学科的基本范畴”,就是在学科的知识内容体系中占有核心地位,在教科书的内容中从头至尾都要使用的概念。这样的基本范畴也是学科研究同行进行学术交流时都听得懂的“行话”,即专业语言。

投入产出分析的基本范畴体现在投入产出表和基本投入产出模型,将在第 1 章和第 2 章作详细阐述。

投入产出分析学科的研究对象分为两个方面:从创造和改进投入产出技术方向看的研究对象和从应用投入产出技术研究实际问题方向看的研究对象。这种二分法是所有技术科学学科的共性。其中,第一个方向的研究成果即发展一门技术科学本身的知识,表现为一系列的方法和技术,扩充或完善本学科的知识体系;第二个方向的研究成果即发展应用对象所在学科的专业知识,成为实证科学的学科知识或成为关于一定时期现实实践问题的知识。

投入产出分析学科第一个方向的研究对象就是关于“以投入产出表为基础的一定的数据信息资源供给与解决某个经济问题或发现某种经济规律的任务需求”的矛盾,研究的目的就是为解决这样的矛盾提供方法(技术)。投入产出分析学科的知识内容就是由这些研究成果组成的。

作为经济科学中的方法论学科,投入产出分析第二个方向的研究对象就是经济学的研究对象,即消费与生产的矛盾体。研究的问题可以是不同的经济学分支学科的理论问题,也可以是现实社会不同领域的经济矛盾,二者统称为“经济问题”,研究成果或扩充完善经济学理论,或回答实际经济管理问题。例如:验证国际经济学的比较优势理论是理论问题;分析经济政策的效果是国民经济管理问题,是经济实践问题。

特别说明一下"投入产出分析"这个术语。作为一门学科的名称,投入产出分析是一类知识的集合,这时它就类似于把一类数学知识学科称为数学分析,把宏观经济学称为宏观经济分析。当使用投入产出技术作经济问题研究时,是用投入产出技术分析一定的经济系统,可以称为在作分析,也可以说是在作投入产出分析,这里"分析"是动词。

0.3 投入产出技术的发明与发展

投入产出技术由俄裔美国经济学家瓦西里·列昂惕夫(Wassily Leontief, 1906—1999)发明,他在1936年发表了一篇相关论文《美国经济系统中的投入与产出数量关系》[①],刊登于《经济统计评论》。当时,资本主义国家刚从大萧条中复苏,以凯恩斯理论为代表的新经济学研究如雨后春笋般纷纷涌现。20世纪50年代后,投入产出技术首先在各个发达国家得到推广应用,苏联等社会主义国家也开始学习并应用。1988年,国际投入产出学会成立。如今,投入产出技术被广泛应用于研究各类经济问题,尤其是在税收、价格、环境保护以及国际经济关系等领域发挥着重要作用。

我国学者在20世纪60年代开始研究应用投入产出技术,并开创了企业投入产出技术的研究应用领域,1987年成立中国投入产出学会。我国台湾地区在20世纪50年代后期开始编制该地区的投入产出表。

投入产出技术不仅是研究现实经济问题的有力工具,投入产出表结构更是经济理论研究最适合的框架,这是由其系统性特点决定的。投入产出表从经济系统的整体出发进行结构划分,构建的模型具备强大的包容性,能够全面囊括经济领域的各类要素,确保经济分析的完整性与准确性。列昂惕夫凭借投入产出数据和模型,对国际经济学中的比较优势理论提出疑问,称为列昂惕夫悖论;不仅如此,投入产出表独特的结构还助力学界对国内生产总值实质内容的理解[②]。

关于投入产出技术比较详细的发展历史参见第9章。

0.4 投入产出分析的分支体系

作为一门三级学科,投入产出分析的分支体系结构较为明晰,其框架可划分为基本原理和应用领域两大部分。在应用领域,分出多个方向,每个方向可以形成一个分支学科。比如:总体国民经济投入产出分析将一个经济体作为一个整体进行研究,分析总体的产业关联和结构;部门投入产出分析深入探究一个产业部门内部的结构关系及其与其他产业部门的联系,如农业投入产出表、能源产业投入产出表;区域投入产出分析聚焦一个特定区域的经济活动,可以是一个国家内的一个地区,也可以是多个行政地区组成的一个地理或经济区域,如我国的东北地区、欧盟;区域间投入产出分析研究不同区域间的经济联系;企业投入产出分析以一个企业内部不同单位间的关联关系为基础研究企业管理问题。此外,还有人口投入产出分析、金融投入产出分析、人力资源投入产出分析等特殊投入产出分析,从特定专业视角拓展了投入产出技

① LEONTIEF W. Quantitative input and output relations in the economic system of the united states[J]. The Review of Economics and Statistics, 1936,18 (3):105-125.

② 刘新建. 经济理论分析的投入占用产出模式[M]. 北京:科学出版社,2018:16-30.

术的应用范围。投入产出分析理论以投入产出表为基础,需预先确定系统结构,这就决定了基本原理的阐述通常围绕一个经济体总体系统展开。

对于国民经济总体系统,除了基本原理部分之外,其余部分通常按经济研究主题可以分为各个子领域,如一般均衡分析、经济动态分析、税收分析、价格分析、贸易分析、能源经济分析、环境经济分析、经济规划分析、全球价值链分析等等。另外,投入产出表编制理论与方法也是一个单独的领域。

0.5 投入产出分析的紧密相关学科

作为经济研究的数量分析技术,投入产出技术应用的基础数学知识为矩阵论与线性代数。其中不仅包含矩阵的加、减、乘等基本运算,还涵盖了逆矩阵、分块矩阵、矩阵方程等进阶内容。非负矩阵理论在以投入产出模型为核心的数理经济学中占据核心地位,为投入产出分析中保证经济量的非负特性提供理论支撑。在此之上,矩阵谱理论和矩阵微积分进一步拓展了分析的深度与广度,使研究者能够深入挖掘经济度量间的特征联系,为经济研究提供了更为精细且强大的分析工具。

作为经济学研究的方法论,投入产出模型以及投入产出表的建立都基于一定的经济学理论,一些研究问题的提出也源于主流经济学研究主题。虽然说投入产出经济学的理论基础与主流西方经济学不同,其基本框架是马克思的再生产理论,但是一些经济学基本范畴依然借用主流西方经济学理论,如资本概念、国内生产总值概念、政府消费概念等等。投入产出技术的研究逻辑框架严谨,系统论特征强,对这些概念的定义或计算使得其含义更突显,人们更容易讨论其理论缺陷。基本投入产出表的四象限结构虽然是基于西方经济学的三位一体价值理论,但是也为马克思主义价值理论研究提供了清晰的数学表达思路。

作为应用研究的投入产出分析,模型概念的基础是经济统计学或国民经济核算理论,这也是投入产出表编制理论与方法的基础学科。当然,国民经济核算学的基础也是经济学原理和统计学原理。有些经济学概念的理论内涵非常纯粹,但是无法在实际中统计出来,这就需要作统计处理,因此,国民经济核算学和国民经济统计学是从经济学理论到实际经济分析的桥梁。作为应用经济学,国民经济管理研究是投入产出技术的应用领域,国民经济管理研究学是投入产出分析的紧密相关学科。

习　题

1. 简述投入产出分析的研究对象。
2. 尽可能多地列出投入产出分析相关学科。
3. 简述投入产出分析、投入产出技术、投入产出表的关系。

本章主要参考文献

1. 刘新建. 经济理论分析的投入占用产出模式[M]. 北京:科学出版社,2018.
2. 刘新建,刘海啸,房俊峰. 高等数量经济学[M]. 北京:科学出版社,2018.
3. 沃西里·里昂惕夫. 投入产出经济学[M]. 崔书香,潘省初,谢鸿光,译. 北京:中国统计出版社,1990.

第1章　投入产出表与国家核算

国民经济核算作为一门学科,是关于国家经济活动的记录和评估测度理论与方法的知识体系。这个词是从英文翻译过来的,对应两个英文词组:national economic accounting, national accounts,前一个作为普通名词使用,后一个作为专有名词使用。作为专有名词使用的完整写法是 system of national accounts(缩写为 SNA),翻译为国民账户体系(也曾翻译为国民经济核算体系),是由联合国等多个国际组织联合制定的国民经济核算的规则体系。在西方经济学书中,还经常使用 national income accounting。对于这些词中的 national,其实应该翻译为国家或全国。国家核算与企业会计(enterprise/corporate accounting)相对。由于这一翻译差异,造成了对 GDP 和 GNI 概念的误解(参见后文)。投入产出表是投入产出技术的出发点,要完整、全面、准确理解投入产出表的理论概念,需要从经济核算方法说起。

1.1　企业经济核算

国家核算的基础数据来自生产单位的经济核算。在目前的 SNA 中,生产单位包括所有组织机构,国家机关和非政府非营利组织也包括在内。为了主线简明清晰,这里先假定所有生产单位都是企业单位,即可以有盈利的社会机构单位。

企业经济核算与企业财务核算有所不同。企业财务核算的中心是成本收益,企业经济核算的中心是投入产出和收入分配。假定一个企业只生产一种产品,并且生产出来的产品完全同质。

描述经济事物必须规定其中的人物(主体)、时间(考察的时期与时刻)、地点(活动空间)和事件(经济活动)。在企业经济核算中,人物就是企业;时间可以是一个月或一年,这里假定是一年,称为核算期;地点是在一个国家的经济领土范围内(暂且不考虑地区和世界经济);事件是指定企业在指定时期、指定地点范围内从事的经营活动,包括从购买投入资料、组织生产到产品销售的全部活动。

企业的活动过程总体上可以看作一个投入产出过程。在既定核算期的经营活动中,一个企业支出货币从市场上获得投入物品或服务,这些物品或服务是其他企业的产品,经过本企业的生产过程和营销活动,形成以出售价格计算的总价值(与政治经济学中的价值相区别,实际上应称总价格)。如果本期产品有未出售者,则将其以相当的市场价格进行估值而计入总产出。显然,如果所有产品以相同的价格出售,那么,总产出(总产值)= 价格×总产量。简单来说,企业在既定核算期的总产出(总产值)就是企业从该期生产的产品中按市场价格计算应获得的总收益。注意,这里的"应获得"不一定已经获得,有些可能还在库存中,有些可能已交给客户但还没拿到货款。

企业在一个核算期的经营活动中,为生产既定数量产品而投入的其他企业的产品称为中间投入。中间投入的核算同样有两种方式:实物单位和货币单位。货币单位是企业为从市场中购买相应投入品而应当支付的货币量。但是,这里应注意:企业为生产活动的投入(既包括生产一线使用的物质产品,也包括管理部门使用的物质资料)有两种,一种称为流量性投入,一种称为存量性投入。① 所有的流量性投入经过一个核算期后,其存在状态都发生了变化,或者经过一定的物理或化学过程转化为本企业产品的组成部分,或者变成废弃物。存量性投入在经过一个核算期的使用后基本保持原有状态,在下一个时期的经营活动中还能发挥原来的生产功能,或者也可能在一个时期内报废。中间投入核算的是流量性投入。

除了前述中间投入外,企业的经营活动还需投入劳动力。劳动力的投入计量在实物上是劳动时间。一个劳动力一天工作 8 小时,两个劳动力的投入一天就是 16 小时。但是,各个劳动力的使用价值不同,企业为不同劳动力支付不同的报酬,所以对企业而言,劳动力的投入计量以劳动报酬计算。在一个核算期内,劳动报酬的核算也以应当支付的数值计算,而不论这个量是否已经付给了劳动者。如果企业预付了后期的一定劳动报酬,是不能计入本期投入中的。

在现代社会中,企业为了一定的总产出,除了中间投入和劳动报酬投入外,还要支付一定的税费,这些税费缴给公共财政部门用于再分配。这种基于生产活动的税称为生产税。企业除了缴税外,还因为从事特定的生产经营活动从公共财政获得一定的补贴,称为生产补贴。从生产税中减去生产补贴的余额称为生产税净额,也算作企业的一类投入。

中间投入、劳动报酬和生产税净额都是企业的投入,是支付给本企业外的社会机构单位的,是其他单位的收入。从货币单位计量的总产出中减去前述各项投入之和的余额称为企业经营毛盈余,属于本企业的收入。

现代企业的收入归所有者。但是,除非企业关闭,前面计算出的毛盈余并不能由企业股东决定而完全分配给所有者。政府为了鼓励企业积极扩大投资,特别是进行设备的更新改造投资,允许企业从毛盈余中根据固定资产的拥有情况提取一部分,这一部分称为折旧基金。折旧基金在企业财务核算中计入成本,从而可以免缴所得税。从毛盈余中减去折旧基金后的余额称为经营净盈余,一般简称为经营盈余或营业盈余。毛盈余和净盈余都是现代企业的资本所得,经营盈余可以用于股东分配,即分红。

在西方经济学中,资本所得,特别是等于社会平均利润水平的部分,也一般地被认为是企业的生产成本,所以,在完全竞争条件下,企业的经济利润等于 0。在投入产出经济学中,中间投入、劳动报酬、生产税净额、折旧基金和经营盈余统称为投入,它们的代数和也称为总投入。显然,对既定企业,货币单位计量的总产出在数值上等于总投入。

1.2 国民账户体系

国民账户体系是一种关于一国经济核算的制度,是由联合国等相关国际机构为了不同国家之间的经济发展比较而设计的一套账户标准体系。据编者解释:“SNA 是一套基于经济学原理的严格核算规则进行经济活动测度的国际公认的标准建议。这些建议的表现形式是一套完整的概念、定义、分类和核算规则,其中包含了测度诸如国内生产总值(GDP)之类项目的国

---

① 关于流量和存量概念的详细论述参见 2.4 节。

际公认的标准。通过 SNA 的核算框架,经济数据得以按照经济分析决策和政策制定的要求以一定程式予以编制和表述。”①GDP 是 SNA 的基本和核心指标,以 GDP 为核算目标,形成了一套密切联系的账户体系。

1.2.1 SNA 的基本要素

SNA 作为一种技术体系,其使用的一套基本概念术语必须得到科学的定义,这反映在有关机构出版的解释说明性著作中。但是,因为理论基础不完备,作者们不得不作一些妥协,在应用技术中以一些强制性规则进行规范。

1.2.1.1 机构单位和机构部门

经济核算的首要工作是确定统计的基本单位,在 SNA 中称为机构单位。所谓机构单位,就是能够从事所有交易,并能够以自己的名义拥有资产、发生负债并承担法律责任的经济单位,是社会中具有法律效力的经济活动的最小决策中心。

社会中有些单位或自然人也能作出有法律效力的决策,但必须是在某个机构单位的授权下,他们是法人代表或受委托人。

具有既定共同属性的机构单位构成的集合称为一个机构部门。根据机构单位在社会中的主要职能和活动形式,可以将一个经济中的所有机构单位分成五大类,称为五大机构部门。

(1)非金融公司:从事市场商品及非金融服务的生产机构单位。这里的公司只是市场性机构单位的一种代称,包括非公司制生产者,如个体户;实际统计中还包括一些非市场生产单位。

(2)金融公司:从事包括金融中介在内的金融服务的机构单位,如银行、保险、证券等类机构。

(3)广义政府:除了履行政治义务和经济监督管理职能之外,其职责还包括基于非市场基础,为个人消费或公共消费提供服务(或许也包含某些货物),对收入和财富进行再分配。

(4)住户:由一个人或一组人组成的以最终消费活动为主的机构单位。经济中的所有自然人必定且只属于一个住户单位。住户的主要组成部分是家庭。长期在某些社会机构中居住和生活的人员构成一些机构住户,如寺观、修道院或其他宗教机构中的长住人员;医院、保育院、敬老院等社会福利机构中的长住人员;监狱中长期服刑的囚犯;某些军事机构长住人员。对机构住户,必须将常住人员与其依托的机构相区分,其依托的机构应归属于广义政府或为住户服务的非营利机构。

(5)为住户服务的非营利机构:主要从事提供面向住户或全社会的非市场服务的法人实体。其主要资源来源于捐献或转移支付,如专业或学术团体,消费者协会,由居民自主成立的文体俱乐部,非政府供给资金的政治组织,慈善机构,非政府供给资金的科研、环保等非营利机构。

1.2.1.2 常住单位

核算一个国家 GDP 的外延不是根据生产单位的所有者是否具有该国国籍而定的,而是根

---

① 联合国,欧盟委员会,经济合作与发展组织,等. 2008 年国民账户体系[M]. 中国国家统计局国民经济核算司,中国人民大学国民经济核算研究所,译. 北京:中国统计出版社,2012:1.

据其是否为常住单位而定的。所谓常住,是指机构单位在一国的经济领土内拥有一个主要的经济利益中心,该中心在所在国经济领土内、在一个较长的时期内(通常为一年以上)从事经济活动。一国的经济领土与地理领土不完全重合,如包括其在外国的使领馆、运动中的飞行器和船舶。

一个国家经济总体就是由一个国家经济领土内的所有常住单位组成的。相对于一个经济总体的境外部门,是与其常住单位发生交易行为的所有非常住单位的集合。

常住单位准则的使用对于衡量大国、强国的经济实力是可靠且有效的,但是对于小国、贫国来说,如果其常住单位特别是市场性常住单位的所有者多是外国公民,那么这种按照 SNA 核算的 GDP 对该国经济实力是严重的高估,容易形成外强中干的经济体,如一些单纯依靠石油资源的中东小国,其国家主权会受到严重侵害。

1.2.1.3 产品与生产单位

产品是生产活动的成果,包括货物和服务两种形式。在 SNA 中,生产被理解为是在机构单位负责、控制和管理下进行的一种物质过程。在此过程中,劳动和资产用于将货物和服务投入转换为其他货物和服务。作为产品的所有货物和服务都必须能够在市场上出售,或者至少能被一个单位提供给其他机构单位使用。

可以看出,SNA 对生产的界定是以机构单位之间的交易为准则的,并强调了市场交易,所以是市场生产。这样,在一个单位内部为自己使用而进行的生产活动,其产出成果在理论上是不应被统计的。有人认为,为了统计的完整性,应把家庭内的家务劳动,如照看婴孩也统计在内,这超出了 SNA 关于生产的定义。对于以农民的自给自足生产为主的经济形式总体,为自己生产也许可以重点考虑。SNA 的这种生产定义有些类似于马克思关于资本主义生产劳动的定义。从研究资本主义生产方式运动规律的目的出发,马克思把资本主义生产劳动界定为与资本相交换的劳动。

没有人类参与及管理的纯自然过程不是经济意义上的生产。但是,一类经济活动的产出是否被 SNA 记录,不是根据其性质属性而定的,而是根据其是否显著而定的,这是 SNA 在其生产定义与产出记录之间的一种矛盾表现。这种矛盾本质上是用 GDP 来核算价值还是来核算实际福利的两难选择的表现,是使用价值与价值矛盾的表现。

为了研究各种产品生产之间的经济技术关系,SNA 还定义了一种更基本的生产核算单位,称为基层单位。一个基层单位就是有固定的主生产地点、生产一种主要产品的经济生产单位。一个机构单位可以包含一个或多个基层单位,而一个基层单位必属于且仅属于一个机构单位。一个经济总体中具有同类主要产品的基层单位集合构成一个部门,这就是 SNA 定义的产业部门。一个机构部门的不同产品会分属于不同的产业部门。这种产业部门的定义与经济学的产业部门定义有差异。

1.2.2 国内生产总值的定义与核算

经济核算的核心是产出核算。SNA 指出,其核算体系适用于从基本核算单位到国家的各层次产出核算,其中对机构单位和部分单位集合(如产业部门)的产出的核算指标叫作增加值。一个国家所有常住单位的增加值之和就是该国的 GDP。可以看出,GDP 核算是从机构单位增加值核算出发的。

(1)增加值

在 SNA 中,核算增加值的前提是界定生产单位。一个生产单位的增加值就是从该单位的总产值中扣除以购买者价格计算的其生产过程中消耗的其他单位生产的产品价值以后的余额,在 SNA 中就是一个所谓的平衡项。平衡项是 SNA 中一个账户的来源总值与使用总值的差额,也是两个账户之间的连接项。增加值就是生产账户的平衡项及其与收入形成账户的连接项。所以,增加值对一个生产单位就是用生产法计算的产出值。显然,这里"增加"一词的含义是针对一个单位或单位集合在生产中使用的其他单位产品的总价值而言的,类似于马克思经济学中的新创造价值,但不是一回事,因为以市场价格计算的增加值已经对生产过程中的新创造价值进行了再分配,经过了剩余价值的"平均化"过程。进一步看,增加值的本质是收入,是生产要素所有者得到的收入。

因为在一般的生产法增加值核算中没有扣除固定资产消耗造成的价值减损,所以又叫毛增加值或总增加值(gross value added)。扣除折旧以后的增加值叫净增加值①。在 SNA 中,因为总产值的核算有基本价格和生产者价格两种方式,所以增加值也有基于基本价格的增加值和基于生产者价格的增加值之分。另外,还有一个购买者价格。基本价格、生产者价格和购买者价格之间的关系如下②:

基本价格+产品税(不包括发票单列增值税)-产品补贴=生产者价格+购买者的不可抵扣增值税+另行支付的运输费用+批发商和零售商的商业毛利=购买者价格

(2)国内生产总值

一个经济体的所有常住单位的增加值之和就是该经济体的国内生产总值,也就是众所周知的 GDP。

因为有基于不同价格的增加值,而 SNA 核算原则要求有唯一值的国家总产出,即唯一的国内生产总值,以便在不同国家之间进行比较,所以统计中的 GDP 按下式核算:

GDP=按生产者价格计算的总增加值之和+进口税-进口补贴+不可抵扣增值税=按基本价格计算的总增加值之和+所有产品税-所有产品补贴

(3)国民总收入

一个经济体的总收入是指其全部常住单位基于其持有的生产要素产权,从各种途径获得的总收益与支付给其他经济体常住单位的要素收益的差,在 SNA 中称为国民总收入(GNI: gross national income)。国民总收入被认为是从生产核算转向收入核算的总量指标,其基本来源首先是国内生产,在数量上即等于 GDP,其次是从参与其他经济体生产所获得的要素净收

① 对于折旧经济意义的理解必须审慎,它绝不是实际上固定资产的价值或使用价值损耗,它是政府鼓励技术进步、促进固定资产更新的政策措施。在实际中,为了节约成本,一项固定资产的使用年限通常都大于其折旧年限。如果社会技术进步加快,为了不被市场淘汰,则固定资产使用年限也会小于折旧年限。企业从固定资产的残余物上通常会获得一定的处理收入。另外,通过维修和维护,固定资产会获得新的价值,延缓其被淘汰的时间。

② 联合国,欧盟委员会,经济合作与发展组织,等. 2008 年国民账户体系[M]. 中国国家统计局国民经济核算司,中国人民大学国民经济核算研究所,译. 北京:中国统计出版社,2012:113-117.

入。GNI 的基本核算公式如下:

GNI=GDP+从其他经济体获得的要素收入-支付给其他经济体的要素报酬

对 GNI 有两点需要说明。第一,GNI 以前曾经叫作国民生产总值(GNP:gross national products),后来考虑到其收入非生产的性质,所以改为现名,并认为 GDP 是从生产角度核算的,但是这种说法并不正确。其实,GDP 和 GNI 都是从收入角度核算的,差别在于收入的来源。GDP 的收入来源是境内生产活动,GNI 的来源包括境外的生产活动。第二,关于 GDP 与 GNI 的差别曾被认为是国土与国民的区别,即 GDP 核算的外延是国土范围,GNI 核算的外延是所谓国民范围,这也是一个错误的观点。这种错误是由 national 的翻译误差造成的,其实,二者的核算范围都是“常住单位”,无关国籍。

1.2.3 SNA 的账户体系

详细的 SNA 包括两套系列:一套是与一定时期内各类经济活动有联系的、相互关联的流量账户序列,一套是记录机构单位和部门在一定时期期初、期末持有资产和负债存量价值的资产负债表。

SNA 每个流量账户都涉及一类特定的活动。在 SNA 中,共有三类账户:经常账户、积累账户和资产负债账户,其中,经常账户和积累账户是流量账户,资产负债账户是存量账户。

经常账户序列包括生产账户及系列收入账户。系列收入账户包括收入形成账户、初始收入分配账户、收入再分配账户和可支配收入使用账户。从国内生产总值到可支配收入总额、总储蓄,形成一个计算链式。

(1)生产账户

国内生产总值=基本价格总产值-中间消耗[①]+产品税-产品补贴

国内生产净值=国内生产总值-固定资本消耗(折旧基金)

(2)收入形成账户

营业盈余总额=国内生产总值-雇员报酬-生产税和进口税+生产补贴-混合收入[②]总额

营业盈余净额=营业盈余总额-营业盈余中的固定资本消耗(折旧基金)

(3)初始收入分配账户

初始收入总额=国内生产总值+来自境外的要素收入-付给境外的要素报酬

初始收入净额=国内生产净值+来自境外的要素收入-付给境外的要素报酬

初始收入总额即国民总收入,初始收入净额即国民净收入。

(4)收入再分配账户

可支配收入总额=初始收入总额+实物社会转移以外的经常转移(应收-应付)

这里的“经常转移”对整个经济体而言是指与境外部门发生的交易。

---

① 中间消耗由中间投入列加总而得。如果投入产出表是按照基本价格编制的,那么中间投入列的各分量也是按基本价格核算的,但是作为投入产出表中间投入的总和,其等于购买者价格中间投入的总和。因为中间投入作为成本是按购买者价格计算的,只不过是在编表时按照价格准则在同一列进行了分解转移。

② 混合收入是指非法人企业,如个体户的经营收入,其中包含了经营者的应得劳动收入。

(5)收入使用账户

$$总储蓄=可支配收入总额-最终消费支出$$

积累账户分两组:第一组包括资本账户和金融账户,分别记录了非金融资产和金融资产的获得与处置形成的资产变化交易,两个账户的平衡项都是净贷出或净借入,且应该是相等的;第二组包括资产物量其他变化账户和重估价账户,记录了由于价格或非经济原因导致的资产、负债和资产净值的变化,如地下资源的发现和耗减、战争动乱或自然因素造成的损益、评估价格变化导致的资产价值变化。

以上账户序列被认为适用于从机构单位到部门及经济总体的各个层次核算,从而可以从微观到宏观直接汇总。每一个账户都是复式记账,都有来源方和使用方两栏,平衡项等于来源方合计减使用方合计。对非生产单位,如家庭,其核算实际上是从第三层次即初次分配账户开始的;所谓“境外”即家庭之外,包括劳动收入和产权收入,其第四层次中的经常转移包括支出的税费、获得的补贴以及来自其他机构单位的转移净支付。

除了上述基本账户之外,SNA还包括一系列扩展和辅助表或账户,如投入产出表账户、环境核算账户、特殊部门账户(如旅游、医疗、卫生)等。

1.3 中国国民经济核算体系

国家统计局在SNA的基础上,结合我国的具体国情,设计了中国国民经济核算体系,目前的最新版本是《中国国民经济核算体系2016》。

中国国民经济核算体系主要由基本核算和扩展核算组成。基本核算是本体系的核心内容,旨在对国民经济运行过程进行系统描述和记录;扩展核算是对核心内容的补充与扩展,重点对国民经济中的某些特殊领域的活动进行描述。基本核算包括国内生产总值核算、投入产出核算、资金流量核算、资产负债核算、国际收支核算。扩展核算包括资源环境核算、人口和劳动力核算、卫生核算、旅游核算、新兴经济核算。中国国民经济核算体系基本框架如图1-1所示。

表1-1是我国国内生产总值总表,从中可以窥知我国的国内生产总值核算公式直接简单,其关于GDP核算的三种方法,即生产法、收入法和支出法的计算方式明确易懂。从生产方观察,包括两种国内生产总值核算方式:生产法核算是从总产出中减去中间投入,收入法核算是劳动者报酬、生产税净额、固定资产折旧和营业盈余之和。使用方核算的国内生产总值等于最终消费支出、资本形成总额和净出口之和,外加一个统计误差调整项。在国家统计局的版本中,把各项的值叫金额,其实不妥。金额是现金的数额,可以在市场上交易,而国内生产总值不一定体现为现金值,还有许多是估计或虚拟的价值。

国内生产总值的三种核算方法只是数量上相等,不是三种定义。国民账户体系是首先用增加值定义了国内生产总值,这种方法定义的国内生产总值在本质上是收入,所以是收入法,即国内生产总值在理论上是按照收入法定义的。支出法的名称是从三类最终使用,即消费、资本形成和出口的角度考虑的,但加上进口,其意义就模糊了,所以只是理论上数量应等于收入法的国内生产总值。国内生产总值的深层性质将在1.5节揭示。

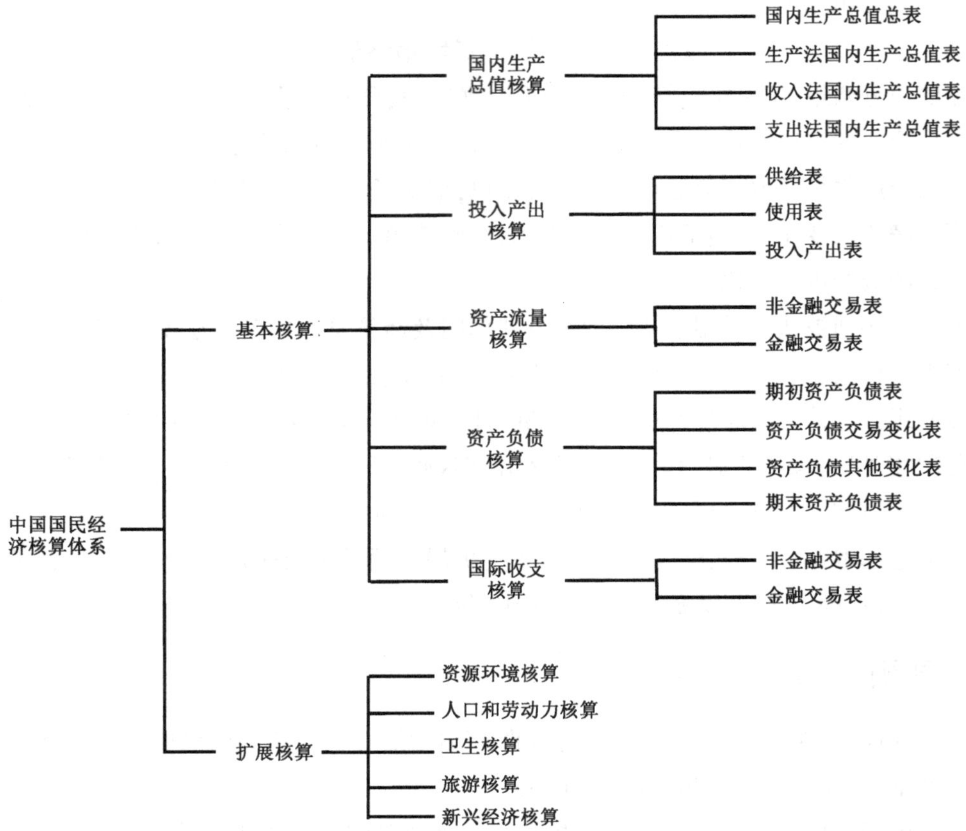

图 1-1　中国国民经济核算体系基本框架

表 1-1　国内生产总值总表

生产	金额	使用	金额
1. 生产法国内生产总值		1. 支出法国内生产总值	
总产出		最终消费支出	
中间投入(-)		居民消费支出	
2. 收入法国内生产总值		为住户服务的非营利机构消费支出	
劳动者报酬		政府消费支出	
生产税净额		资本形成总额	
生产税		固定资本形成总额	
生产补贴(-)		存货变动	
固定资产折旧		贵重物品获得减处置	
营业盈余		货物和服务净出口	
		货物和服务出口	
		货物和服务进口(-)	
		2. 统计误差	

1.4　理论投入产出表

一张投入产出表记录了一个经济体中所有机构单位在既定核算期的产品经济流量。投入产出表不是把所有单位的流量简单拼接在一起,其结构是在现代西方主流经济学理论的框架约束下构建的。

1.4.1　封闭经济体的投入产出表

在西方经济学理论指导下,国民账户体系首先将所有社会机构单位分为生产(者)单位和消费者单位。生产单位的产品提供给其他社会单位使用,所有生产单位组成一个经济体的生产系统。消费者单位从生产系统中获取产品,通过对产品的消费而生产"人"本身。消费者单位的基本单元以家庭为主,但是还有一些集体性消费单位,如兵营中的士兵、福利院中的被供养者集体、监狱中的犯人集体。消费者单位对产品的消费称为居民消费。

根据微观经济学的概念,有些物品(包括服务)不可能被单个消费者独立消费,一个人对既定物品的消费不能排除其他人同时消费同一物品,这些物品就是公共物品。公共物品由一定机构单位生产出来时,称为公共产品。公共产品可以被消费者以"搭便车"的方式不付费消费。公共产品的生产和维护可以由私人或市场生产者完成,但是,生产者不可能通过销售公共产品获利,其不能依靠市场从个体消费者手中获取足以补偿投入的收益。因为公共产品存在以上特性,因此社会必需的公共产品的供给或者由公共资金购买,或者直接由公共机构生产。不论公共产品以哪种方式供给,实质上都是以公共资金购买,因而在西方经济学中称为政府消费,实际上准确地应称为"公共消费"。政府消费(政府支出)的叫法在西方经济学教科书中造成了对其内容的错误解释,如错误地认为包括政府机构办公用品的购买。[①] 各种公共产品虽然本身可以显示为物质产品(如道路)或服务两种形式,但是,社会成员对其消费的方式都是接受公共产品提供的服务[②],如清洁的空气、美丽的环境、安全的社会与国防、舒心的政务服务、街灯的照明、道路的通行等等,因此,公共产品的实际生产者属于生产系统,而其产品被以公共产品的形式购买,由最终消费者共同使用或享用。

生产系统的产品除了在本期作为中间投入使用、居民消费和公共消费以外,还有的产品不在本期生产中使用,而是为未来时期使用而准备,形成存量。这一部分在西方经济学理论中被泛泛地称为投资,在国民经济核算中被称为资本形成。在经济统计中,这一部分只记录在生产部门形成的存量,至于居民家庭的购买则都算作消费。作为资本形成的产品包括两类:一类是

---

① 如布兰查德的《宏观经济学》(机械工业出版社,2016:33):政府支出指的是联邦政府、州政府和地方政府购买的产品和服务,产品从飞机到办公用品不等。

② 物质产品的使用一般具有竞用性,即一定产品被某些人使用就不能被其他人使用或减少其他人的使用,不具有纯公共物品的属性。政府如果把购买的物质产品免费送给困难群体,这种交易首先以转移支付记录,然后居民用转移支付虚拟购买,属于居民消费。洁净空气作为物质产品,首先对其消费不具有排他性,即无法做到只有付费才能消费;其次,对一定量的洁净空气的消费虽然具有竞用性,但是,空气弥漫于整个开放空间中,这一定量被消费的空气并不影响同空间的其他人对洁净空气的免费使用。所以,洁净空气属于纯公共物品。如果洁净空气被包装在封闭容器中,如一个氧气袋,那就成了私人产品。应区分公共物品与公共财产。

已经被确定为某个单位用于未来生产的固定资产，一类是作为没有销售出去的库存产品或已购买而没有使用的库存原材料。前一类在西方经济学中称为固定资本形成，后一类称为库存增加。需要注意的是，这里的“资本”与马克思主义经济学中的“资本”不是同一个概念，应予以区分。

在一个没有与外部经济体交流的封闭经济中，各个生产单位的产品按照以上形式被全部使用，经过一个核算期后都有了各自的归宿。将生产系统中各个生产单位称为一个生产部门，所有住户合成一个消费部门，即居民部门，公共消费作为另一个消费部门。然后，将每个生产部门的全部投入、居民消费、公共消费、固定资本形成、库存增加都按照其产品来源构成分别形成一个列向量，将这些列向量都安排放置在如表 1-2 所示的表中，这个表就称为封闭经济投入产出表。

表 1-2　封闭经济投入产出表基本表式

<table>
<tr><td colspan="2" rowspan="2"></td><td>中间使用</td><td colspan="4">最终使用</td><td rowspan="2">总产出</td></tr>
<tr><td>1　2　…　n</td><td>居民消费</td><td>公共消费</td><td>固定资本形成</td><td>库存增加</td></tr>
<tr><td>中间投入</td><td>1
2
⋮
n</td><td>X</td><td>C</td><td>G</td><td colspan="2">F</td><td>Q</td></tr>
<tr><td rowspan="4">最初投入</td><td>固定资产折旧</td><td>D</td><td colspan="5" rowspan="5"></td></tr>
<tr><td>劳动报酬</td><td>W</td></tr>
<tr><td>生产税净额</td><td>T</td></tr>
<tr><td>经营盈余</td><td>M</td></tr>
<tr><td colspan="2">总投入</td><td>Q</td></tr>
</table>

在表 1-2 中，假设有 n 个生产单位组成了 n 个生产部门，每个部门都只生产一种产品；列向量 $\boldsymbol{Q}$ 由 n 个部门的总产出构成；矩阵 $\boldsymbol{X}$ 的元素 X_{ij} 是部门 j 为了生产 Q_j 而消耗的部门 i 产品的数量；列向量 $\boldsymbol{C}$、$\boldsymbol{G}$、$\boldsymbol{F}$ 的元素分别是居民消费、公共消费、资本形成使用的各部门产品数量；行向量 $\boldsymbol{D}$、$\boldsymbol{W}$、$\boldsymbol{T}$、$\boldsymbol{M}$ 的元素分别是各部门为了本期生产而投入的折旧、劳动报酬、生产税净额、经营盈余。表中所有量都是流量，都发生在既定核算期。表 1-2 的中间流量区（中间使用区和中间投入区）称为第一象限，最终使用区称为第二象限，最初投入区称为第三象限，右下方的空白区称为第四象限。

在投入产出核算中，一定量某种产品作为中间投入使用，此使用称为中间使用，作为消费和资本形成使用，则称为最终使用。作为中间使用的产品简称为中间产品，在供求分析中称为中间需求；作为最终使用的产品简称为最终产品，在供求分析中称为最终需求。作为广义投入的折旧、劳动报酬、生产税净额和经营盈余称为最初投入。严格来说，这里的一个部门就是一个生产单位，其产品如果在本期内被本单位使用是不记录在本表中的，所以，$X_{ii}=0$。在实际投入产出表中，一个部门包括若干生产单位，因而一般有 $X_{ij} \neq 0$。

为了简化叙述，在不引起混淆的情况下，行文中把部门 j 生产的产品称为产品 j，说到产品 j 就是由部门 j 生产的产品。类似地，在最终使用中使用的产品 j，也称为最终使用产品 j。因为中间使用矩阵和中间投入矩阵在量上是同一个矩阵，二者合称为中间流量矩阵。

从投入产出表的行列承担的作用看，中间部门的行列意义不相同。作为列的部门是生产者，列的元素是其生产活动的投入；作为行的部门，其元素是某种产品，部门是产品提供者。所以，在我国投入产出表的部门名称设置中，大多数部门名称显示以产品为中心词，如煤炭采选产品、化学产品、其他制造产品等等；有些部门以生产活动命名，如水的生产和供应、铁路货物运输和运输辅助活动；还有的以生产者命名，如公共管理和社会组织。这反映了对投入产出表行列性质的差异认识不清。实际上，行部门可以以产品名称命名，列部门可以以生产者名称命名。对于对称性投入产出表，行列可以选择以相同的名称命名，比如统一以生产者名称命名，那么行就代表生产者的产品；也可以都以产品名称命名，那么列就是生产该产品的生产者。

在价值型投入产出表中，最终使用和最初投入形成了一种对称关系，二者的总和是相等的，即支出法 GDP 和收入法 GDP 是相等的。最初投入本质上是收入，是所有生产要素的收入，这些要素在古典文献中被认为是原始生产要素，即劳动力和资本，生产税实际上已经是再分配的开始了。

1.4.2　开放经济体的投入产出表

所谓开放经济体，是指能够与外部经济体进行进口和出口贸易的经济体。在开放经济体中，中间使用和最终使用中都可能包括进口产品，本经济体的产品也会被外部经济体使用。

根据对进口产品关系处理方式的不同，在投入产出表中，表示与外部经济体产品关系的有多种表式，下面只介绍两种表式（表 1-3 和表 1-4），其他将在第 3 章中进行介绍。

表 1-3　开放经济投入产出表基本表式（一）

<table>
<tr><td colspan="2" rowspan="2"></td><td>中间使用</td><td colspan="5">最终使用</td><td rowspan="2">总产出</td></tr>
<tr><td>1　2　…　n</td><td>出口 n+1</td><td>居民消费</td><td>公共消费</td><td>固定资本形成</td><td>库存增加</td></tr>
<tr><td rowspan="2">中间投入</td><td>1
2
⋮
n</td><td>X</td><td>EX</td><td>C</td><td>G</td><td colspan="2">F</td><td>Q</td></tr>
<tr><td>n+1</td><td>X^{IM}</td><td>0</td><td>C^{IM}</td><td>G^{IM}</td><td colspan="2">F^{IM}</td><td>IM</td></tr>
<tr><td rowspan="4">最初投入</td><td>折旧</td><td>D</td><td colspan="6" rowspan="5"></td></tr>
<tr><td>劳动报酬</td><td>W</td></tr>
<tr><td>生产税净额</td><td>T</td></tr>
<tr><td>经营盈余</td><td>M</td></tr>
<tr><td colspan="2">总投入</td><td>Q</td></tr>
</table>

在表 1-3 中，最终使用增加了一列（第 $n+1$ 列），放置出口数据（用 EX 表示），中间投入和最终使用连起来增加了一行（第 $n+1$ 行），放置进口数据（用 IM 表示）。这里把所有的进口产

品看作一种产品。

表 1-4　开放经济投入产出表基本表式(二)

<table>
<tr><td colspan="2" rowspan="2"></td><td>中间使用</td><td colspan="5">最终使用</td><td rowspan="2">进口</td><td rowspan="2">总产出</td></tr>
<tr><td>1　2　…　n</td><td>居民消费</td><td>公共消费</td><td>固定资本形成</td><td>库存增加</td><td>出口</td></tr>
<tr><td>中间投入</td><td>1
2
⋮
n</td><td>X</td><td>C</td><td>G</td><td colspan="2">F</td><td>EX</td><td>IM
(−)</td><td>Q</td></tr>
<tr><td rowspan="4">最初投入</td><td>折旧</td><td>D</td><td colspan="7" rowspan="5"></td></tr>
<tr><td>劳动报酬</td><td>W</td></tr>
<tr><td>生产税净额</td><td>T</td></tr>
<tr><td>经营盈余</td><td>M</td></tr>
<tr><td colspan="2">总投入</td><td>Q</td></tr>
</table>

在表 1-4 中,相对于表 1-2 增加了两列,一列出口,属于最终使用部分;一列进口,因为不属于本经济体生产,所以单列一个部分,且其数据都记为负数。与表 1-3 不同,表 1-4 中的中间使用和最终使用数据中都可能包含了进口产品。

对于加入进出口以后的开放经济,国民经济核算中关于产出和使用概念可以有一个更完整的解释。所有生产机构单位构成了一个经济体的生产系统。所谓经济系统的产出,是其中的生产系统的产出。生产系统的产出是指其产品向生产系统外的输出,叫作最终使用。如果其产品又在同一生产统计周期内被本生产系统所使用,则叫作中间使用。中间使用一般就是消耗掉了,转化成了另一种物质存在形式,而最终使用则不一定真正消费掉,可能储存起来以后消费或使用。对于这里的向外输出要全面理解,第一是指从生产部门向其他部门,即住户部门、外部经济部门及公共部门(作为公共产品消费者的代表)输出;第二是指向未来统计时期输出,这就是投资或资本形成,包括固定资产(本)和库存增加。针对系统的界定必须特别注意时间的规定。

在学术研究中,投入产出表有两种概念。第一种是一张填充了全部数据的投入产出表,这种投入产出表是一个数据库,既可以根据它分析既定时期的经济状态,作出经济形势判断,又可以根据它估计经济模型中的参数,建立经济模型。第二种是对既定研究对象的系统结构划分框架,其中每个数据单元格表现为一种经济变量,研究的目标是建立这些经济变量间的关系模型,并应用这些模型分析评估经济的现状和预判未来的发展。模型中的参数或者根据作为数据库的投入产出表估计,或者从其他来源用其他方法得出,或者多种方法相结合而得。

由产出概念可知,宏观经济的产出和微观生产单位的产出不是简单的加总关系。关于这一点,在 1.5 节作详细论述。

1.5　GDP 核算实践中的几个理论问题

在前面的国民经济核算部分存在许多假定,比如所有生产单位都是市场生产者,所有核算都按产品的市场价格核算,等等,但在现实经济中,这些都是过于简化的假定,对经济产出的度量还存在不少理论问题,本节主要讨论其中几个。通过讨论,可以深化对 GDP 核算本质的理解。

1.5.1　总产出核算问题

如前所述,经济系统的产出有两个度量指标。对微观生产单位,一个单位的产出有总产值,还有增加值。对经济总体,前面已经定义了 GDP,理论上还可以把各单位的总产值加起来构成一个产出指标,这个指标可以叫作社会总产出。实际上,在计划经济时期,我国就采用过社会总产值的概念,曾经联合国统计机构还编制过与 SNA 并列的物质产品平衡体系(MPS),适用于计划经济制度,核心指标是国民收入和社会总产出,而现在只剩下 SNA,除了投入产出核算和工农业总产出核算之外,已经很少使用总产值的概念了。有人将此归因于总产值中包含了重复计算,而增加值以及 GDP 是净值核算,避免了重复计算,这种说法在理论上是不正确的。

为什么说"重复计算论"不正确呢?经济核算实际上包含着实物核算和价值核算的矛盾。假设一个企业生产出了 10 台汽车,每台汽车的市场售价是 10 万元,那么这个企业的总产出用实物单位度量是 10 台汽车,用价值单位度量是 100 万元,即总产值是 100 万元。如果这个企业在生产过程中使用了 60 万元其他单位部门的产品,那么用增加值来衡量这个企业的总产出就是 100 万元-60 万元=40 万元。但是,另一方面,这 10 台汽车都是作为最终使用的,所以对社会来说,这 10 台汽车的总价值都是计入 GDP 的,那么,这个企业的总产出到底是 40 万元还是 100 万元呢?

应该说,从实物上说,上述企业的总产出就是 100 万元的汽车,但是从价值形成上说,其在本期实际形成的价值产出是 40 万元(更准确地说是获得 40 万元收益),其余 60 万元不是该企业生产的(假设其生产过程中不使用此种汽车),也不是该企业的实际收益。这 60 万元或者是其他企业的本期生产收益,或者是外部经济系统的收益,或者是以前时期的存货收益。

目前的核算或经济评价理论都将一个生产单位的增加值叫作该单位对社会 GDP 的贡献,或创造的新价值,这种说法是不准确的。从价值上说,任何个体或单位获得的收入或收益都只是一种社会财富的占有权,而在社会化生产中,每一单位产品都是全社会合作的结果,至于贡献的大小是无法准确衡量的。能说某个人因占有 100 万元资产而获取 10 万元利润是他对社会的贡献吗?是他为社会创造的价值吗?答案是否定的。

国民经济总产出核算的本意是衡量一个经济体的实际总产出,即从理论上说应该用实物量来计量总产出。但是,在理论上又无法将各种各样的产品汇总在一起,并用一种单位度量,以表示实物总产出的多少,因此不得不借用市场价格进行汇总。同样的货币价值量对不同人的消费效果是不同的,所以这样的总产出价值无法表达对一个国家来说其使用价值到底有多大。只有在不同时期进行比较时,适当地消除通货膨胀的影响,用两个时期总产出价值,如 GDP 值之比来表示总产出的一个增长率,这个增长率必然是各种各样产品实物增长率的某种加权平均值。不同国家的 GDP 比较更没有准确的经济意义,只能反映某种大致水平。经济数据总是处于变化之中的。根据国际货币基金组织网站数据,2013 年中国人均 GDP 是

7 039.574 美元,伊拉克人均 GDP 是 7 021.406 美元。这两个数据相近,但显然不能说两个国家的发展水平相同或相近。

1.5.2 不同类型生产机构单位的产出核算问题

在市场经济中,生产机构单位首先可以分为市场生产单位和非市场生产单位。所谓市场生产单位,就是其产品通过市场机制销售,通过销售其产品获得收益。非市场生产单位的产品一般无偿或以远低于成本的价格提供给消费者(公共消费或个人消费)。市场生产单位即广义企业(含个体劳动者),其总产值以其市场价格计量,而非市场生产单位的产品由于没有市场价格,其总产值就无法在理论上进行核算。

在实际统计中,非市场生产单位的总产值以其投入产品价值与劳动力报酬之和进行衡量,即按照成本核算其总产值。这种衡量方法并没有明确的理论依据,其总产值和增加值都无法与市场生产单位直接比较,更无法以之评价一个单位对社会经济的贡献。从纵向观察,如此度量的总产值或增加值变化可以反映相应部门的规模变化,在假定投入决策是理性的情况下,可以认为这种规模是社会需要的规模,反映了社会经济系统的规律要求。从横向观察,这样度量的不同非市场生产单位的总产值或增加值差异反映了社会对不同部门的需求。非市场生产单位所支出的投入品价格及劳动力价格也是由市场决定的,如果市场认为其支付的价格过低,则就无法招聘到合适的劳动者,机构将无法运作。这些机构的估价危险一般是对其定价过高,消耗和使用了较多的投入,如豪华的楼堂馆所、过度的福利津贴等。也有一些非市场生产单位由于投入不足,其服务供给无法满足社会的需求,或可能消亡。

1.5.3 总产出核算中的价格问题

在现代市场经济中,商品从生产者手中到消费使用者手中不是一个瞬时的交接过程,而是一个有多重中介和空间转移的过程。在这个过程中,既有纯粹的价值转移,也会发生实际的价值增值。首先是纯粹的商业资本对价值的分割。商业资本所完成的是商品的供求对接,是商品交换的“寻亲”功能。按照马克思的观点,这种纯粹的商业过程是不创造价值的,商业活动所获得的是对已经完成的剩余价值的分割。这种商业活动应看作生产资本的一次分离。其次,实际的商业活动存在对商品的必要储藏和运输,这种行为是创造价值的,并且是由商业行业中的劳动者创造的。以上两项形成的价值总额可以看作商品的商业价值,在这里,商品的价值运动完成了一次增值,同时,在统计上形成了一种显式的价格——商品的零售价格或批发价格(以下称此二者为商业价格)。再次,从商家或直接从生产者手中到消费使用者手中,一般都存在一定的空间距离,商品的这种转移需要成本。虽然不论这个成本费用实际上由谁支付,最后都进入了商品的总价值中,根本上还是由消费者支付,但由于实际处理方式的不同,会形成不同的价格。如果最后的运输费用由生产者支付,那么会导致生产者价格提高;如果由商家支付,会导致商业价格提高;如果由消费者支付,则会导致使用者价格提高。

在总产出的核算中,多使用生产者价格,这样对单个生产者来说,其出售商品实际获得的收益就是其总产出。在基本价值型投入产出表中,若总产出以生产者价格计算,那么因为生产者的中间投入是购买者价格获得,为了使投入产出表中同一商品以同种价格计算,就要把购买者价格中的商业费用和支付的运费分解到商业和运输生产者行上去,称为流通费用分解。如果以使用者价格计算总产出,就要将从生产者处按其实际收益统计到的总产出再加上从生产者到消费者的商业与运输费用形成使用者或购买者价格总产出,而一个生产者对自己产品支付的运输费用则要单独列出,记到对应的运输行业行中。如果涉及税收处理方式,还有所谓基本价格之说(参见 SNA 相关文献)。

1.5.4　国民收入核算恒等式

在国民经济核算中,货币量与实物量是经济的两个方面,是同一事物的两种表现方式。假定所有的实物量都是直接参与市场交易的,那么这里的同一性不仅指事物的物质表现形式,还指其对应的市场价值。对于每一个经济生产单位,其向外输出了产品,同时从外部获得了收益。考察前面给出的投入产出表,其每一行横向表现了生产机构产品,即总产出的使用去向,纵向每一列表现了一个生产单位总收益的分配去向。在价值形式下,对每个生产部门必有:

$$\text{行向的总产出} = \text{列向的总分配} \tag{1-1}$$

行向的总产出由五个部分组成:中间使用、居民消费使用、公共消费使用、资本形成使用、外部使用。列向的分配也由五个部分组成:中间投入、劳动报酬、生产税、资本消耗补偿(折旧基金)、经营盈余。对于每一个生产部门,式(1-1)的两边都可以写出下面的代数式①:

$$\sum_{j=1}^{n} X_{kj} + C_k + G_k + F_k + NX_k = Q_k = \sum_{i=1}^{n} X_{ik} + D_k + W_k + T_k + M_k \tag{1-2}$$

式(1-2)两边对 k 求和,有

$$\sum_{k=1}^{n}\sum_{j=1}^{n}(X_{kj} + C_k + G_k + F_k + NX_k) = \sum_{k=1}^{n}\sum_{i=1}^{n}(X_{ik} + D_k + W_k + T_k + M_k) \tag{1-3}$$

式(1-3)等号两边消去同类项,即投入产出表中的中间投入总和与中间使用总和,有

$$\sum_{k=1}^{n}\sum_{j=1}^{n}(C_k + G_k + F_k + NX_k) = \sum_{k=1}^{n}\sum_{i=1}^{n}(D_k + W_k + T_k + M_k) \tag{1-4}$$

式(1-4)的右边是收入,左边是使用。从总量数值上说,除中间使用和中间投入对应恒等以外,行与列的其他四部分并不对应相等,但是总和是恒等的。式(1-4)就是国民经济核算的基本恒等式,各种宏观经济模型体系都受这个恒等关系的约束。

投入产出表列向中最初投入的四部分还要在经济系统中经历再分配运动,最终形成居民可支配收入,国家财政及其他公共单位可支配收入或广义公共可支配收入,生产单位可支配收入,外部单位收入。居民可支配收入包括劳动报酬收入、企业分红收入、各类转移支付收入减转移支出及所得税支出。广义公共可支配收入包括公共财政的收入减转移支付、非市场非经营性单位的收入减转移支付。生产单位可支配收入是从其经营盈余和折旧基金之和中减去红利分配、所得税和净转移支付。外部单位收入是指非常住单位或境外单位从境内常住单位获得的转移收入。需要强调的是,上述所有收入和支出均以既定时期的生产为基准,即所有再分配或收入转移都是在投入产出表中最初投入项目内的收入转移,所以,所有常住单位的可支配收入之和加外部单位收入仍然等于 GDP。

---

① 提醒注意一点:书中的每个字母符号虽然有习惯的用法,但是,因为需要的符号数超出字母的数量,所以对于具体的字母含义要从上下文中获取。

在一个时期内，居民可支配收入在居民的意愿下，分为两部分：居民消费支出和居民储蓄。广义公共可支配收入的两部分去向是：公共消费和公共储蓄。生产单位可支配收入的两部分去向是生产单位投资支出和生产单位储蓄。不过在实际中，各类单位的可支配收入总量与其收入使用量不一定相等，在收入使用量中包含了债务收入。收入的公共消费支出与最终使用的公共消费支出也不相等，因为收入的公共消费是资金的支出，其支出对象是公共产品生产单位，这些支出不一定被生产单位全部使用，而最终使用的公共消费是根据生产单位的生产投入计算的，是已经使用的部分，未使用的部分成为生产单位的储蓄。从数量上看，居民消费支出加公共消费支出与最终使用中的居民消费加公共消费即最终消费相等，所以，可以推出：

居民储蓄+公共储蓄+生产者投资支出+生产者储蓄+外部收入=资本形成+净出口 (1-5)

在式(1-5)中，生产单位的投资支出与资本形成并不对应，因为资本形成中包括了居民住房服务，如自建房和大修维护。在文献中，通常将纳税后的企业收入减去分给股东股息后的剩余称为企业储蓄，即把前面的生产单位可支配收入叫作生产单位储蓄(这也有道理，因为投资所购买之物并不是消耗，而是积累)。另外，式(1-5)中，当净出口为负时，必然存在国外借款，表示外国在本国的储蓄；当净出口为正时，本国持有外汇，表示外国对本国有欠债，在本国有负储蓄，净出口移项与左边的外部收入结合形成外部储蓄。这样，式(1-5)就可以写成：

居民储蓄+公共储蓄+企业储蓄+外部储蓄=资本形成 (1-6)

式(1-6)在宏观经济学和SNA中称为国民收入核算恒等式。资本形成在宏观经济学中被通俗地称为投资。用S表示储蓄，I表示投资，则有：$S \equiv I$。式(1-6)叫作恒等式，是指在不考虑统计误差的情况下，其在国民经济核算账户中必然成立，其实是从投入产出的定义出发推导而出的，这一点从投入产出表的总投入等于总使用或总产出即可看出。

式(1-6)具有深刻的经济学含义。

首先，它在数量上确认了储蓄与投资的关系，其右边是投资的实物形式，左边是投资的货币即收入形式。抛开次要部分，实物归企业这样的机构持有，而储蓄作为收入形式则为一定的个人或集体所占有。在市场经济下，二者既分离又统一。投资是增长的源泉，储蓄就是社会机构为了未来收入必须进行的资金积累行为。储蓄的资金所有者名单与投资即资本形成物的所有者名单是非对应的，甲有储蓄与乙有资本物没有对应关系。

其次，当经济总体表现均衡运行时，表示右边的实物形式投资都是经济正常运行所必需的，特别是其中的存货增量是企业所期望的，是运行计划之中的必需。但是，当经济出现生产过剩和销售不畅时，存货增量就包含了非意愿的成分；当比较严重时，预示将出现或已出现经济衰退。在2008年经济危机爆发前已经出现库存持续增加的现象了。这时，左边的收入有些将无法实现，仅是账面而已。账面储蓄与意愿投资的关系是凯恩斯经济理论模型的重要逻辑起点，也是宏观经济均衡的基本标志，是表达实际经济运动规律的重要约束。

1.6 建筑及服务类产品生产的投入产出计量

农业及工业产品由于有确定的实物计量单位，其产出核算以及作为投入使用的计量在理论上都比较容易，但是，建筑及服务类产品有许多的产出难以用实物计量，其生产中的投入产出核算在理论上比较困难。本节将讨论建筑业、运输业、仓储业、商业、金融业、餐饮业、租赁业、住宿业、公共服务业、研发业等十类产业的投入产出计量问题。

1.6.1　建筑业总产出及其使用核算理论

建筑业包括房屋建筑、土木工程建筑、建筑安装、建筑装饰装修与其他建筑服务四大子部门。建筑安装包括电气安装、管道和设备安装、其他建筑安装。其他建筑服务包括建筑物拆除和场地准备活动、为建筑工程提供配有操作人员的施工设备的服务、其他未列明的建筑活动。

房屋建筑及土木工程建筑的产品是实物产品，其总产出应是实物产品的总市场价值。该总产出被房地产企业购买或被使用者直接购买，都属于最终使用。房地产企业对建筑产品的非自用购买类似于商业进货。这类建筑产品的价值在理论上是确定的，在实物上也是明确的，但是，其实物总量无法加总。虽然部分房屋建筑量常以建筑面积度量，但在产业总体上，实物计量仍然是不可能的。

建筑安装的产品实际上是一种服务，其总产出是一种服务费，被房地产企业或使用者购买。该产出也都按固定资本形成列于最终使用部分。其产出价值最终都物化在了实物型建筑业产品上。

建筑装饰装修与其他建筑服务的产品主要是服务，但是其总产出可以被各类生产单位和消费单位购买使用。

建筑业市场中，虽然经常使用建筑面积或其他表面积进行计价谈判，但是，建筑产品大多数是整体性的，应一次性总定价。所以，除个别细分行业外，建筑业总产出无法以实物单位计量。

一些建筑企业制造的非其他部门产品类也算建筑业的产品，其价值计入建筑业总产出。实际上，后三个建筑业子部门也都使用水泥等建筑材料，并非单纯的劳务服务，所以，建筑业是一个物质产品和服务的混合产业。

1.6.2　运输业总产出及其使用核算理论

运输服务的职能是实现物质产品和人员的长距离位置移动，所以，纯粹运输业的产品是服务，其总产出不包括被运输产品运输前的价值。

运输业的总产出就是运输业收入的全部运费加上其他服务费。其他服务费涉及食品的保质服务、一些客运的安保服务等。飞机上和列车上的餐饮服务理论上应计入餐饮业的总产出中。

运输业总产出的购买者既可能是被运输产品的生产者，也可能是产品的使用者。

在生产者价格投入产出表中，如果使用者支付了运输费用，这个运输费用记录在使用者对运输业产品的投入中，在产品的生产者价格中不包含这部分费用；如果生产者支付了运输费用，这个运输费用记录在生产者对运输业产品的投入中，而使用者的购买价格即生产者价格，这部分费用是生产者的生产成本。

对于客运业，如果客运使用者是最终消费者，那么这是住户部门对运输业产品的使用。如果客运使用者是生产单位的员工，那么这个费用记录到生产单位对运输业产品的使用中。生产单位在生产场地内部的运输一般不记录为对运输业产品的使用，而是记录为运输中对各种物质材料的使用。

1.6.3 仓储业总产出及其使用核算理论

仓储业是市场经济发展中从生产部门独立出来的一个新型行业。国民经济产业分类和投入产出表中的仓储业都是指专门从事货物仓储、货物运输中转仓储,以及以仓储为主的物流配送活动和以仓储为目的的收购活动。在我国的《国民经济行业分类》(GB/T 4754—2017)和2017年度投入产出表中,仓储业被划分为六类:通用仓储,低温仓储,危险品仓储,谷物、棉花等农产品仓储,中药材仓储,其他仓储业。

仓储业是从商品生产企业和商业企业分离出来的第三产业,作为生产活动的成果,其产出不能以被储存物品的价值计算,被储存物品的价值在其活动过程中几乎不发生任何改变。作为服务业,仓储业机构单位的总产出以其获得的服务收入计算。因此,仓储生产的产品是商品的保存服务,其总产出是保管费,由商品的生产者、最终使用者或中间转换者支付,由仓储机构单位收取。

1.6.4 商业总产出及其使用核算理论

商业的经济职能是实现商品从生产者到使用者的交换,所以,商业的产品就是专门从事商品交换中介的生产单位的活动使商品的所有权发生改变的效果,是一种服务产品。

商业总产出即商业服务的交换价格,应该等于销售商品的总价值减去经销商品的总进价,再加上附加的商业服务收费,也就是经营者的全部商业活动收入。

在生产者价格投入产出表中,商品的各使用单位首先以购买者价格获得商品,在其对应投入中要扣除商业费用,并把扣除的量记录到其对商业产品的使用中。

实际上,除了专门的商业经营机构单位外,还有其他一些行业活动包含商业服务,如宾馆业活动中客房中的商品,餐饮业更是包括商业行为多种类型的生产活动及其混合。从严谨的定义考虑,商业活动就是不改变商品的消费者使用价值,把商品从生产者转给消费者但收取某种服务费的活动。

1.6.5 金融业总产出及其使用核算理论

考虑纯粹借贷业务的金融活动。作为一个生产单位或部门,其总产出的核算可以有两种方式。(1)如果以全部贷款业务获得的利息作为总产出,那么,在投入产出表中从列向看,由于没有扣除存款支出的利息,所以其盈余中包含了存款客户应得的利息,不全是金融机构的资本所得。从投入产出表该部门的行向看,每一个数字是贷款使用者支付的利息。首先是本经济体生产者为购买中间投入和支付劳动报酬付出的流动贷款利息,其次是居民消费者为购买消费品贷款支付的利息,再次是生产者为购买资本形成产品支付的贷款利息。公共消费活动不存在利息支付,因为其活动是虚拟的,其资金来源是财政拨款,而政府机构单位为公共服务活动贷款支付的利息记录在政府机构单位的生产部门列中。进出口业务贷款支付的利息也记录在相应的使用进口产品和从事进出口业务的生产部门列中。本经济金融机构从境外机构单位获取的利息不属于国内生产活动,不会进入GDP核算中,所以,也不出现在这里的投入产出表中。当一个生产单位或部门的投入中包含了流动贷款利息,其盈余中就不会包含金融机构资本对使用价值的分割。(2)借贷业务金融活动类似于商业活动,其从事的是金融资金的产权交易,所以,其总收益也可以用贷款利息减存款利息的差表示。首先,金融机构的营业盈余中不包含存款者的利息，纯粹是该金融资本的股东得利；其次，从金融机构部门的行向看，也应该是利差的反映，每一个单元的数字不是对应生产或消费单位支付的总利息，而要从中扣除相应比例的存款利息。在总产出核算不变的情况下，相对于第一种方式，第二种方式会增大生产部门的盈余，增大的部分是金融机构单位的存款客户应得的存款利息。以上两种核算方式，从理论建构上都是符合逻辑的。第一种方式增大了金融机构的盈余，第二种方式增大了一般生产单位的盈余，差别是存款者获得的利息记录在哪一方。不管记录在哪一方，都属于对剩余价值的分割。

考虑一个没有物资和劳动投入的纯粹借贷者，假设其借贷资本全部是自有的，于是，其总产出就等于其获得的利息。因为除了本金没有任何投入，所以其利润等于总产出。这样一个借贷者，其经营活动还是经济生产活动吗？实际上，其收入完全是从他人的利润或剩余价值中分割而得的，完全依靠对资金的占有权而得。(1)如果在投入产出表中不考虑生产部门对这种资金的使用利息，由于总产出的确定性，对应生产部门的利润（盈余）就会增大，增大的部分实际为贷款者取得，这种情况下，可以不将这样的借贷者当作生产者列入投入产出表的生产部门集合中。(2)如果考虑这种利息投入支付，那么，生产者部门的盈余中就不包含资金借出者获得的利息，于是，这种独立记录的利息在投入产出表中形成一行。这一行如果置于投入产出表的第一、第二象限，或者在投入产出表中增加一类生产者，其除了盈余外没有其他投入，总产出就是其利息，这种记录法不会改变经济的GDP；或者将这种利息当作外部投入，相当于进口，同时在最终使用象限增加一列，该列只在对应行位置有一个数值等于这种利息总值的负值，对应行的最后总产出是0，这样相对于第一种方式会减小该经济的生产总值。考虑到这种利息不是真正的进口，是本经济剩余价值的一部分，不应从生产总值中减掉，那么，同时考虑到这种借贷者没有真正的生产行为，应采取第一种处理方式。但是，在一般金融机构的属性中，实质上包含这种纯借贷者的性质，所以，实际的处理方式是隐含的，把这种纯借贷者隐含在了一般金融机构中。

1.6.6　餐饮业总产出及其使用核算理论

餐饮业的总体产品包括饮食过程中的服务及食品本身，应注意餐饮业的收入是将二者混合一起计算的，这样，餐饮业就不属于纯粹的服务业，实际上更像一个食品制造业。

如果把餐饮业作为一个独立的食品制造业部门，那么，其产品的价值核算既包括食物的价值，也包括服务员的服务价值。对餐饮业的产品使用首先是家庭消费，这时家庭消费的内容是包括食物和服务在内的总价值。如果消费者使用的是外卖，那么，消费者的购买价格就包括了外卖送餐公司提供的服务（含外卖员的服务）。如果把外卖送餐公司分离在餐饮业之外，那么，外卖公司的服务与餐饮业的产出就得通过分解计算。外卖送餐公司属于服务业。如果餐费的支出者是生产机构，那么，餐费就要记两笔账：一笔属于生产机构支付给职工的劳动报酬，记在第三象限；一笔是职工作为消费者对餐饮业产品的消费，记在第二象限的居民消费列。

如果对餐饮业按照纯粹服务业核算其产出，应从其总收入中减去食品原材料的投入价值作为其总产出。这时，对原材料的使用就成了消费者的直接使用，消费者分别消费了食物的原材料和餐饮业的服务。

因为招待费是生产单位的一项重要成本，为了通过投入产出表数据考察生产部门的这一项投入情况，可以将生产部门支付的餐饮业产品记作生产部门的中间投入，这虽然不会改变生产部门的经营盈余，但是，将最初投入和最终使用变成了中间流量。这种核算方式会减少生产部门的增加值和经济总体的 GDP，在其中看不出消费者的消费记录。

1.6.7 租赁业总产出及其使用核算理论

租赁业的租赁包括机械设备租赁（不配备人员）、文化及日用品出租。

假定租赁机构除了租赁物品没有其他任何投入，租赁物品也不会有任何损耗，那么，租赁业务就像纯粹的金融资本业务一样，其总产出、总利润和总投入相等。否则，一般租赁业的总产出等于其租赁费收入和其他服务费收入，与金融业很类似；其投入等于经营期间的各种消耗投入。

对于出租用的文化及日用品，其价值较低，虽然在物理性质上也可以算固定资产（比如图书），但是没有折旧扣除，是一次性扣除。如果在开始一次性购入大批图书，作为创始资本是不能算消耗投入的，就如大型固定资产是一次购入但不算消耗投入一样。

1.6.8 住宿业总产出及其使用核算理论

包括各种宾馆旅店在内的住宿业是以提供服务为主的一个生产部门，但是，这个部门不是纯粹的服务业，即使将其中经营的餐饮部分除去，其中仍然包括了消费者对水、电、热等的直接消耗。

对于自来水和电，可以认为住宿业是一个中介者，相当于商业，但对热水的供应更像工业产品。只是为了简化，一般将住宿业统一作为一个服务业。但是，其中的餐饮部分应分离开来。

住宿业经营者的总产出就是其除去餐饮业的总收入，生产部门对其的使用以其应支付计算，对其中的餐饮业的投入按餐饮业的办法处理。

1.6.9 公共服务业总产出及其使用核算理论

公共服务机构作为现代国民经济核算中的一个生产单位，其产品一般都体现为服务，但是，这些产品都不会通过市场交易活动获取收入，因此，其总产出无法以其产品的市场价值度量核算。

在目前的投入产出核算体系中，公共服务机构的产出、使用及其投入资金来源在三个项目上体现。

首先，其生产对各种产品的消耗在中间流量部分记录。每一个公共产品生产单位（教育、科技、体育、文化、公共行政）的生产活动对各种产品的消耗都在对应的部门列中。

其次，其产品被常住单位共同消费，消费额记录在最终使用的公共消费列，但是，产品总值即总产出是以其总投入核算的。公共消费列是财政资金对各类公共服务的支付，用于机构的日常活动开支。

最后，公共服务机构投入的资金来源是以税收的形式获取的财政资金。在投入产出表中，在最初投入行中记录了生产税净额，但公共财政的总收入一般还包括其他税费收入，如所得税、行政收费、罚款及没收款等等。

有些服务产品是公共服务机构和营利性生产单位都在生产的,如教育有公办和民办教育。这样,这些部门的总产出就是纯公共产品的生产总投入加上营利性机构的总产出。营利性机构的总产出仍然以其销售收入计算,政府对它们的生产补贴将增加它们的利润。

对于某些仅收取很低价格的产品生产单位,其产品收入不足以抵补全部成本投入,其总产出应等于销售收入加上其他来源资金。其他来源资金如果是公共财政,则其产品是被公共消费,其总产出除市场销售收入外,还应加上政府补贴。如果还有亏空需靠借债运行,其利润为负。如果有其他资金补偿,当补偿的目标是本期生产活动时,补偿资金应计入本期总产出,增加本期利润;当补偿的资金是为了长期经营服务,则属于资本金,不改变本期的投入产出账户。

对于提供纯公共产品的非政府非营利机构,其资金来源是企业的利润或居民的捐赠收入,这时,它的投入结构是中间投入,总产出以总投入核算。其产品若记录在公共消费列,看不出其资金的实际来源,比政府部门还隐蔽。有的投入产出表在最终使用象限单独列“非营利组织服务的最终消费支出(NPISH)”,应记录的是其对公共产品的购买,包括对自己产品的购买和对其他单位公共产品的购买。

对于提供俱乐部公共产品的非营利机构,其资金来源是居民会费等,其产品也仅被俱乐部成员消费,则其总产出应以会费收入核算,居民会费记到居民消费列;如果其得到公共财政资金补贴,补贴一是在公共消费列记录,二是在其最初投入的生产补贴中记录。

政府对各营利性机构的生产补贴虽然也相当于购买了公共产品,但在投入产出表的最终使用中没有记录,属于转移支付,记录在了最初投入中。

1.6.10　研发业总产出及其使用核算理论

研发业即研究与开发产业,在我国投入产出表中称为研究和试验发展,与一般文教体卫产业一样,分公共机构和营利性机构两类。如果是公共资金支持的研发机构,其总产出按总成本核算;如果是市场营利性研发机构,其总产出以市场价格核算。但是,近年有些国家和国际机构认为,研发产出应算资本形成产品,从而引起了一波修改 GDP 核算的浪潮。联合国等国际组织编写的《2008 年国民账户体系》将研发业产品、知识产权产品(包括娱乐业新作品)列入固定资产中。2013 年,美国经济分析局对美国 1929 年至 2013 年的 GDP 数据进行了修订。根据其公告①,修订后的 2012 年 GDP 总量增加了 3.6%,即 5 598 亿美元,相当于美国民众每年每人增加 1 783 美元。新核算方法也将 2010 年和 2012 年的 GDP 增速分别上调 0.1%和 0.6%。中国国家统计局于 2016 年也修订了 GDP 核算方法,结果显示,使得 2015 年 GDP 总量增加 8 798 亿元,增加幅度为 1.3%,增长速度提高了 0.04 个百分点②。

然而,研发产出核算方法修改的理论基础是什么?

作为资本形成产品,其物理属性要具有长期存在性和跨期使用性,这对于研发产出来说似乎没有问题,科研成果可以被长期使用,比如购买的专利具有长期有效性。但是,研发生产的

① 廖政军. 美国推出 GDP 新核算方法:“中国超美国至少推迟 5 年”[EB/OL]. [2024-05-25]. http://usa.people.com.cn/n/2013/0802/c241376-22418071.html.

② 国家统计局. 国家统计局关于改革研发支出核算方法修订国内生产总值核算数据的公告[EB/OL]. [2024-05-25]. http://fgw.hunan.gov.cn/fgw/tslm_779521hgzh/201607/tz0160706_3080069.html.

大多数产出具有公共产品和较大不确定性两大属性。如果把当年有投入没产出的总产出计算到资本形成,很容易造成价值扭曲。首先,大量的科研成果是公共资金投入的产品,具有公共物品属性,没有市场价格,如中国科学院和中国社会科学院的总产出只能按照投入成本计算,作为整体的研发产业总产出与市场性研发机构的总产出合在一起汇总核算,其价值必然是扭曲的。其次,知识产权产品的价值具有纵向倍加特征,即同样的既定产品,可以同时卖给若干个使用者,这时,在不改变实物产量的情况下,其销售价值随销售量成倍增长,这时如何计算实际总产出?再次,知识产权产品作为实体具有永久存在性,那么,其作为固定资本形成是计算一次还是多次?比如小说《红楼梦》,一年又一年印刷发行,其实际物量价值会发生变化吗?最后,既然是作为固定资本(产)核算了,那就要考虑如何提取折旧。作为技术或品牌的知识产权,其贬值的速率会比一般物质设备的损耗更快,其折旧率应该如何确定呢?以上问题,是在将研发产品等无形资产计入资本形成时必须考虑处理的实践课题。

从投入产出表核算看,研发产业产品作为固定资本形成计入 GDP,就是将原来作为中间使用计算的量移到同一行的最终使用部分的固定资本形成中,将原来作为中间投入计算的量移动到同一列的经营盈余行。

像研发业产品这类固定资本产品,与通常的有形物质固定资本产品在经济运动性质上有很大不同,因此可以考虑在最终使用部分增加一列:虚拟或无形资本形成,以便专门研究其相关经济问题。

习　题

1. 请简述核算企业在一个年度的总产出和增加值的基本步骤。

2. 用符号表示根据投入产出表计算 GDP 的三种方法的公式,说明公式中变量的经济含义。

3. 将境外经济体作为一个生产部门,境内生产单位分为 n 个部门,画出一个包含 $n+1$ 个部门的投入产出表框架,解释在该表中如何核算 GDP。

本章主要参考文献

1. 联合国,欧盟委员会,经济合作与发展组织,等. 2008 年国民账户体系[M]. 中国国家统计局国民经济核算司,中国人民大学国民经济核算研究所,译. 北京:中国统计出版社,2012:1.

2. 刘新建. 经济理论分析的投入占用产出模式[M]. 北京:科学出版社,2018.

第 2 章　投入产出技术建模原理

基于一定结构的投入产出表建立的经济数学模型称为投入产出模型。虽然实际应用中的投入产出模型多种多样,但是为了说明投入产出分析的基本原理,学科教学中最基本的投入产出模型是基于一种特定形式的投入产出表建立的。本章通过一系列基本模型,严谨论述基本概念,深刻说明投入产出技术的经济思想,阐述基本方法论。

2.1　基础投入产出表

投入产出技术的基础是一张投入产出表,该表规定了分析的数据基础和系统结构划分。包括数据分析和建立模型体系在内的所有投入产出技术的应用都基于一个给定结构的投入产出表。在模型分析中,投入产出表中的各个单元都代表一个变量或参数。在一定意义上,一个投入产出表也是一个经济模型,是对一个经济体的系统结构的描述。

2.1.1　基础投入产出表表式

表 2-1 是中国国家统计局编制的法定投入产出表的基本表式之一,本书后面分析建模的主要基础就是此表,称为基础投入产出表。

表 2-1　基础投入产出表表式

<table>
<tr><td colspan="2" rowspan="2"></td><td>中间使用</td><td colspan="5">最终使用</td><td rowspan="2">进口</td><td rowspan="2">总产出</td></tr>
<tr><td>1　2　…　n</td><td>居民消费</td><td>公共消费</td><td>资本形成</td><td>库存增加</td><td>出口</td></tr>
<tr><td>中间投入</td><td>1
2
⋮
n</td><td>X_{ij}</td><td>C_i</td><td>G_i</td><td colspan="2">F_i</td><td>EX_i</td><td>IM
(−)</td><td>Q_i</td></tr>
<tr><td rowspan="4">最初投入</td><td>折旧</td><td>D_j</td><td colspan="7" rowspan="5"></td></tr>
<tr><td>劳动报酬</td><td>W_j</td></tr>
<tr><td>生产税净额</td><td>T_j</td></tr>
<tr><td>经营盈余</td><td>M_j</td></tr>
<tr><td colspan="2">总投入</td><td>Q_j</td></tr>
</table>

在表 2-1 中,各个符号的经济意义与第 1 章相同。

理论上,一个投入产出表可以反映对任何系统的描述,不仅可以是一个国家,还可以是一个地区、一个产业部门、一个企业,甚至可以是全球经济;不仅可以是一个经济系统,还可以是任何一个有结构的系统,比如反映各类水源关系的水资源系统、反映各类网站流量关系的网络系统、反映各类人口转换关系的人口系统。应用上,一般应是一个比较复杂的系统,可以被分解为并列的相互有交流的若干个部分。本章的分析对象假定都是一个国家经济体。

在表 2-1 中，整体经济系统被分解成 n 个生产部门，两个消费部门，一个外部部门。与外部部门的关系体现为出口和进口，分别形成一列。基于这种表式，其中的一个假定是进口的产品与本经济系统生产的同一部门产品是完全可替代的，因此，所有的中间使用产品和最终使用产品中都可能包含进口产品，是进口产品和本系统生产产品的混合物。这种投入产出表称为竞争型投入产出表，而将进口产品与本国生产产品分离开的投入产出表称为非竞争型投入产出表（见 3.1 节）。还有一个隐藏的假定是，该投入产出表是以生产者价格编制的价值型表。

2.1.2 平衡方程

建立投入产出模型的出发点是其中的行、列平衡关系。通过设定一定的系数，代入平衡关系就得到基本投入产出模型。

2.1.2.1 行方程

从投入产出表的行向看，一个生产部门的产品被分配到各种部门，各部门用量之和就等于该部门的总产出，因而有下面的平衡关系：

$$\sum_{j=1}^{n} X_{ij} + C_i + G_i + F_i + NX_i = Q_i, i = 1,2,\cdots,n \tag{2-1}$$

写成矩阵形式为

$$\boldsymbol{Xe} + \boldsymbol{C} + \boldsymbol{G} + \boldsymbol{F} + \boldsymbol{NX} = \boldsymbol{Q} \tag{2-2}$$

从供给-需求角度看，式(2-1)的左边是对产品的各类需求之和，右边的总产出就是总供给，这种模型形式正类似于宏观经济学中的凯恩斯主义总需求决定模型。

2.1.2.2 列方程

从投入产出表的列向观察，一个部门在一个时期的生产中既投入了各种产品，称为中间投入，还投入了劳动报酬、生产税净额、固定资产折旧、营业盈余等最初投入，这些投入的总和是总投入，在货币度量上等于该部门的总产出，于是，有下面的平衡关系：

$$\sum_{i=1}^{n} X_{ij} + D_j + W_j + T_j + M_j = Q_j, j = 1,2,\cdots,n \tag{2-3}$$

写成矩阵形式为

$$\boldsymbol{X'e} + \boldsymbol{D'} + \boldsymbol{W'} + \boldsymbol{T'} + \boldsymbol{M'} = \boldsymbol{Q} \tag{2-4}$$

在矩阵的运算关系表达式中，一定注意行向量和列向量的区分。如式(2-1)是对同一行中的各元素求和，那么在式(2-2)中，左边第一项是一个矩阵被一个所有元素都为 1 的列向量 $\boldsymbol{e}$ 右乘，其结果是一个列向量，因此，式中其他各项，包括右边的 $\boldsymbol{Q}$ 都应是列向量。在文献中，出现的一个向量如果不带任何附加标志，除非特别指明，通常就是列向量。式(2-4)中的矩阵 $\boldsymbol{X}$ 右上角加撇号“′”，表示该矩阵的转置。本书中，第三象限的变量向量多用行向量表示，所以在式(2-4)中加撇号表示转置。

2.1.3 投入产出表的矩阵表示

在不需要明确显示投入产出表的行列栏目时，投入产出表可以用矩阵形式表示如下：

$$\begin{pmatrix} \boldsymbol{X} & \boldsymbol{Y} \\ \boldsymbol{Z} & \end{pmatrix}\boldsymbol{Q} \tag{2-5}$$

其中,$\boldsymbol{X}$ 是中间流量矩阵,$\boldsymbol{Y}$ 是最终使用矩阵,$\boldsymbol{Z}$ 是最初投入矩阵,$\boldsymbol{Q}$ 是总产出列向量。在矩阵形式下,平衡方程(2-2)和(2-4)分别变成:

$$\boldsymbol{Xe}+\boldsymbol{Ye}=\boldsymbol{Q} \tag{2-6}$$

$$\boldsymbol{X'e}+\boldsymbol{Z'e}=\boldsymbol{Q} \tag{2-7}$$

如果 $\boldsymbol{Y}$ 已合成为一个列向量,$\boldsymbol{Z}$ 已合成为一个行向量,那么,式(2-6)和式(2-7)分别变成:

$$\boldsymbol{Xe}+\boldsymbol{Y}=\boldsymbol{Q} \tag{2-8}$$

$$\boldsymbol{X'e}+\boldsymbol{Z'}=\boldsymbol{Q} \tag{2-9}$$

在以上公式中,要注意求和向量 $\boldsymbol{e}$ 的维度不是固定的,而是和与其相结合的矩阵或向量的维数相配合的。

2.2　静态投入产出基本模型

到目前为止,静态投入产出模型依然是应用最广泛的投入产出技术。静态投入产出技术最基础的模型是以投入系数和分配系数建立的方程组,其次是各种反映部门间关联关系的系数分析。本节主要阐述基于投入系数和分配系数的基本模型。

在静态模型的讨论中,时间都是某个时期,一般不再加符号表示和说明。不加说明时,本章都是基于表 2-1 所示的投入产出表结构进行阐述的。

2.2.1　投入系数及其基本模型

设 a_{ij} 表示部门 j 为了生产单位产品需要消耗的产品 i 的数量,在价值型投入产出表中,这里的数量就是以价格计算的价值量,a_{ij} 被称为直接投入系数或直接消耗系数。于是,为了生产总产出 Q_j,部门 j 需要投入的部门 i 的产品量是 $X_{ij}=a_{ij}Q_j$,写成矩阵式即 $\boldsymbol{X}=\boldsymbol{A}\hat{\boldsymbol{Q}}$。将此关系代入行平衡方程式(2-8)得

$$\boldsymbol{AQ}+\boldsymbol{Y}=\boldsymbol{Q} \tag{2-10}$$

式(2-10)就是最基本的投入产出模型,在已知 $\boldsymbol{A}$ 和 $\boldsymbol{Y}$ 的条件下,由式(2-10)可以解得

$$\boldsymbol{Q}=(\boldsymbol{E}-\boldsymbol{A})^{-1}\boldsymbol{Y} \tag{2-11}$$

式中,$\boldsymbol{E}$ 表示单位矩阵①。

在一般实际情况下,矩阵 $\boldsymbol{A}$ 的元素都是非负的,在价值型投入产出表中有 $0\leqslant a_{ij}<1$,并且 $\sum_{i=1}^{n}a_{ij}<1$。在这种条件下,从数学上可以证明 $\boldsymbol{E}-\boldsymbol{A}$ 是可逆矩阵,即 $(\boldsymbol{E}-\boldsymbol{A})^{-1}$ 存在,但是这些条件是充分条件而非必要条件,如 $\boldsymbol{A}=\begin{pmatrix}0.3 & 0.2\\0.7 & 0.6\end{pmatrix}$ 不满足条件,但是 $\boldsymbol{E}-\boldsymbol{A}$ 是可逆的。

虽然在现代国民经济核算中,增加值和 GDP 核算是最基本的统计核算,但是,对安排企业生产和国家经济计划,总产出指标还是非常重要的,这也是投入产出技术能被广泛应用并得到承认的原因。在式(2-11)中,最终使用 $\boldsymbol{Y}$ 的数据通常是基于历史数据的计量模型估计而得

① 在投入产出技术文献中,$\boldsymbol{Z}$ 表示中间流量、$\boldsymbol{F}$ 表示最终使用、$\boldsymbol{V}$ 表示增加值、$\boldsymbol{X}$ 表示总产出、$\boldsymbol{I}$ 表示单位矩阵也是一种习惯用法。

的,直接消耗系数矩阵 $\boldsymbol{A}$ 基于历史投入产出表计算修订或估计得到,比如:$a_{ij}=X_{ij}/Q_j$,或 $\boldsymbol{A}=\boldsymbol{X}\hat{\boldsymbol{Q}}^{-1}$①。在大多数计算中,$\boldsymbol{A}$ 被认为不因 $\boldsymbol{Y}$ 的不同而改变,这称为投入产出模型的比例假定。在比例假定下,$\boldsymbol{Q}$ 与 $\boldsymbol{Y}$ 之间是线性关系。在实际应用中,在可能的情况下,对 $\boldsymbol{A}$ 的元素会作出一定的修订,所以变与不变是根据具体情况具体分析的。

2.2.2 分配系数及其基本模型

基于对称思维,与投入系数相对,有学者提出分配系数和基于分配系数的投入产出模型②。

设 h_{ij} 是部门 i 的总产出中用于部门 j 生产消耗所使用的比例,称为直接分配系数。这种定义既适用于实物型投入产出表,也适用于价值型投入产出表。假定直接分配系数是常数,那么当部门 i 有总产出 Q_i,其提供给部门 j 生产的中间使用的量就是 $X_{ij}=h_{ij}Q_i$,写成矩阵式即为 $\boldsymbol{X}=\hat{\boldsymbol{Q}}\boldsymbol{H}$。将此关系式代入投入产出表列平衡方程式(2-9),得

$$\boldsymbol{H}'\boldsymbol{Q}+\boldsymbol{Z}'=\boldsymbol{Q} \tag{2-12}$$

式(2-12)就是基于分配系数的投入产出基本模型③。在已知 $\boldsymbol{H}$ 和 $\boldsymbol{Z}$ 时,由式(2-12)可以解得

$$\boldsymbol{Q}=(\boldsymbol{E}-\boldsymbol{H}')^{-1}\boldsymbol{Z}' \text{ 或 } \boldsymbol{Q}'=\boldsymbol{Z}(\boldsymbol{E}-\boldsymbol{H})^{-1} \tag{2-13}$$

在非竞争型投入产出表结构中,因为存在进口产品,不能保证矩阵 $\boldsymbol{H}$ 元素的行和小于 1,但是在价值型投入产出表中,当 $\boldsymbol{E}-\boldsymbol{A}$ 可逆时,$\boldsymbol{E}-\boldsymbol{H}$ 也必是可逆的。证明如下:

$\because\ \boldsymbol{A}\hat{\boldsymbol{Q}}=\boldsymbol{X}=\hat{\boldsymbol{Q}}\boldsymbol{H}$,

$\therefore\ \boldsymbol{H}=\hat{\boldsymbol{Q}}^{-1}\boldsymbol{A}\hat{\boldsymbol{Q}}$,

$\therefore\ \boldsymbol{E}-\boldsymbol{H}=\hat{\boldsymbol{Q}}^{-1}\hat{\boldsymbol{Q}}-\hat{\boldsymbol{Q}}^{-1}\boldsymbol{A}\hat{\boldsymbol{Q}}=\hat{\boldsymbol{Q}}^{-1}(\boldsymbol{E}-\boldsymbol{A})\hat{\boldsymbol{Q}}$,

$\therefore\ \boldsymbol{E}-\boldsymbol{H}$ 与 $\boldsymbol{E}-\boldsymbol{A}$ 互为相似矩阵。

同样,$\boldsymbol{H}$ 和 $\boldsymbol{A}$ 也互为相似矩阵。根据矩阵理论,当一个矩阵是可逆矩阵时,其相似矩阵是可逆的,所以,当 $\boldsymbol{E}-\boldsymbol{A}$ 可逆时,$\boldsymbol{E}-\boldsymbol{H}$ 也必是可逆的。

2.2.3 结构关系定理

直接消耗系数矩阵和直接分配系数矩阵实际上也反映经济系统的一种结构,即生产投入结构和使用分配结构。从 $\boldsymbol{H}$ 和 $\boldsymbol{A}$ 的互为相似关系可以证明:基于既定投入产出表的一个经济的投入结构、分配结构和产业结构之间存在密切的相互决定关系。

以所有部门总产出之和(记为 $\bar{\bar{\boldsymbol{Q}}}$)去除 $\boldsymbol{Q}$,就得到以总产出比例表示的经济产业结构,记为 $\boldsymbol{q}=\boldsymbol{Q}\bar{\bar{\boldsymbol{Q}}}^{-1}$,那么式 $\boldsymbol{H}=\hat{\boldsymbol{Q}}^{-1}\boldsymbol{A}\hat{\boldsymbol{Q}}$ 就变成

$$\boldsymbol{H}=\hat{\boldsymbol{q}}^{-1}\boldsymbol{A}\hat{\boldsymbol{q}} \text{ 或 } \hat{\boldsymbol{q}}\boldsymbol{H}=\boldsymbol{A}\hat{\boldsymbol{q}} \tag{2-14}$$

---

① 对于一个列向量或行向量 $\boldsymbol{M}$,用 $\hat{\boldsymbol{M}}$ 表示以 $\boldsymbol{M}$ 的元素为主对角元素的对角矩阵。

② GHOSH A. Input-output approach in an allocation system[J]. Economica, 1958, 25(97):58-64.

③ 这个模型只有在价值型模型下才成立。如果 $\boldsymbol{H}$ 以实物量关系定义,那么,必须引入价格才能建立分配系数列模型。

显然，只要已知 $\boldsymbol{q}$ 及 $\boldsymbol{H}$ 与 $\boldsymbol{A}$ 之一，就可以唯一地解出另一个。

当已知 $\boldsymbol{H}$ 和 $\boldsymbol{A}$ 时，由于 $\boldsymbol{H}=\hat{\boldsymbol{q}}^{-1}\boldsymbol{A}\hat{\boldsymbol{q}}$ 对 $\boldsymbol{q}$ 是非线性方程，且是一个 n^2 个分量的矩阵方程，求解似乎困难。实际上，$\hat{\boldsymbol{q}}$ 只有 n 个未知数，式(2-14)经过变换可以导出：$\boldsymbol{Aq}=\langle \boldsymbol{He}\rangle \boldsymbol{q}$①，即

$$(\boldsymbol{A}-\langle \boldsymbol{He}\rangle)\boldsymbol{q}=0 \tag{2-15}$$

式(2-15)对 $\boldsymbol{q}$ 是一个线性齐次方程组，除了零解外，当 $\boldsymbol{A}-\langle \boldsymbol{He}\rangle$ 是奇异矩阵时，数学上可以有无穷多非零解。但这些非零解都是比例关系，对于经济系统，这些非零解都代表相同的产业结构，即唯一的总产出比例关系。② 所以，一个经济系统的三种结构存在相互决定关系，已知其中的两个，可以唯一地确定另一个。

实际上，投入产出基本模型已经确定了这种结构关系。首先，当由基本模型解出总产出向量 $\boldsymbol{Q}$ 后，以 $\boldsymbol{A}$ 与 $\boldsymbol{Q}$ 可以计算出中间流量矩阵，从而就可以计算出分配系数矩阵 $\boldsymbol{H}$，同时，还可以计算出增加值向量；对称地，以 $\boldsymbol{H}$ 与 $\boldsymbol{Q}$ 也可以计算出中间流量矩阵，从而计算出直接消耗系数矩阵 $\boldsymbol{A}$，同时计算出最终使用向量 $\boldsymbol{Y}$。其次，在式(2-11)中，令 $\bar{\bar{Y}}=\boldsymbol{eY}$，$\boldsymbol{y}=\boldsymbol{Y}/\bar{\bar{Y}}$，$m=\bar{\bar{Y}}/\bar{\bar{Q}}$，则式(2-11)就变成

$$\boldsymbol{q}=m(\boldsymbol{E}-\boldsymbol{A})^{-1}\boldsymbol{y} \tag{2-16}$$

式(2-16)正是一个结构关系方程，反映了基于总产出的产业结构、投入结构和最终使用的产品结构的关系。式(2-16)说明：已知投入结构和最终使用结构还不能确定产业结构，还需要一个总体增加值率 m，也是总体最终产品率。

同理，由基于分配系数的基本模型可以有

$$\boldsymbol{q}'=m\boldsymbol{z}(\boldsymbol{E}-\boldsymbol{H})^{-1},\boldsymbol{z}'=(\boldsymbol{E}-\boldsymbol{H}')(\boldsymbol{E}-\boldsymbol{A})^{-1}\boldsymbol{y} \tag{2-17}$$

其中，$\boldsymbol{z}$ 是基于增加值的产业结构行向量。

2.3　完全系数

$\boldsymbol{A}$ 和 $\boldsymbol{H}$ 被称为直接系数，是因为还存在间接系数，而完全系数等于直接系数与间接系数之和。能够计算各种产品或部门之间的间接联系是投入产出技术相对于其他经济数量分析技术的突出特征。

2.3.1　完全消耗系数和完全分配系数

令

$$\tilde{\boldsymbol{B}}=(\boldsymbol{E}-\boldsymbol{A})^{-1},\tilde{\boldsymbol{G}}=(\boldsymbol{E}-\boldsymbol{H})^{-1} \tag{2-18}$$

其中，$\tilde{\boldsymbol{B}}$ 称为完全需要系数矩阵，也称为列昂惕夫逆矩阵(所以，完全需要系数矩阵也经常用 $\boldsymbol{L}$ 表示)，其元素 $\tilde{b}_{ij}$ 称为最终产品 j 对部门 i 产品的完全需要系数。$\tilde{\boldsymbol{G}}$ 称为完全感应系数矩阵或完全供给系数矩阵，也称为 Ghosh 逆矩阵③(戈氏逆)，其元素 $\tilde{g}_{ij}$ 称为部门 j 生产对部门 i 之增

---

① $\langle \boldsymbol{He}\rangle$表示由 $\boldsymbol{He}$ 的元素为主对角元素的对角阵。如果一个向量的表达式比较复杂(由两个及两个以上字母表示)时，加尖括号表示对应的对角阵。

② 一般应有矩阵 $\boldsymbol{A}-\langle \boldsymbol{He}\rangle$的秩 $r(\boldsymbol{A}-\langle \boldsymbol{He}\rangle)=n-1$，从而$(\boldsymbol{A}-\langle \boldsymbol{He}\rangle)\boldsymbol{x}=0$ 的解空间是一维的。

③ 也有文献用 $\boldsymbol{G}$ 表示 Ghosh 逆矩阵(陈锡康，王会娟. 投入占用产出技术[M]. 北京：科学出版社，2016：16-17.)。

加值的完全感应系数。

令 $\boldsymbol{B}=\widetilde{\boldsymbol{B}}-\boldsymbol{E}$，$\boldsymbol{G}=\widetilde{\boldsymbol{G}}-\boldsymbol{E}$，则可以证明：

$$\boldsymbol{B}=\boldsymbol{A}\widetilde{\boldsymbol{B}}=\widetilde{\boldsymbol{B}}\boldsymbol{A},\boldsymbol{G}=\widetilde{\boldsymbol{G}}\boldsymbol{H}=\boldsymbol{H}\widetilde{\boldsymbol{G}} \tag{2-19}$$

其中，$\boldsymbol{B}$ 称为完全消耗系数矩阵，其元素 b_{ij} 被理解为用单位产品 j 作最终使用，需要总体经济的生产系统投入的产品 i 的量。$\boldsymbol{G}$ 称为完全分配系数矩阵，其元素 g_{ij} 被理解为生产部门 i 获得 1 个单位的增加值，需要部门 j 完全消耗的投入量，即在经济总体中分配给部门 j 作为中间使用的量。

2.3.1.1 完全消耗系数的经济意义

设 $\boldsymbol{Y}$ 是一个最终使用需求向量，可以证明 $\boldsymbol{BY}=\boldsymbol{AQ}$。因为 $\boldsymbol{AQ}$ 正是为了生产 $\boldsymbol{Y}$，需要整个经济系统中间使用投入的各种产品量构成的向量，即中间使用合计，所以完全消耗的含义就是：为了生产既定单位的最终使用，经济生产系统对各种产品的总消耗，称为完全消耗，而 $\boldsymbol{AY}$ 是直接消耗。令 $\boldsymbol{CY}=\boldsymbol{BY}-\boldsymbol{AY}=(\boldsymbol{B}-\boldsymbol{A})\boldsymbol{Y}$，显然 $\boldsymbol{CY}$ 可以称为间接消耗。以系数而言，$\boldsymbol{C}=\boldsymbol{B}-\boldsymbol{A}$ 就被称为间接消耗系数矩阵。

由 $\boldsymbol{B}=(\boldsymbol{E}-\boldsymbol{A})^{-1}-\boldsymbol{E}$ 可以证明：$\boldsymbol{B}=\boldsymbol{A}+\boldsymbol{AB}$，所以

$$\boldsymbol{C}=\boldsymbol{B}-\boldsymbol{A}=\boldsymbol{AB} \tag{2-20}$$

可以看出，直接消耗系数和完全消耗系数的定义并不一般是直接和完全的关系。直接消耗系数的原始定义针对的是总产出，而直接和完全的关系针对的是最终使用。仅在讨论满足一定的最终使用需求时，$\boldsymbol{A}$ 和 $\boldsymbol{B}$ 才体现为直接和包括间接的完全的关系。从经济意义考虑，完全消耗系数矩阵与完全需要系数矩阵相差一个单位矩阵，其原因是完全需要中包括了最终使用需求本身，而完全消耗系数只包括中间使用。$\boldsymbol{B}$ 和 $\boldsymbol{A}$ 的关系还可以用矩阵级数表示①：

$$\boldsymbol{B}=\sum_{k=1}^{\infty}\boldsymbol{A}^{k}=\boldsymbol{A}+\boldsymbol{A}^{2}+\boldsymbol{A}^{3}+\boldsymbol{A}^{4}+\cdots \tag{2-21}$$

式(2-21)右边第一项是直接消耗，其余都是间接消耗。用 $\widetilde{\boldsymbol{B}}$ 乘以第 j 个元素为 1 的单位列向量，得到一个列向量，其就等于 $\widetilde{\boldsymbol{B}}$ 的第 j 列，所以，$\widetilde{\boldsymbol{B}}$ 的第 j 列就是为生产单位产品 j 作最终使用需要各部门的总产出。用 $\boldsymbol{B}$ 乘以第 j 个元素为 1 的单位列向量，所得就是 $\boldsymbol{B}$ 的第 j 列，其经济意义是为生产单位产品 j 作最终使用需要在生产中消耗的各部门产品量，即对应单位最终使用列向量的中间使用合计。

之所以除了直接消耗还有间接消耗，是因为经济系统的生产部门之间是相互关联的，生产产品 j 消耗了产品 i，而生产产品 i 又要消耗产品 k，生产产品 k 还可能消耗产品 i 和 j，这后面的消耗就是间接消耗。投入产出技术计算出的为了生产一定数量的最终产品所需要的中间消耗和完全消耗并不是必须按照一定的时间顺序一步一步先后逐步生产。现实中，这种关系的实现并不需要这么绕，是很直接的，是预先准备好的。下面以一个数字例子说明这个实现过程。

设有某经济的 3 部门投入产出表，直接消耗系数矩阵如下：

---

① 证明：令 $\boldsymbol{R}=\sum_{k=0}^{\infty}\boldsymbol{A}^{k}$，则 $(\boldsymbol{E}-\boldsymbol{A})\boldsymbol{R}=(\boldsymbol{E}-\boldsymbol{A})\sum_{k=0}^{\infty}\boldsymbol{A}^{k}=\boldsymbol{R}-\sum_{k=0}^{\infty}\boldsymbol{A}^{k+1}=\boldsymbol{R}-\sum_{t=1}^{\infty}\boldsymbol{A}^{t}=\boldsymbol{R}-(\boldsymbol{R}-\boldsymbol{E})=\boldsymbol{E}$，所以，$\boldsymbol{R}=(\boldsymbol{E}-\boldsymbol{A})^{-1}=\widetilde{\boldsymbol{B}}$，所以，$\boldsymbol{B}=\widetilde{\boldsymbol{B}}-\boldsymbol{E}=\sum_{k=0}^{\infty}\boldsymbol{A}^{k}-\boldsymbol{E}=\sum_{k=1}^{\infty}\boldsymbol{A}^{k}$。

$$A=\begin{pmatrix}0.14 & 0.05 & 0.01\\ 0.23 & 0.61 & 0.20\\ 0.05 & 0.11 & 0.26\end{pmatrix}$$

今需要一个单位的部门 1 的产品作最终使用，于是可以求得对应各部门的总产出是

$$Q=\left(E-\begin{pmatrix}0.14 & 0.05 & 0.01\\ 0.23 & 0.61 & 0.20\\ 0.05 & 0.11 & 0.26\end{pmatrix}\right)^{-1}\begin{pmatrix}1\\0\\0\end{pmatrix}=\begin{pmatrix}1.20\\0.81\\0.20\end{pmatrix}$$

于是根据 $X=A\hat{Q}$ 可以构造一个投入产出表：

$$\begin{pmatrix}0.166 & 0.037 & 0.002 & 1\\ 0.273 & 0.497 & 0.040 & 0\\ 0.060 & 0.091 & 0.052 & 0\\ 0.705 & 0.186 & 0.109 & \end{pmatrix}\begin{pmatrix}1.20\\0.81\\0.20\\ \ \end{pmatrix}$$

上式中第 4 行是最初投入，第 4 列是最终使用。这个经济的实际运行是需要前提条件的。除了必要的固定资产存量外，还必须有初始的原材料库存，这就是投入占用产出理论提出的必要性所在，否则将“巧妇难为无米之炊”，经济无法启动。经过一个周期的运行，除了恢复初始生产条件外，还有部门 1 的一个单位产品作最终使用。在这个经济中，需要 0.2 单位的部门 1 产品、0.81 单位的部门 2 产品和 0.2 单位的部门 3 产品作中间使用，这些数量的产品如果在开始作为存量而存在，那么虽然其物质形式在生产过程中被消耗掉，但是最后又被生产出来，成为下一个时期的生产条件。当然，开始时，或许只需要某种产品作为初始条件，其他产品在经济过程中被生产出来，然后又被消耗掉，但无论如何，最后又恢复了初始的生产条件。如果初始条件不能恢复，那么最终使用 1 就不能被生产出来。即使初始的原材料来自自然界，但如果自然界不能循环再生，那么这个经济最终也会无法继续。即使对于一个纯粹的服务经济来说，其生产过程也不可能不消耗物质资料，这些初始条件的物质资料不被自身经济过程生产，就必然需要从外部经济或自然界获得。“这样的初始条件需要不断被再生产出来”也是马克思再生产理论的科学意义所在。在初始条件存在的情况下，那个无穷迭代的生产过程也就不是必要的，所需要的间接消耗产品可以在一次或有限次转移中被生产出来。比如，第一部门是物质生产部门，第 2 和第 3 部门是服务部门，那么，只要在初始拥有 0.2 单位的部门 1 的产品并按照第一行分配到各个部门，整个经济就会运行起来，最终生产出 1.2 单位的产品 1、0.81 单位的产品 2 和 0.2 单位的产品 3，而不再需要部门 1 生产出来的产品在各部门间流动。

如果把所有部门合成为一个部门，以上分析的经济意义就会更清楚。在一个总部门下，设中间投入系数是 a，则完全需要系数是 $1/(1-a)$，完全消耗系数是

$$b=\frac{1}{1-a}-1=\frac{a}{1-a}=a(1+a+a^2+\cdots)=a+a^2+a^3+\cdots \tag{2-22}$$

显然，在开始之初，必须有一定的初始产品存量满足生产的启动需求，并且一个生产过程会有一个最低启动需要量。当在既定核算期内，生产过程可以被划分为若干个基本单元，那么，每一个单元的最低启动需求量在单元初始点或上一个单元的末端都必须已经存在。因为一个单元的生产量大于其中间消耗量，所以，在第二个或以后某个单元开始，可以开启多个生

产线。因为当核算期结束时,要满足最终需求量,所以可以在每个单元留出一定产品作为最终使用,逐次积累达到最终需求;也可以随着过程的推进,逐渐增加生产线,最后一次性生产出所需的最终使用产品和再生产持续进行所需的产品。但是,无论分成多少个单元,在最终使用是1个单位产品的情况下,整个经济过程的总产出都是 $1/(1-a)$,中间消耗总量都是 b,所以,实际的经济过程不需要无穷的迭代过程。比如在极端情况下,一个生产周期就是一个核算期,即原材料进入生产线后直到期末产成品才能下线,且只有一个生产线,那么,在开始就必须有 b 单位的初始产品存量,不管是一次性加入生产线,还是连续或逐次输入生产线;如果只有 a 单位的初始存量,那么就只能生产1个单位的总产出以及 $1-a$ 单位的最终产品。

假设只有第 n 部门产品为最终产品,并且第 n 部门产品只能作最终产品,其他部门产品都是中间产品,并且从部门1到部门 n 都是连续相继的中间生产环节,到最终产品出来正好是一个核算周期,那么,当最终使用产品是1个单位时,由投入产出模型解出的总产出列向量就是完全需要系数列向量。显然,这时候假设第 n 部门产品外的其他产品有1个单位的最终使用是不合适的,因此,虽然完全需要系数在形式上可以对每一个部门产品都加以计算,但是,当部门划分充分细,有些部门产品的最终使用只能是0时,计算其完全需要系数和完全消耗系数就没有实际意义,这也是与直接消耗系数不同的地方。对于每一个部门,都可以计算其直接消耗系数,且有实际意义。

2.3.1.2 完全分配系数的经济意义

完全分配的概念是对照着完全消耗的概念设定的,但在现实的经济意义上并不能简单地这样照字面解释。

以分量式写出式(2-11),得

$$Q_i = \sum_{j=1}^{n} \tilde{b}_{ij} Y_j \tag{2-23}$$

由此式可以认为,$\tilde{b}_{ij}$ 是单位最终使用 j 需要经济总体提供的产品 i 的总产出,这是完全需要系数的经济意义。在这个式子中,Y_j 是需求,Q_i 是供给。这里的意义比较明显。

以分量形式写出式(2-13),得

$$Q_j = \sum_{i=1}^{n} Z_i \tilde{g}_{ij} \tag{2-24}$$

理解式(2-24)中各量的意义,远不如对式(2-23)的理解容易。因为式(2-24)来自式(2-12),而式(2-12)需要按价值型理解才能成立。在式(2-12)中,Z 是价值量,对列求和只能采用价值单位。既然 $H=(h_{ij})$ 是分配的含义,那么这里的价值就是对收入的分配。然而 $X_{ij}=h_{ij}Q_i$ 并不能理解为部门 j 获得的收入,即不是部门 i 分配给部门 j 的收入,相反,要理解为部门 i 的收入。在这里,部门 i 分配给部门 j 的是实物,而部门 j 要支付部门 i 货币价值。这样,部门 j 支付给各个部门的总价值是 $\sum_{i=1}^{n} Q_i h_{ij}$,$Z_j$ 是部门 j 的总收入 Q_j 支付中间投入后的余额。在价值型投入产出表下,Q_j 有两重含义,一个是部门 j 产品的供给量,另一个是部门 j 获得的收入,分配的是供给,通过分配供给获得收入。

在上述意义理解下,根据式(2-24),$\tilde{g}_{ij}$ 的经济意义是部门 i 获得1个单位的增加值时经济

总体对部门 j 产品的总需求量。因此,把 $\boldsymbol{G}=\tilde{\boldsymbol{G}}-1$ 理解为完全分配不合适,因为分配的来源方和使用方以及分配对象都不明,这与完全消耗系数的情况形成反差。这反映了投入系数和分配系数经济意义的非对称性。

根据 $\tilde{\boldsymbol{G}}$ 与 $\boldsymbol{H}$ 的级数关系可以写出 $\boldsymbol{G}$ 与 $\boldsymbol{H}$ 的级数关系:

$$\boldsymbol{G}=\sum_{k=1}^{\infty}\boldsymbol{H}^{k} \tag{2-25}$$

从而,

$$g_{ij}=\tilde{g}_{ij}-\delta_{ij}=h_{ij}+\sum_{k=1}^{n}h_{ik}h_{kj}+\sum_{k=1}^{n}\sum_{s=1}^{n}h_{is}h_{sk}h_{kj}+\cdots \tag{2-26}$$

在式(2-26)中,当 $i=j$ 时,$\delta_{ij}=1$;当 $i\neq j$ 时,$\delta_{ij}=0$。

因为 g_{ij} 是针对增加值的,即部门 i 获得 1 个单位的增加值,需要给部门 j 的中间分配值(既不是增加值也不是总产出,就是部门 j 的中间投入),那么,h_{ij} 在式(2-26)中也就变成了针对增加值的,即部门 i 获得 1 个单位的增加值需要直接分配给部门 j 作中间投入的产值量,不再是总产出分配的比例。

以一个 3 部门投入产出表为例。部门 i 的 1 个单位增加值引致各部门的总产出是 $\tilde{g}_{ij}(j=1,2,3)$,将 $\tilde{g}_{ij}(j=1,2,3)$ 分配到各部门的中间使用,得到一个中间流量矩阵,如下:

$$\begin{pmatrix} h_{11}\tilde{g}_{i1} & h_{12}\tilde{g}_{i1} & h_{13}\tilde{g}_{i1} \\ h_{21}\tilde{g}_{i2} & h_{22}\tilde{g}_{i2} & h_{23}\tilde{g}_{i2} \\ h_{31}\tilde{g}_{i3} & h_{32}\tilde{g}_{i3} & h_{33}\tilde{g}_{i3} \end{pmatrix}$$

根据式(2-19),以上矩阵的列和 $\sum_{k=1}^{3}h_{kj}\tilde{g}_{ik}=g_{ij}(i,\ j=1,2,3)$,所以,$g_{ij}$ 是 3 个部门的产品分配给部门 j 供其中间投入的产品价值之和,而 3 个部门的总产出是由部门 i 的单位增加值引致的。

在讨论完全感应系数 $\tilde{g}_{ij}$ 的经济意义时,假设部门 i 的增加值为 1,其他部门的增加值是 0,但是在经济系统中,任何部门的生产运行都必须有劳动力,从而有劳动报酬,大多数部门也必须有经营盈余,所以,不可能存在增加值为 0。这与完全需要系数的经济意义分析情况形成反差,完全需要系数中存在某些部门产品在最终使用上只能是 0 的情况。

基于投入系数的模型可以同时在价值型表和实物型表中使用,其意义解释都是成立的,但是,基于分配系数的基本模型只有在价值型表下才能成立,如果是实物型表则需要引入价格指数:

$$\sum_{i=1}^{n}h_{ij}P_{i}Q_{i}+Z_{j}=P_{j}Q_{j} \tag{2-27}$$

从式(2-27)的矩阵形式可以解出:

$$\boldsymbol{P}'=\boldsymbol{Z}(\boldsymbol{E}-\boldsymbol{H})^{-1}\hat{\boldsymbol{Q}}^{-1} \tag{2-28}$$

或者

$$\boldsymbol{Q}'=\boldsymbol{Z}(\boldsymbol{E}-\boldsymbol{H})^{-1}\hat{\boldsymbol{P}}^{-1} \tag{2-29}$$

因为直接投入系数矩阵同一行的数字源于不同的分母,所以直接投入系数矩阵不能行向直接相加，同理，直接分配系数矩阵不能列向直接相加。

2.3.2 完全系数的扩展

如果在一些或全部部门的生产运行中要直接使用或排放出某些物质，因而存在此类物质的直接使用或排放系数。那么，类似于完全消耗系数，也存在其他种类完全使用或排放系数。例如，在部门生产过程中会排放二氧化碳，那么，为了生产一定量的最终产品，不仅存在由这些最终产品量生产直接排放的二氧化碳，而且存在间接排放量，于是就构成完全二氧化碳排放系数。

设部门 j 生产中直接使用或排放某种物质 D，其单位总产出的使用排放量是 φ_j，称为直接 D 系数，全体部门构成行向量 $\boldsymbol{\Phi}_{\mathrm{D}}$，那么，为了生产最终产品列向量 $\boldsymbol{Y}$，全经济系统的 D 总使用或排放量是

$$C_D = \boldsymbol{\Phi}_D \boldsymbol{Q} = \boldsymbol{\Phi}_D (\boldsymbol{E} - \boldsymbol{A})^{-1} \boldsymbol{Y} = \sum_{j=1}^{n} \sum_{i=1}^{n} \varphi_i \tilde{b}_{ij} Y_j \tag{2-30}$$

令

$$\boldsymbol{\Phi}_D^j = \sum_{i=1}^{n} \varphi_i \tilde{b}_{ij}, \ \boldsymbol{\Phi}_D^{ij} = \varphi_i \tilde{b}_{ij} \tag{2-31}$$

$\boldsymbol{\Phi}_D^j$ 的经济意义就是提供单位最终使用的产品 j 要使用或排放 D 的量，称为最终使用产品 j 的完全 D（消耗、使用、投入、产生或排放）系数。而 $\boldsymbol{\Phi}_D^{ij}$ 的经济意义是提供单位最终使用的产品 j 通过部门 i 使用或排放 D 的量。

根据式(2-30)可以计算一个经济体出口一定量产品在本经济系统中产生的总碳排放量、总耗水量、总污染量等等。实际上，对于投入产出表中的每一行反映的投入种类，都可以计算出一个完全系数，由中间投入产品计算出来的全体完全消耗系数就构成了完全消耗系数矩阵，完全消耗系数矩阵与直接消耗系数矩阵的关系是：$\boldsymbol{B}=\boldsymbol{A}\tilde{\boldsymbol{B}}$，此式正对应式(2-19)。对各项最初投入，同样可以写出其对应的完全系数。

设 $\boldsymbol{\Phi}_D$、$\boldsymbol{\Phi}_W$、$\boldsymbol{\Phi}_T$、$\boldsymbol{\Phi}_M$ 分别表示完全折旧系数、完全劳动报酬系数、完全生产税系数、完全盈余系数的行向量，$\boldsymbol{\Phi}_Z$ 表示完全增加值系数，那么，可以证明存在下面的等式：

$$\boldsymbol{\Phi}_D + \boldsymbol{\Phi}_W + \boldsymbol{\Phi}_T + \boldsymbol{\Phi}_M = \boldsymbol{\Phi}_Z = \boldsymbol{e} \tag{2-32}$$

其中，$\boldsymbol{e}$ 是所有元素都为 1 的向量。

2.4 投入占用产出技术

投入占用产出技术是针对经典的列昂惕夫投入产出技术而言的。在经典投入产出表和投入产出模型中，分析的变量都是流量，即这些变量代表的经济量都是随着时间而增大的。在实际的经济生产过程中，只有流量显然无法支持生产过程，必须有存量生产资料。中国科学院陈锡康教授在 20 世纪 80 年代初期研究粮食产量预测问题时，发现土地、水及其他劳动资料等存量因素有重要影响作用，1988 年正式撰文提出投入占用产出分析基本理论①。

① 陈锡康. 投入占用产出分析：投入产出表的扩展[M]//陈锡康. 当代中国投入产出理论与实践. 北京：中国国际广播出版社，1988：58-68.

无论是流量还是存量使用，对经济生产过程都是投入。为了区别于经典投入产出技术，将考虑存量使用的技术称为投入占用产出技术，也可以称为广义投入产出技术。相对传统投入产出技术，投入占用产出技术不仅仅是一个扩展，更是完善和发展，它对经济过程和经济系统的反映更加完整。

2.4.1　存量要素的经济意义与理论属性

投入产出技术是描述经济系统中物质关系[1]的一种分析方法。描述经济系统中的物质关系有静态和动态两个层次。从静态看，就是描述经济系统中物质的存在状态。根据经济物质的基本生产功能划分，可以有四种基本经济生产要素（见图 2-1）：劳动对象、劳动资料、劳动力和劳动产品。其中前三种都是投入物，劳动产品是产出物。从动态来看，经济过程的核心就是生产过程。在生产过程中，劳动力使用劳动资料作用于劳动对象，生产出劳动产品。

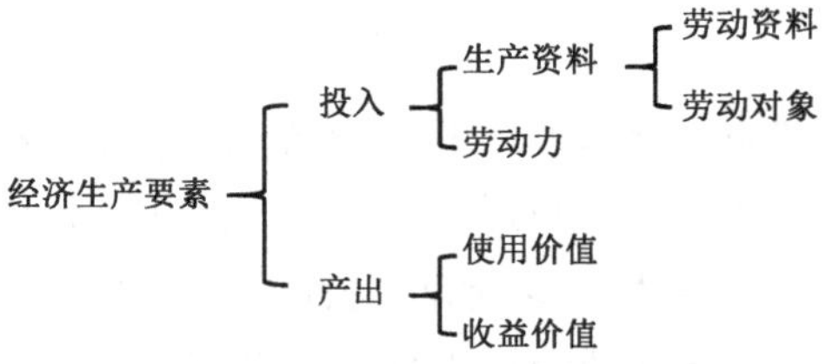

图 2-1　经济生产要素构成

在生产过程中，三类投入物都要发生变化，变化的形式有多种。劳动对象经过生产过程以后，除了部分废弃物外，其余都转化成了劳动产品，所以，劳动产品从物质上说是劳动对象的转化物。但是，在经济形式上，劳动产品是凝聚了三种投入物的经济产物，在市场经济中表现为产品的价格（有总价格和单位价格，总价格常简称为价值），即在产品的价格中包含三种投入物的价格或价值。

任何物质在时间上都同时表现为动态和相对静态两种状态，这两种状态的物质量分别称为流量和存量。流量意味着物质的变化，存量意味着相对不变。[2] 随着考察时间的长短不同，物质的这种流量存量特征也发生着转化。[3] 在一定的时间内，如果一定物质的物理化学特征处于相对不变状态，那么这些物质就被认为处于存量状态，处于存量状态的物质的量称为存量。如果在既定时间内，一些物质的物理化学特征发生了一定的变化，这些变化了的物质的量就被认为是流量。可以看出，存量在统计上是一个时点统计指标，流量则是一个时期统计指标，流量形成和影响存量。除此之外，也应区分变化量和变化后的量。变化量是从一种状态变化到另一种状态的物质的量，是流量。变化后的量是一定物质经过一定变化过程后的存在量，是存量。如 100 颗青枣在树上是一个物质存量，经过一定时间，有 30 颗变红，那么，变红量 30

---

① 这里的物质是与精神相对的一个概念。经济单元之间的物质关系涉及有形货物与无形服务两类产品、有形资产与无形资产两类财富。

② 广义而言，变化包括机械运动、物理运动、化学运动、生命运动和社会运动等一切运动形式。经济运动是这些形式的一种混合形态，可以属于社会运动的一种表现，如经济价值的变化。相对静止是指经济功能相对不变。

③ 对于经济分析，物质的物理化学变化是否被认为是“变化”，还与其承担的经济生产功能有关。

颗是流量,而仍未变红的 70 颗和变红的 30 颗是存量。可以看出,一定物质量是存量还是流量具有相对性,与时期长度相联系是流量,其度量具有时间量纲成分;与时间点,即时刻相联系是存量,其量纲是纯粹的物质量单位。

生产过程对流量的使用称为消费或消耗,对存量的使用称为占用。广义而言,消费消耗和占用都是产品或物资的投入。经典投入产出技术忽视了对存量作为生产必备条件的占用形式使用的考察。

如果在既定的时间内,劳动对象在生产过程中发生变化,成为产成品或半成品的一部分,其变化的部分就是流量投入;如果不发生变化,处于“存储”状态,就是存量投入;如果损坏烂掉被废弃也是流量,记在库存变化中。劳动对象在进入某个生产单位的最初时间内一般是处于库存中,是存量。产品在一定的时间内被不断生产出来,生产量即产出是流量;生产出来以后还没有从生产单位转移走,则处于库存存量状态,其可能仍处于生产车间,或已经进入了工厂或销售部门仓储设施。

劳动资料在生产过程中的状态要复杂一些。首先,劳动资料要区分为工具和辅助材料两类。作为工具的劳动资料在或长或短的时间内都有一个相对不变的状态期,这时它是存量。但是,变化是绝对要发生的,工具会磨损或废弃,随着考察时间的延长,它的状态可能会显著变化。对于工具的这种特点,在经济管理统计上作了简化处理。一个工具,只要其生产功能还在,尽管可能已经多次进行维修,但仍然记为固定资产存量;对生产工具的一般维修投入则计入流量投入;如果某种生产工具的购买单价很低,则简单记为流量。其次,辅助材料经过生产过程一般变成废弃物,所以记为流量。有些辅助材料在生产过程中被循环使用,如冷却水,而经济统计只记录在一个时期内从外部流入的量,所以是流量。这个流量与生产工艺所需的技术需求量不同。

对于劳动力的分析,首先要弄清楚劳动力概念的精确定义问题。劳动力在文献中使用通常有两个定义:一是劳动力指具有劳动能力的可以作为生产主体的人,这种劳动力具有在业和失业两种状态;二是劳动力是劳动者的劳动能力,是体力和脑力的总和[①]。马克思经济学认为,在资本主义经济中,劳动力是商品,劳动者把劳动力出卖给资本,获得劳动力再生产所需要的劳动报酬,其指的是第二种定义。这里的劳动能力包括劳动者的固有能力和在使用中可以被消耗的能力。固有能力是劳动者在长期生活、实践和学习中积累获得的,可以长期保持,是存量。可以被消耗的劳动能力取决于生理条件,其使用是物质能量发挥的过程,可以称为劳动能量。劳动力的使用就是劳动。抽象劳动使用的是劳动能量,具体劳动必须以固有能力为基础,以固有能力驱使劳动能量。劳动力的再生产包括简单再生产和扩大再生产。作为脑力和体力的总和,劳动能量在使用过程中被消耗,在使用后要恢复就得进行生活消费,这就是简单再生产。生产过程对劳动能量的消耗是流量。劳动力的扩大再生产一是指劳动者本人固有能力的增长,这主要通过学习来完成,实践本身也可以使个人的固有能力得到增长;二是指新的劳动者的诞生和成长。经济中对劳动的报酬包括简单再生产和扩大再生产所需要的费用。如

① “劳动力是人的劳动能力,即存在于人的身体中的体力和脑力的总和。”(宋涛. 政治经济学教程[M]. 10 版. 北京:中国人民大学出版社, 2013:59.)

果说劳动报酬是对劳动力的购买，则这种购买是一种社会的购买，即不仅仅是对消耗在本企业生产过程中劳动力的购买，而且包括对劳动力社会生产，如家庭生活的购买。资本如果对劳动者拥有绝对占有权，即劳动者成为奴隶，那么劳动报酬就会被挤压到仅仅够恢复劳动能量的程度。大多数企业不愿意承担劳动者培训，只希望招聘熟练劳动者以逃避劳动力扩大再生产的社会成本(劳动力培训具有外部性)，这是资本的远古基因的反映。现代国家财政在经济形式上承担了劳动力扩大再生产的主要成本。在全球化环境下，一个国家的经济制度在通过高工资吸引人才和通过社会保障追求社会公平之间进行折中：一部分人的高工资压缩了其他人的收入，而追求公平失去了对高智力人才的吸引力。

决定和推动经济生产力进步的基础因素是占用状况。通过对占用要素的创新，可以提高劳动生产率，从而把人从简单重复的劳动中解放出来，还可以促进新产品的诞生，丰富人类的社会生活。在给定的生产技术下，既可以用流量要素的投入组合作为自变量构造生产函数，这就是一般投入产出模型，也可以用存量要素的占用组合构造生产函数，如西方主流经济学的生产函数，二者具有等效性。但是，要注意变量的时间特性：流量要素是速率或平均速率，存量要素是时点存在量。一个时刻的存量决定的是一个时刻的流量速率，而不是一个时期的平均速率，除非在整个时期中存量固定。

2.4.2　自然资源占用的表达

关于自然资源在模型中的占用表达问题是一个比较复杂的问题。自然资源包括土地、矿藏、水等。土地总是作为劳动资料，具有很强的稳定性，作为占用因素处理比较容易。但是，作为劳动对象的矿藏和水的模型，处理起来比较复杂。

2.4.2.1　矿藏的经济性质与使用的模型处理

对于开采企业来说，矿藏在变成产品以前是劳动对象。因为劳动对象在进入劳动生产过程以前暂时以库存存量的形式存在，所以矿藏的占用性质就体现在它作为生产企业的原料库存这个特性上。在市场经济制度下，使用矿藏是有偿的，因而其作为企业经济生产要素而被占用的性质显著地表现出来，具有库存成本属性，使对矿藏的占用率成为衡量企业生产效益的一个组成指标。在计划经济体制中，矿藏被生产单位无偿使用，不属其所有，不构成成本，只在整个国民经济系统下表现了资源拥有的特性。当然，在经济分析中仍可以考察企业对资源的占用状态。

矿藏在企业生产过程中虽然表现为库存(其对土地的占用属性属于劳动资料)，但是在一张国民经济投入占用产出表中，如何表达矿藏占用量还是需要进一步讨论的，在此提两点看法。

(1)矿藏占用量要反映什么经济意义？是不是和企业对矿藏的占用意义相同？

从经济学的角度，无论是在国民经济这个整体上，还是在采矿企业这个细胞上，矿藏占用都是生产过程的必备要素。作为企业的占用量，其肯定是国民经济占用量的组成部分，但国民经济的占用量不等于所有企业占用量的和。

地下矿藏作为直接的生产过程占用量要经历两个阶段：从未知地下埋藏到探明储量的阶段，从探明储量到被生产企业占用的阶段，其中探明储量又被划分为工业储量和远景储量；从探明储量中扣除已开采部分和地下损失量后成为保有储量①。笔者认为,作为国民经济投入占用产出表中的矿藏占用量应包括两个数字:一个是国家矿产保有储量,另一个是生产直接占用储量,它是所有开采企业占用量的总和(这在矿产有偿使用之前是无法明确的)。第一个国家矿产保有储量反映了国民经济发展的长远条件;第二个生产直接占用储量,其与生产产出之比从价值上可以反映矿产的市场经济性质,尤其是在开放经济系统中。

(2)显然,不能将矿藏占用量直接引入动态投入占用产出分析模型方程中,因为:第一,在占用量和产出量之间不存在确定的技术比例关系。第二,矿产是自然产物,并非人类生产活动的产品,在投入产出分析平衡关系中没有与之相对应的生产过程。不过,在保有储量和地质勘探业产出之间肯定存在一定的投入产出关系,这种投入产出关系也是一定经济社会系统的基本特征之一。矿产开采业的产出可在进出口调节之下实现某种最优开发战略,比如,我国稀土开采产业的发展就是在当前赚取外汇收入与未来战略需求之间权衡选择。本国开采少,为满足需求就要多进口。

2.4.2.2 水的经济性质与使用的模型处理

水资源的占用问题又是一类需要特殊处理的占用问题。水资源在经济系统中的利用不是纯粹的存量形式。要在经济模型中准确描述反映水资源与经济的关系,必须深入分析水资源运动的基本属性。

1. 经济系统中水的运动特点

在经济系统中对水的使用有两种情况:一是作为生产的动力或辅助用水,如水压机用水、冷却水、洗涤水等;二是作为生产的原材料,如食品工业的原料、建筑业和建材工业的黏合添加剂等。

作为生产的动力或辅助用水分为三种情况:(1)在使用过程中,其组成成分几乎不发生任何改变,如冷却水等;(2)在使用过程中,其组成成分只被轻微改变,如游泳池水、鱼塘水、某些生活清洗用水等,仍然可以直接用作某些生产过程(如冷却、清洗、灌溉等)的水;(3)在使用过程中被严重污染了的水,如化工生产中排放的水等。这三类水在整个经济系统中的运动特点是不一样的。其中:第一类水完全可以循环使用,所以,它们在一个微观经济单位中就能得到充分利用,形成零排放。第二类水,有的可直接重复使用,直至其被污染的程度达到了其必须被排出生产过程,如许多洗涤用水,有的可直接被另一生产过程使用,如从化肥厂排出来的水用于灌溉农田,某些冷却用水用于冲洗地面或循环使用。这类水也可作一定的去污处理,成为更高质量的水。第三类水是绝对的废水,不经过一定的化学及物理处理就不能再被用于任何生产过程,甚至不允许直接排放到自然中去。随着社会经济的发展,对污水进行100%处理的要求已成为必需。

作为生产的原材料用水分为两种情况:一种情况是,从理论上水可以100%地加入产品中

---

① 国家统计局. 中国统计年鉴1993[M]. 北京:中国统计出版社,1993:13. 在最新的中国统计年鉴中采用了基础储量的概念:基础储量是查明矿产资源的一部分。它能满足现行采矿和生产所需的指标要求,是控制的、探明的并通过可行性或预可行性研究认为属于经济的、边界经济的部分,用未扣除设计、采矿损失的数量表示(《中国统计年鉴2016》)。

（如矿泉水），于是就可以直接以消耗量计算；另一种情况是，经过生产过程，所投入的水大部分进入产品中，而其余部分必须作为生产过程中的废水被排放出去，不再进入原生产过程，如某些农业用水、食品工业用水等。

无论是作为生产的动力或辅助用的水，还是作为生产原材料的水，在大多数生产使用过程中，它们都有部分被“浪费”掉，或蒸发，或渗漏或白白地流失。

经济系统中使用的水按照其加工程度可以分为三种：(1) 完全或几乎是不费任何生产成本就被用于生产过程的纯自然水。如直接使用泉水、雨雪水等，这种水多用于农业。(2) 经过一定的水利工程（包括水井）但不对水质进行任何加工的水，这种水多用于工业（发电厂）或市政，也用于农业。(3) 自来水。通常，除了受条件制约外，在一个经济生产单位中，自来水是必有的。

按照是否进入生产功能过程①，生产用水被分为新鲜水和回用水。回用水和复用水不同。回用水是指一定经济过程中排放出来的废水经过去污处理后被再利用的水（可直接被另一生产过程使用）；而复用水是指一定质量的水，在其成分不被改变的情况下，在一个生产过程中被循环使用。

按照来源划分，水资源可以分为地下水、地表水以及降水。自然的地下水和地表水一般都通过自来水或水利工程成为产品水，而降水则主要用于农业和某些农村生活用水②，其余大部分都转化成地下水或地表水。

2. 水资源的有关概念

根据对经济系统中水的运动过程的分析和水资源学的有关论述，可以定义两个水资源概念：自然水资源，经济水资源或称可供水水资源③。

自然水资源是普通水资源学的概念，其定义为：一个区域的水资源总量，为当地降水形成的地表和地下的产水量。由于地表和地下水既相互联系又相互转化，河川径流中的基流部分是由地下水补给的，地下水补给中有一部分来源于地表水入渗，因此，计算水资源总量时，不能将地表水资源量与地下水资源量直接相加，应扣除相互转化的重复计算水量。

经济水资源或可供水水资源是水资源利用研究或水资源经济学中的概念，有一种定义是：“可供水量”，通常指的是“不同水平年、不同保证率工程供水量”。对于这一定义可理解为：(1)“不同水平年”反映了经济发展的水平与技术可能达到的程度；(2)“不同保证率”则可理解为从不同的角度，考虑不同的需要，所能达到的保证程度；(3)“工程供水量”则可理解为供水系统与需水系统的矛盾统一，既由供水系统中的各类工程作为供水的保证，又以供水对象的需水系统来制约和控制工程规模以及供水的数量、质量与时间分配。根据这一概念，可供水量既有别于“可利用量”“可开采量”，又有别于工程的“供水能力”“提水能力”，它与前者的区

---

① 所谓功能过程，是指除作为水利工程和自来水生产劳动对象以外的水的使用过程。

② 北方农村曾经广泛存在一种叫天井的储水设施，用于收集雨水，以供牲口饮用和洗衣等日常使用。人工修建的池塘也有同样的用途。

③ 关于水资源概念的详细描述可参阅关于水资源的工具资料书，如：陈家琦，王浩，杨小柳. 水资源学[M]. 北京：科学出版社，2002.

别主要在于受工程的制约，与后者的区别主要在于受需水系统的制约。

在上述可供水概念中尚未明显包含回用水量，而在我国的实际应用中已作了考虑，但应注意将污水回用与水的企业内部循环使用分开。

3. 水利用的占用性

生产部门对水的使用一方面表现为消耗，即用水量随总产出变化，另一方面表现为对水资源的占用，具有稳定性。因为水在自然界总量相对稳定，所以，尽管经济总量可以持续不断增长，但是对水的生产和使用，除了在不同用途之间转移之外，社会经济对新鲜水的使用总量会达到一个平稳值，即一个经济体对水的使用总量长期表现为S形曲线。目前，我国经济已经显示出这种拐点。根据我国的供水用水统计，供用水总量达到一个6 000亿立方米稍多的平稳值，工农业用水总量也处于平稳值。随着城市化、人民生活水平的提高和国家持续解决饮水困难地区的努力，虽然生活用水还会有所增长，但是，其增长所需的量会从生产用水的节约中补充。南水北调西线工程实施，规划调水量是170亿立方米，总用水量不会改变。未来生产用水和城市用水的增加主要通过水的循环使用途径解决。因此，从水资源总量的既定性角度考虑，各个生产部门和居民消费用水是对水资源或供水能力的占用。各个细分部门的用水量特别是工艺用水量会随机变化，但部门之间有升有降。可以说，生产部门和生活消费对水是消耗和消费，但对水资源是占用。

2.4.3 投入占用产出表

在投入占用产出分析建模中考虑占用要素，一个方便的出发点仍然是一个形式表格，因此，构建合适的投入占用产出表表式是必要的前提工作。表2-2是一个一般形式表①。

表2-2 投入占用产出表一般表式

<table>
<tr><th colspan="3" rowspan="3"></th><th colspan="4">中间使用与中间占用</th><th colspan="11">最终使用与最终占用</th><th rowspan="3">总产出/
总收入/
总占用</th></tr>
<tr><th rowspan="2">部门
1</th><th rowspan="2">部门
2</th><th rowspan="2">…</th><th rowspan="2">部门
n</th><th rowspan="2">消费</th><th colspan="4">固定资本形成</th><th colspan="4">存货增加</th><th rowspan="2">出口</th><th rowspan="2">进口</th></tr>
<tr><th>1</th><th>2</th><th>…</th><th>n</th><th>1</th><th>2</th><th>…</th><th>n</th></tr>
<tr><td rowspan="2">流量投入部分</td><td>中间投入</td><td>部门1
部门2
⋮
部门n</td><td colspan="4">X_{ij}</td><td colspan="11">Y_{ik}</td><td>Q_i</td></tr>
<tr><td>最初投入</td><td>从业人员报酬
固定资产折旧
生产税净额
营业盈余</td><td colspan="4">$\boldsymbol{Z}_{hj}$</td><td colspan="11"></td><td></td></tr>
<tr><td></td><td colspan="2">总投入</td><td colspan="4">Q_j</td><td colspan="11"></td><td></td></tr>
</table>

① 陈锡康，王会娟. 投入占用产出技术[M]. 北京：科学出版社，2016：73-74.

续表 2-2

			中间使用与中间占用				最终使用与最终占用											总产出/总收入/总占用
			部门 1	部门 2	…	部门 n	消费	固定资本形成				存货增加				出口	进口	
								1	2	…	n	1	2	…	n			
存量占用部分	固定资产	部门 1 部门 2 ⋮ 部门 n																
	存货	部门 1 部门 2 ⋮ 部门 n																
	金融资产	通货 存款 证券 股票 其他																
	劳动力	未上学者 小学 中学 大学以上																
	自然资源	土地 水资源 矿产 森林等																
	其他	商标 专利 其他																

表 2-2 的上部即流量投入部分是经典投入产出表，下部是占用及其他投入形式。在具体建模应用中，所有的经济变量，包括存量和流量都需要仔细定义，搞清楚每个量的主体（所有者、产生者或使动者、受益者或受害者）、时间属性、空间范围、经济性质、经济关系、统计口径和量纲单位。比如，金融资产通常属于机构单位所有，如果部门是产品或产业部门，那么就很难厘清资产与部门的经济关系，需要深入的经济学分析与分解处理；自然资源要明确所有者、占用者和使用者的关系，有的自然资源为一定的生产单位所占用而发挥经济生产作用，有一些

则属于社会存量，或者只是存储而不发挥任何经济作用（如没有开采的铁矿），或者不属于任何部门但具有社会效应（如原始森林）。

2.4.4 基本投入占用产出模型

在投入占用产出表框架下建立投入占用产出模型的基本方法与经典投入产出技术类似，首先是基本的经济结构和投入产出系数，除了原有的投入系数、分配系数、产业结构、收入结构、消费结构、进出口结构等参数外，最主要的是引入了占用系数；其次是基于各种参数基础上的投入占用产出模型。

2.4.4.1 基本占用系数

最基本的存量要素是固定资产和库存，其次是劳动力，再次是土地和其他自然资源。在技术不变的情况下，各生产部门单位总产出所占用的存量要素数额是确定的，从而有一个固定的占用系数，总占用量随总产出的增加而成比例变化。

设有一个经济体，共有 n 个生产部门，每个部门生产一种产品，定义产品种类集合 $N=\{1,2,\cdots,n\}$；被考察的存量要素共有 m 种，定义存量种类集合 $M=\{1,2,\cdots,m\}$。

设部门 j 在时刻 t 占用的存量要素 k 的量是 $S_{kj}(t)$，定义

$$a_{kj}^{o}(t)=\frac{S_{kj}(t)}{q_j(t)},j\in N;k\in M \tag{2-33}$$

在式(2-33)中，$a_{kj}^{o}(t)$ 称为部门 j 对存量 k 的（直接）占用系数。在这个定义中要注意，这种存量与产出的关系是定义在一个时刻 t，因而其中的产出指标 $q_j(t)$ 应是产出速率，即部门 j 在时刻 t 单位时间内的产出量，是一个即时变量（相当于物理学中的即时速度）。实际经济统计的时间单位是一个时期，比如一年，因而统计中对存量占用的描述是某个时期末的占用量，而产出量是一个时期中的总产出。如果设 $S_{kj}(t)$ 是部门 j 在时期 t 末对存量 k 的占用量，$Q_j(t)$ 是部门 j 在时期 t 的总产出，那么，定义

$$a_{kj}^{o}(t)=\frac{S_{kj}(t)}{Q_j(t)},j\in N;k\in M \tag{2-34}$$

这意味着假定 $S_{kj}(t)$ 在整个时期 t 内不变，且生产速率均匀。

使用上述系数定义还意味着，所占有的存量资源是全部运行且发挥着作用，以经济学的名词描述就是处于充分就业状态，否则由于使用率或闲置率的任意性，会造成系数的不稳定，失去研究意义。当经济处于萧条状态或衰退过程时，应专门考虑闲置率的问题。

2.4.4.2 占用因素动态平衡方程

存量因素的变化在统计学中称为增量。对于连续时间分析，设存量 k 的变化速率是 $f_k(t)$，时刻 t 的总量是 $S_k(t)$，那么，

$$S_k(t)=S_k(t_0)+\int_{t_0}^{t}f_k(s)\,\mathrm{d}s \tag{2-35}$$

对于离散时间分析，设从时刻 $t-1$ 到时刻 t，存量 k 的增量是 $F_k(t)$，那么，

$$S_k(t)=S_k(t-1)+F_k(t) \tag{2-36}$$

考虑部门 j 对存量 k 的占用，将式(2-33)代入式(2-35)有

$$a_{kj}^{o}(t)q_j(t) = a_{kj}^{o}(t_0)q_j(t_0) + \int_{t_0}^{t} f_{kj}(s)\mathrm{d}s, j \in N; k \in M \tag{2-37}$$

对于离散时间分析,将式(2-34)代入式(2-36)有

$$a_{kj}^{o}(t)Q_j(t) = a_{kj}^{o}(t-1)Q_j(t-1) + F_{kj}(t), j \in N; k \in M \tag{2-38}$$

将式(2-38)写出矩阵式有

$$\boldsymbol{A}^{o}(t)\hat{\boldsymbol{Q}}(t) = \boldsymbol{A}^{o}(t-1)\hat{\boldsymbol{Q}}(t-1) + \boldsymbol{F}(t) \tag{2-39}$$

在物理学中,有位移、速度和加速度三个量,恒力产生恒加速度。对于经济变量,存量占用相当于恒力,存量多少决定单位时间内的产量,即生产速率,式(2-33)就反映了这种关系。如果存量发生变化,那么生产速率将发生变化。如果以存量变化率与生产速率变化率的关系定义投入产出系数,那么有

$$a_{kj}^{o}(t) = \frac{f_{kj}(t)}{\dot{q}_j(t)}, j \in N; k \in M \tag{2-40}$$

其中,$\dot{q}_j(t)$是生产速率对时间的变化率,相当于生产加速度。

从应用角度考虑,即时变量不易获得统计数据,在离散时间分析中,对式(2-40)作近似变通,定义

$$a_{kj}^{o}(t) = \frac{S_{kj}(t) - S_{kj}(t-1)}{Q_j(t) - Q_j(t-1)} \tag{2-41}$$

从严谨的经济量对应关系考虑,式(2-41)背后假定了时期 t 和 $t-1$ 分别有一个恒定的存量 S,还有各自恒定的生产速率 Q。但是,式(2-41)不过是一个定义式,只要实际中 $a_{kj}^{o}(t)$表现得比较稳定,在模型中应用就是有利的,其建立了两种可测变量的数量联系①。

2.5　动态投入占用产出模型

所谓经济动态模型,就是可以把经济系统的状态变量的未来值与历史值关联起来的数学模型,从而可以根据经济变量的历史值和现在值计算其未来值。经济动态模型可以分为两类:机制模型和预测模型。机制模型用于表达经济学的理论观点,根据理论关于变量间的动力学联系定律建立,对其分析以定性分析为主。预测模型以定量分析为主,其特点是对既定经济系统,能确定相应经济变量的未来值。预测模型可以基于经济机制模型建立,也可以基于历史数据和经验判断以纯经济计量学方法建立,但实际上总要基于一定的经济理论分析来确定相关变量集合及其基本关系。预测模型的重要和关键点是估计模型中的参数。经济计量学方法可以对预测的可靠性在一定的概率分布假定下作出估计,所以,完整的宏观经济分析系统应是投

---

① 式(2-41)在一定意义上可以看作式(2-40)的近似。t_0 固定,式(2-35)两边对 t 求导数得:$\dot{S}_{kj}(t)=f_{kj}(t)$,代入式(2-40)得:$\dot{S}_{kj}(t)=f_{kj}(t)=a_{kj}^{o}(t)\dot{q}_j(t)$,此式两边从 $t-1$ 到 t 积分并应用中值定理可得:

$$S_{kj}(t) - S_{kj}(t-1) = \int_{t-1}^{t} a_{kj}^{o}(s)\dot{q}_j(s)\mathrm{d}s = \bar{a}_{kj}^{o}(t)(q_j(t) - q_j(t-1))$$

上式中:$\bar{a}_{kj}^{o}(t)$表示一个固定数,可以等于 $a_{kj}^{o}(s)$在 $t-1$ 到 t 之间的一个值。这个式子与式(2-41)在形式上相似;$Q_j(t)-Q_j(t-1)$是 $q_j(t)$的积分,可以作为 $q_j(t)-q_j(t-1)$的近似。

入产出模型与经济计量模型的结合运用。

纯动态投入占用产出模型或广义动态投入产出模型是以变量间的理论关系建立的经济机制模型，其通过产出与存量要素的占用关系将不同时间（时期）的经济变量联系起来，形成动态模型。动态投入占用产出模型与一定的计量模型相结合可以建立经济预测模型系统，也可以用于经济理论的表述与分析。

2.5.1 单部门动态投入占用产出模型

虽然投入产出技术的特点是多部门关联分析，但是，为了清楚认识最基本的经济关系和相关参数的经济意义，首先建立单部门模型进行观察是有意义的。

所谓单部门模型，相当于宏观经济学的总量模型，将整个经济生产系统看作一个部门。假定：对一个既定经济系统，整个经济只生产一种产品，这种产品同时可以作中间产品、消费产品和固定资产设备，忽略库存和进出口项目。

在严谨的经济学理论中，讨论经济模型必须注意变量的时间特性，要区分连续时间模型和离散时间模型。对于连续时间模型，变量的变化用速率，即变量对时间的导数表达；对离散时间模型，变量的变化用差分，即相邻时期变量的差表达①。

设考虑连续时间过程，基于基础投入产出表表式，在既定时刻 t，有下面的行平衡方程：

$$x_t + c_t + g_t + f_t = q_t \tag{2-42}$$

在式(2-42)中，x_t, c_t, g_t, f_t 和 q_t 依次是中间使用、居民消费、公共消费、资本形成和总产出，而对于连续时间，它们在这里是单位时间内的量，即速率变量。

对于离散时间过程，基于基础投入产出表表式，在既定时期 t，有下面的行平衡方程：

$$X_t + C_t + G_t + F_t = Q_t \tag{2-43}$$

在式(2-43)中，X_t, C_t, G_t, F_t 和 Q_t 除了只是一个单纯实数量而非矩阵或向量外，与前面相同，还依次分别表示中间使用、居民消费、公共消费、资本形成和总产出，是在一定时间段内发生的量。

离散时期量是连续时间量的积累，式(2-43)中各量可以看作式(2-42)对应量从 $t-1$ 到 t 的积分，对式(2-42)两边从 $t-1$ 到 t 积分即可得到式(2-43)。

2.5.1.1 资本形成方程

资本形成机制②是动态投入占用产出模型建立的关键。资本存量是一个时点变量，设既定经济系统在时刻 t 的资本存量是 K_t，K_t 随着时间变化，变化来自投资活动，即资本形成是投资活动带来的。但是，从开始投资到可以用于生产的资本需要一定的时间，这个时间称为投资的时滞。因此，出现在投入产出表最终使用中的固定资本形成不一定能即刻被用于生产活动。可以即刻用于生产的资本称为有效资本。

在经济生产过程中，除了投资形成资本外，生产过程对所使用的资本也会造成损耗，资本

① 由这里看出，时期变量和时点变量的差异不是区分流量和存量的关键，流量也可以是时点变量，如速率变量。

② 再次强调，这里的“资本”名称只是一种习惯称呼，既不是马克思经济学中的“资本”，也不是“资本主义社会”这个名称中的“资本”。

存量还可能由于各种原因造成损失，所以，资本形成的基本关系是：资本存量增量＝资本形成量－资本损耗量。

对于连续时间过程，设 $f(t,\tau)$ 表示在时刻 t 投资、在时刻 $t+\tau$ 形成有效资本的资本形成速率，共有 u 种投资时滞，K_t 在时刻 t 的损耗速率是 d_t，于是有下面的资本形成机制方程①：

$$f_t=\sum_{k=1}^{u}f(t,\tau_k) \tag{2-44}$$

$$\dot{K}_t=\sum_{k=1}^{u}f(t-\tau_k,\tau_k)-d_t \tag{2-45}$$

对于离散时间过程，设 $F(t,\tau)$ 表示在时期 t 投资，在时期 $t+\tau$ 形成有效资本的资本形成量，共有 u 种投资时滞，从时刻 $t-1$ 到 t 的资本损耗量是 D_t，于是有下面的资本形成机制方程：

$$F_t=\sum_{k=1}^{u}F(t,\tau_k) \tag{2-46}$$

$$K_t-K_{t-1}=\sum_{k=1}^{u}F(t-\tau_k,\tau_k)-D_t \tag{2-47}$$

式(2-47)可以由式(2-45)的积分得到。

上述反映时滞关系的资本形成方程在理论上是严格的，但是，当模型应用于实证研究时，一是会造成模型的复杂化，二是统计数据无法满足要求，所以，要经常作简化。不考虑时滞是严重偏离实际的，如果假设所有的投资时滞都是 1 年，则有一定的现实性。从宏观上考察，平均的投资时滞为 1 到 2 年，现实中最大量的投资时滞在 1 年左右，比如一台机器可以在 1 年内生产出来，装配到车间可以立即投入生产。在假设所有投资时滞都是 1 年的情况下，式(2-44)—(2-47)就变成：

$$f_t=f(t,1) \tag{2-48}$$

$$\dot{K}_t=f(t-1,1)-d_t=f_{t-1}-d_t \tag{2-49}$$

$$F_t=F(t,1) \tag{2-50}$$

$$K_t-K_{t-1}=F(t-1,1)-D_t=F_{t-1}-D_t \tag{2-51}$$

2.5.1.2　连续时间基本模型

建立投入产出模型最基本的一步是设定系数。对于动态模型，除了投入系数外，还需要引入资本-产出系数和综合资本损耗-产出系数。

对于连续时间过程，设

$$x_t=a_tq_t \tag{2-52}$$

$$\dot{K}_t=b_t\dot{q}_t,\ d_t=\beta_tq_t \tag{2-53}$$

其中，b_t 称为增量资本-产出系数，β_t 称为综合资本损耗-产出系数（综合的意思是包括了各种情形的损耗）。将式(2-53)代入式(2-49)可得

$$f_t=b_{t+1}\dot{q}_{t+1}+d_{t+1}=b_{t+1}\dot{q}_{t+1}+\beta_{t+1}q_{t+1} \tag{2-54}$$

将式(2-52)和(2-54)代入式(2-42)可得

$$a_tq_t+c_t+g_t+b_{t+1}\dot{q}_{t+1}+\beta_{t+1}q_{t+1}=q_t \tag{2-55}$$

---

① 通常在文献中，在变量符号上方加点表示变量对时间的导数，即速率，$\dot{K}_t$ 表示资本存量的变化速率。

令 $\widetilde{y}_t = c_t + g_t$,由式(2-55)可得

$$(1 - a_t)q_t + b_{t+1}\dot{q}_{t+1} + \beta_{t+1}q_{t+1} = \widetilde{y}_t \tag{2-56}$$

式(2-56)是一个微分差分混合方程,造成这种情况的原因是存在投资时滞。

2.5.1.3 离散时间基本模型

对于离散时间过程,设

$$X_t = a_t Q_t \tag{2-57}$$

$$K_t - K_{t-1} = b_t(Q_t - Q_{t-1}),\ D_t = \beta_t Q_t \tag{2-58}$$

将式(2-58)代入式(2-51)可得

$$F_t = K_{t+1} - K_t + D_{t+1} = b_{t+1}(Q_{t+1} - Q_t) + \beta_{t+1}Q_{t+1} \tag{2-59}$$

令 $\widetilde{Y}_t = C_t + G_t$,将式(2-57)和(2-59)代入式(2-43)可得

$$(1 - a_t + b_{t+1})Q_t - (b_{t+1} + \beta_{t+1})Q_{t+1} = \widetilde{Y}_t \tag{2-60}$$

式(2-60)是一个差分方程。

2.5.1.4 离散时间基本模型的解

作为纯粹的差分方程,式(2-60)比较容易求解,但是有一个如何求解的问题,关键是把 Q_t 还是 Q_{t+1} 作为未知数求解。因为不存在矩阵的可逆性问题,式(2-60)对 Q_t 和 Q_{t+1} 都存在有意义解。

(1) 前向递推分析

当以 Q_{t+1} 作为未知数时,则有

$$Q_{t+1} = \frac{(1 - a_t + b_{t+1})Q_t - \widetilde{Y}_t}{b_{t+1} + \beta_{t+1}} = (b_{t+1} + \beta_{t+1})^{-1}[(1 - a_t + b_{t+1})Q_t - \widetilde{Y}_t] \tag{2-61}$$

式(2-61)在形式上意味着历史决定未来,只是要估计未来的参数 b_{t+1} 和 β_{t+1}。在短期预测中,可以假设参数值不变,与上一期相同。

设预测期是 T,基期是 0,由式(2-61)可以推得

$$Q_T = Q_0\prod_{k=1}^{T}\frac{1-a_{k-1}+b_k}{b_k+\beta_k} - \frac{1}{b_T+\beta_T}\left(\sum_{j=1}^{T-1}\prod_{s=1}^{j}\frac{1-a_{T-s}+b_{T-s+1}}{b_{T-s}+\beta_{T-s}}\widetilde{Y}_{T-j-1} + \widetilde{Y}_{T-1}\right) \tag{2-62}$$

未来的经济系统参数 b_{t+1} 和 β_{t+1} 在一定程度上也是由历史决定的,即由过去的固定资产形成情况决定的。历史的固定资产投资包含既定的生产技术水平,因而决定了由此可以带来的产出大小。不过现实的经济过程既与人的主观能动性发挥情况有关(包括管理水平),也与包括自然环境变化在内的周围环境情况相关,所以,即使在历史完全已知的情况下,未来仍然存在一定的变数,即不确定性,这种变数既有机遇也有风险。

(2) 后向递推分析

当以 Q_t 作为未知数时,则有

$$Q_t = \frac{(b_{t+1} + \beta_{t+1})Q_{t+1} + \widetilde{Y}_t}{1 - a_t + b_{t+1}} = (1 - a_t + b_{t+1})^{-1}[(b_{t+1} + \beta_{t+1})Q_{t+1} + \widetilde{Y}_t] \tag{2-63}$$

式(2-63)在形式上意味着未来决定现在,这意味着需要用某种方式确定未来的总产出和净产品需求。因为历史是已经确定的,是不能更改的,所以这里的“现在”也是某种意义上的未来,是最近的未来。式(2-63)形式上是用较远的未来确定最近的未来,是一种规划行为。由式(2-63)可以推导出递推公式:

$$Q_t = Q_{t+T}\prod_{k=1}^{T}\frac{b_{t+k}+\beta_{t+k}}{1-a_{t+k-2}+b_{t+k-1}}+\frac{1}{1-a_t+b_{t+1}}\left(\sum_{j=1}^{T-1}\prod_{s=1}^{j}\frac{b_{t+s}+\beta_{t+s}}{1-a_{t+s-1}+b_{t+s}}\widetilde{Y}_{t+j}+\widetilde{Y}_t\right) \tag{2-64}$$

设最近的未来时期是 $t=1$,规划的末期是时期 T,则根据式(2-64),未来时期 p 的总产出是

$$Q_p = Q_T\prod_{k=1}^{T-p}\frac{b_{p+k}+\beta_{p+k}}{1-a_{p+k-2}+b_{p+k-1}}+\frac{1}{1-a_p+b_{p+1}}\left(\sum_{j=1}^{T-p-1}\prod_{s=1}^{j}\frac{b_{p+s}+\beta_{p+s}}{1-a_{p+s-1}+b_{p+s}}\widetilde{Y}_{p+j}+\widetilde{Y}_p\right) \tag{2-65}$$

2.5.2　多部门动态投入占用产出模型

作为经济实证研究应用的工具,投入产出技术是多部门模型。连续时间模型在经济现实中很难被应用,离散时间模型是动态投入产出分析运用于现实经济分析的主要形式。下面只介绍简化离散时间多部门动态投入占用产出模型,假定以年为时期单位。

2.5.2.1　基本平衡方程

设有一个经济系统,将其生产系统划分为 n 个生产部门;$Q_i(t)$ 是部门 i 在时期 t 的总产出;$X_{ij}(t)$ 是时期 t 内部门 j 为生产 $Q_j(t)$ 而消耗的部门 i 产品的数量;$\widetilde{Y}_i(t)$ 是消费部门(包括净出口)在 t 年内消费的部门 i 的产品总量,称为最终净产品;$F_{ij}(t)$ 是时期 t 内由部门 i 生产的产品用于部门 j 的固定资本形成,即投资的数量;$S_{ij}(t)$ 是部门 j 的库存在时期 t 年末比 $t-1$ 年末增加的量中部门 i 产品的数量。基于动态模型的需要,将投入产出基本行平衡方程重列如下形式:

$$\sum_{j=1}^{n} X_{ij}(t) + \sum_{j=1}^{n} F_{ij}(t) + \sum_{j=1}^{n} S_{ij}(t) + \widetilde{Y}_i(t) = Q_i(t), i = 1,2,\cdots,n \tag{2-66}$$

将式(2-66)写成矩阵式,即

$$\boldsymbol{X}(t)\boldsymbol{e} + \boldsymbol{F}(t)\boldsymbol{e} + \boldsymbol{S}(t)\boldsymbol{e} + \widetilde{\boldsymbol{Y}}(t) = \boldsymbol{Q}(t) \tag{2-67}$$

2.5.2.2　多部门离散时间过程的资本形成基本关系式

设 $K_{ij}(t)$ 是部门 j 在 t 年末占用的有效固定资本中产品 i 的数量,$D_{ij}(t)$ 是部门 j 在时期 t 年中综合损耗的有效固定资本中产品 i 的数量,τ_k 表示投资时滞($k=1, 2, \cdots, u$,u 表示投资时滞的类数),$F_{ij}(t,\tau)$ 表示 $F_{ij}(t)$ 中在时期 t 投资在时期 $t+\tau_k$ 中形成有效固定资本的数量,于是有

$$K_{ij}(t) = \sum_{k=1}^{u} F_{ij}(t-\tau_k,\tau_k) + K_{ij}(t-1) - D_{ij}(t) \tag{2-68}$$

$$F_{ij}(t) = \sum_{k=1}^{u} F_{ij}(t,\tau_k), i,j = 1,2,\cdots,n \tag{2-69}$$

从式(2-68)和(2-69)无法直接得出 $F_{ij}(t)$ 的表示式,即无法建立 $F_{ij}(t)$ 与以后各年资本形成需求的直接联系。全面详细考虑投资时滞细节的模型很复杂,下面考虑两种简化形式。

(1) 如果假定各个部门的最大投资时滞都是 1 年,即 τ_k 等于 1 或 0,则式(2-68)可写为

$$K_{ij}(t)=F_{ij}(t,0)+F_{ij}(t-1,1)+K_{ij}(t-1)-D_{ij}(t) \tag{2-70}$$

进一步假定:

$$F_{ij}(t,0)=D_{ij}(t) \tag{2-71}$$

那么,

$$K_{ij}(t+1)=F_{ij}(t,1)+K_{ij}(t)=F_{ij}(t)-D_{ij}(t)+K_{ij}(t) \tag{2-72}$$

$$F_{ij}(t)=F_{ij}(t,0)+F_{ij}(t,1)=K_{ij}(t+1)-K_{ij}(t)+D_{ij}(t) \tag{2-73}$$

将式(2-73)写成矩阵式,即

$$\boldsymbol{F}(t)=\boldsymbol{K}(t+1)-\boldsymbol{K}(t)+\boldsymbol{D}(t) \tag{2-74}$$

式(2-71)在实际中有一定的合理性,这是因为:首先,现实中宏观平均的时滞长度都在2年左右①;其次,当将固定资本和库存资本分开考虑时,在经济系统中,用于扩大生产能力的固定资本建设,其时滞一般都要在1年以上,而1年以内的投资活动都可视为对已损耗固定资本的补偿。

(2) 如果假定所有投资的时滞都是1年,则有

$$F_{ij}(t,0)=0,F_{ij}(t,1)=F_{ij}(t) \tag{2-75}$$

可得

$$K_{ij}(t+1)=F_{ij}(t,1)+K_{ij}(t)-D_{ij}(t+1)=F_{ij}(t)+K_{ij}(t)-D_{ij}(t+1) \tag{2-76}$$

于是,

$$F_{ij}(t)=K_{ij}(t+1)-K_{ij}(t)+D_{ij}(t+1) \tag{2-77}$$

将式(2-77)写成矩阵式,即

$$\boldsymbol{F}(t)=\boldsymbol{K}(t+1)-\boldsymbol{K}(t)+\boldsymbol{D}(t+1) \tag{2-78}$$

式(2-75)是一种强制性规定,所有投资,包括损耗补偿的投资时滞都为1年。可以看出,与式(2-74)对比,不同在于损耗补偿项的时间。式(2-74)假定损耗补偿投资的时滞为0,式(2-75)假定损耗补偿投资的时滞为1。

2.5.2.3 多部门动态投入占用产出简化模型

动态投入占用产出模型建立的基本方法论就是建立总产出和资本形成量之间的数量关系,但是,由于投资时滞的原因,二者之间并没有直接的关系,为此,需要系列先验假定。下面建立两种简化情形的模型。

参照单部门模型,设

$$X_{ij}(t)=a_{ij}(t)Q_j(t),i,j=1,2,\cdots,n \tag{2-79}$$

$$K_{ij}(t)-K_{ij}(t-1)=b_{ij}(t)[Q_j(t)-Q_j(t-1)],i,j=1,2,\cdots,n \tag{2-80}$$

$$D_{ij}(t)=\beta_{ij}(t)Q_j(t),i,j=1,2,\cdots,n \tag{2-81}$$

$b_{ij}(t)$仍然称为增量资本-产出系数,$\beta_{ij}(t)$称为综合资本损耗-产出系数。

将(2-79)—(2-81)写成矩阵式,即

$$\boldsymbol{X}(t)=\boldsymbol{A}(t)\hat{\boldsymbol{Q}}(t) \tag{2-82}$$

① 这里“实际”指变为有效固定资本的时间。当然也有相当一部分时滞小于1年。如果希望更精细一点,可考虑最大时滞为2年,则可以假设总资本形成量在1年和2年中按一定比例分配。

$$\boldsymbol{K}(t)-\boldsymbol{K}(t-1)=\boldsymbol{B}(t)[\hat{\boldsymbol{Q}}(t)-\hat{\boldsymbol{Q}}(t-1)] \tag{2-83}$$

$$\boldsymbol{D}(t)=\boldsymbol{\beta}(t)\hat{\boldsymbol{Q}}(t) \tag{2-84}$$

将式(2-83)—(2-84)分别代入式(2-74)和式(2-78),分别得

$$\boldsymbol{F}(t)=\boldsymbol{B}(t+1)\hat{\boldsymbol{Q}}(t+1)-(\boldsymbol{B}(t+1)-\boldsymbol{\beta}(t))\hat{\boldsymbol{Q}}(t) \tag{2-85}$$

$$\boldsymbol{F}(t)=[\boldsymbol{B}(t+1)+\boldsymbol{\beta}(t+1)]\hat{\boldsymbol{Q}}(t+1)-\boldsymbol{B}(t+1)\hat{\boldsymbol{Q}}(t) \tag{2-86}$$

为了避免叙述烦琐,在模型中暂不单独考虑库存的问题。将式(2-82)和式(2-85)代入平衡方程式(2-67)得

$$\boldsymbol{A}(t)\boldsymbol{Q}(t)+\boldsymbol{B}(t+1)\boldsymbol{Q}(t+1)-[\boldsymbol{B}(t+1)-\boldsymbol{\beta}(t)]\boldsymbol{Q}(t)+\tilde{\boldsymbol{Y}}(t)=\boldsymbol{Q}(t) \tag{2-87}$$

式(2-87)整理可得

$$[\boldsymbol{E}-\boldsymbol{A}(t)-\boldsymbol{\beta}(t)+\boldsymbol{B}(t+1)]\boldsymbol{Q}(t)-\boldsymbol{B}(t+1)\boldsymbol{Q}(t+1)=\tilde{\boldsymbol{Y}}(t) \tag{2-88}$$

将式(2-82)和式(2-86)代入平衡方程式(2-67)得

$$\boldsymbol{A}(t)\boldsymbol{Q}(t)+[\boldsymbol{B}(t+1)+\boldsymbol{\beta}(t+1)]\boldsymbol{Q}(t+1)-\boldsymbol{B}(t+1)\boldsymbol{Q}(t)+\tilde{\boldsymbol{Y}}(t)=\boldsymbol{Q}(t) \tag{2-89}$$

式(2-89)整理可得

$$[\boldsymbol{E}-\boldsymbol{A}(t)+\boldsymbol{B}(t+1)]\boldsymbol{Q}(t)-[\boldsymbol{B}(t+1)+\boldsymbol{\beta}(t+1)]\boldsymbol{Q}(t+1)=\tilde{\boldsymbol{Y}}(t) \tag{2-90}$$

式(2-88)是将最大投资时滞假定为 1 的动态投入占用产出模型,式(2-90)是将所有投资时滞都假定为 1 的动态投入占用产出模型,二者的区别是对综合资本损耗的处理方式不同。在式(2-88)中,综合资本损耗表现与中间使用一致,相当于把损耗的资本也看作中间使用;在式(2-90)中,综合资本损耗表现与新增固定资本形成一致,因为对其补偿的投资时滞也是 1 年。

2.5.2.4　多部门离散时间基本模型的解

与单部门求解问题一样,此处也存在以谁为未知数的问题。下面仅考虑式(2-90),式(2-88)的求解留给读者自行练习。

如果 $\boldsymbol{B}(t+1)+\boldsymbol{\beta}(t+1)$ 可逆,那么,可以以 $\boldsymbol{Q}(t+1)$ 为未知数,从式(2-90)求解得

$$\boldsymbol{Q}(t+1)=[\boldsymbol{B}(t+1)+\boldsymbol{\beta}(t+1)]^{-1}\{[\boldsymbol{E}-\boldsymbol{A}(t)+\boldsymbol{B}(t+1)]\boldsymbol{Q}(t)-\tilde{\boldsymbol{Y}}(t)\} \tag{2-91}$$

式(2-91)是顺时前向递推公式。

如果以 $\boldsymbol{Q}(t)$ 为未知数,那么,从式(2-90)解得

$$\boldsymbol{Q}(t)=[\boldsymbol{E}-\boldsymbol{A}(t)+\boldsymbol{B}(t+1)]^{-1}\{\tilde{\boldsymbol{Y}}(t)+[\boldsymbol{B}(t+1)+\boldsymbol{\beta}(t+1)]\boldsymbol{Q}(t+1)\} \tag{2-92}$$

式(2-92)是逆时后向递推公式。

关于式(2-91)和式(2-92)所体现的因果含义可以参照单部门模型的讨论。式(2-91)最关键的问题是 $\boldsymbol{B}(t+1)+\boldsymbol{\beta}(t+1)$ 的可逆性问题,在单部门模型中不存在这样的问题。虽然存在因某些细分部门产品不能作为资本形成产品而造成 $\boldsymbol{B}(t+1)+\boldsymbol{\beta}(t+1)$ 不可逆的情况,但是通过适当的部门划分调整,可以使得 $\boldsymbol{B}(t+1)+\boldsymbol{\beta}(t+1)$ 为可逆矩阵,比如按三次产业划分的三部门模型。

如果在既定部门划分中,确有部分部门的产品不能作为资本形成产品使用,那么需要把两类产品分成两个集合。以可以作资本形成产品的部门为第一类集合,其他为第二类集合,对方程式(2-90)中的矩阵进行分块,可得以下方程组:

$$[\boldsymbol{E}^1-\boldsymbol{A}^{11}(t)+\boldsymbol{B}^{11}(t+1)]\boldsymbol{Q}^1(t)+[\boldsymbol{0}-\boldsymbol{A}^{12}(t)+\boldsymbol{B}^{12}(t+\boldsymbol{1})]\boldsymbol{Q}^2(t)-$$

$$[\boldsymbol{B}^{11}(t+1)+\boldsymbol{\beta}^{11}(t+1)]\boldsymbol{Q}^{1}(t+1)-[\boldsymbol{B}^{12}(t+1)+\boldsymbol{\beta}^{12}(t+1)]\boldsymbol{Q}^{2}(t+1)=\tilde{\boldsymbol{Y}}^{1}(t) \quad (2\text{-}93)$$

$$[\boldsymbol{0}-\boldsymbol{A}^{21}(t)+\boldsymbol{0}]\boldsymbol{Q}^{1}(t)+[\boldsymbol{E}^{2}-\boldsymbol{A}^{22}(t)+\boldsymbol{0}]\boldsymbol{Q}^{2}(t)-\boldsymbol{0}-\boldsymbol{0}=\tilde{\boldsymbol{Y}}^{2}(t) \quad (2\text{-}94)$$

对式(2-93)和式(2-94)整理可得

$$[\boldsymbol{B}^{11}(t+1)+\boldsymbol{\beta}^{11}(t+1)]\boldsymbol{Q}^{1}(t+1)+[\boldsymbol{B}^{12}(t+1)+\boldsymbol{\beta}^{12}(t+1)]\boldsymbol{Q}^{2}(t+1)=$$
$$[\boldsymbol{E}^{1}-\boldsymbol{A}^{11}(t)+\boldsymbol{B}^{11}(t+1)]\boldsymbol{Q}^{1}(t)+[-\boldsymbol{A}^{12}(t)+\boldsymbol{B}^{12}(t+1)]\boldsymbol{Q}^{2}(t)-\tilde{\boldsymbol{Y}}^{1}(t) \quad (2\text{-}95)$$

在式(2-94)中,以 $t+1$ 代替 t 并整理可得

$$-\boldsymbol{A}^{21}(t+1)\boldsymbol{Q}^{1}(t+1)+[\boldsymbol{E}^{2}-\boldsymbol{A}^{22}(t+1)]\boldsymbol{Q}^{2}(t+1)=\tilde{\boldsymbol{Y}}^{2}(t+1) \quad (2\text{-}96)$$

以式(2-95)和式(2-96)为方程组,可以解得 $Q(t+1)$,但是,前提条件是已知时期 t 的总产出和最终净使用,并预测时期 $t+1$ 的增量资本-产出系数、综合资本损耗-产出系数和第二类部门的最终净使用。

习 题

1. 请简述完全消耗系数和完全分配系数的经济意义,以及完全消耗系数分项的经济意义。

2. 下表是某国一个三部门投入产出表,单位:亿元。

	第一产业 1	第二产业 2	第三产业 3	中间使 用合计	消费	资本形成	净出口	总产出
第一产业	217	937	101	1 254	2 059	669	−371	3 611
第二产业	394	13 054	1 778	15 226	8 102	21 546	631	45 505
第三产业	97	2 411	2 309	4 817	17 011	2 624	1 409	25 860
中间投入合计	708	16 401	4 188	21 297	27 172	24 839	1 669	74 977
劳动者报酬	2 940	12 174	9 904	25 018				
生产税净额	−161	5 455	2 751	8 044				
固定资产折旧	125	3 753	3 406	7 285				
营业盈余	0	7 722	5 612	13 334				
增加值	2 904	29 104	21 673	53 680				
总投入	3 611	45 505	25 860	74 977				

(1) 将上表合成一个二部门投入产出表,其中第一个部门是物质产品生产部门,第二部门为服务业部门,同时把消费、资本形成和净出口合成一项——最终使用,各项最初投入省略,保留增加值。

(2) 根据二部门表,依次用支出法、收入法和生产法计算该经济的国内生产总值;计算二部门表的列昂惕夫逆矩阵。

(3) 该经济当年总能源消耗是 8 亿吨标准煤,其中第一产业消耗 2 亿吨,第二产业消耗 4 亿吨,第三产业消耗 2 亿吨,请根据二部门表计算两个部门的完全能耗系数;计算净出口的完全能耗及其占该经济总能耗的比例。

3. 简要叙述建立动态投入占用产出模型的基本步骤。

4. 从式(2-88)出发,求解动态投入占用产出模型。

本章主要参考文献

1. 刘新建,刘海啸,房俊峰. 高等数量经济学[M]. 北京:科学出版社,2018.

2. 陈锡康,杨翠红. 投入产出技术[M]. 北京:科学出版社,2011.

3. 刘新建,房俊峰. 经济增长动力的投入占用产出分析[J]. 管理评论,2018,30(5):95-100.

第 3 章　投入产出表编制理论与技术

以投入产出技术为核心方法的经济实证分析的基础是一个或一组投入产出表,而编制投入产出表是一项耗时费力费财的复杂工作,其原理涉及经济学理论、统计学理论与技术等多学科知识。大型投入产出表编制的组织管理也是一项复杂的系统工程。

根据基础数据的不同,投入产出表编制有两类基本方法:直接分解法和推导法(UV 表法,供给-使用表法)。另外,还有直接消耗系数的校正或修订方法,也称为更新法编表法。实际编表工作中,根据不同的使用目的,将不同的编表技术综合应用。

本章介绍直接分解法、更新法编表法中的基本 RAS 法和推导法基本技术。

3.1　投入产出模型一般分类

投入产出模型的基本结构与投入产出表的结构紧密相关。从刻画经济系统角度讲,表是特殊的模型,不同的表式适应不同的问题需要,建立不同的模型结构。表 3-1 从不同角度对投入产出模型集合元素作了一个分类。各种类型模型的概念在本书的不同位置给予详细描述,本节对从对外贸易数据的处理方式角度的分类予以详细说明。这个分类集中体现了不同结构的投入产出表型式。为了避免叙述烦琐,本节的论述都基于价值型投入产出表。

表 3-1　投入产出模型一般分类

分类标志	种类
开放性与动态性	静态:开模型;闭模型;局部闭模型 动态:开模型;闭模型;局部闭模型
计量单位	价值型;实物型;劳动型;实物价值型;能量型
研究的空间范围	世界 IO 模型;全国 IO 模型;地区 IO 模型;区域间 IO 模型;部门 IO 模型;企业 IO 模型
数据的时态	报告期 IO 模型;计划期(预测期)IO 模型
对外贸易数据的处理方式	A 型;B 型;C 型;D 型;E 型

注: IO 即 input-output 的缩写,IO 模型即投入产出模型。

3.1.1　A 型投入产出表

A 型投入产出表是我国编表使用的基本表式,有时也称为基础表式,基本结构如表 3-2 所示。这种表的特点是在各部门使用的产品中不区分境内生产和境外生产,即 X_{ij}、C_i、G_i、F_i 中都可能包含进口产品,又被称为竞争型投入产出表。为了保持投入产出表的行列平衡,在最终使用的右边增加一列,放置进口数据。进口数据常加负号,不加负号也可以,但计算总产出时需要减去这个数。在一个国家内部一个地区的投入产出表中,一般将与国外和国内其他地区的交易区分开，与国内其他地区的交易称为输入和输出。

表 3-2　A 型投入产出表表式

<table>
<tr><td colspan="2" rowspan="2"></td><td>中间使用</td><td colspan="5">最终使用</td><td rowspan="2">进口</td><td rowspan="2">总产出</td></tr>
<tr><td>1　2　…　n</td><td>居民消费</td><td>公共消费</td><td>资本形成</td><td>库存增加</td><td>出口</td></tr>
<tr><td>中间投入</td><td>1
2
⋮
n</td><td>X_{ij}</td><td>C_i</td><td>G_i</td><td colspan="2">F_i</td><td>EX_i</td><td>$IM_i(-)$</td><td>Q_i</td></tr>
<tr><td rowspan="4">最初投入</td><td>劳动报酬</td><td>W_j</td><td colspan="7" rowspan="5"></td></tr>
<tr><td>生产税净额</td><td>T_j</td></tr>
<tr><td>折旧</td><td>D_j</td></tr>
<tr><td>经营盈余</td><td>M_j</td></tr>
<tr><td colspan="2">总投入</td><td>Q_j</td></tr>
</table>

3.1.2　B 型投入产出表

与 A 型投入产出表相比，B 型投入产出表的特点是将对进口产品的使用完全分离出来，合成一行，同时删除进口列，如表 3-3 所示。其中，X_{ij}、C_i、G_i、F_i 和 EX_i 中只含有境内生产的产品，X_j^I、C^I、G^I、F^I 中都是进口产品，IM 是进口总值。

表 3-3　B 型投入产出表表式

<table>
<tr><td colspan="3" rowspan="3"></td><td>中间使用</td><td colspan="5">最终使用</td><td rowspan="3">总产出/总进口</td></tr>
<tr><td>境内生产部门</td><td rowspan="2">居民消费</td><td rowspan="2">公共消费</td><td rowspan="2">资本形成</td><td rowspan="2">库存增加</td><td rowspan="2">出口</td></tr>
<tr><td>1　2　…　n</td></tr>
<tr><td rowspan="2">中间投入</td><td>境内生产产品</td><td>1
2
⋮
n</td><td>X_{ij}</td><td>C_i</td><td>G_i</td><td colspan="2">F_i</td><td>EX_i</td><td>Q_i</td></tr>
<tr><td colspan="2">境外输入产品
（进口）</td><td>X_j^I</td><td>C^I</td><td>G^I</td><td colspan="2">F^I</td><td>0</td><td>IM</td></tr>
<tr><td rowspan="4">最初投入</td><td colspan="2">劳动报酬</td><td>W_j</td><td colspan="6" rowspan="5"></td></tr>
<tr><td colspan="2">生产税净额</td><td>T_j</td></tr>
<tr><td colspan="2">折旧</td><td>D_j</td></tr>
<tr><td colspan="2">经营盈余</td><td>M_j</td></tr>
<tr><td colspan="3">总投入</td><td>Q_j</td></tr>
</table>

3.1.3 C 型投入产出表

C 型投入产出表是在 B 型投入产出表的基础上，将输入产品行进一步分解成各类产品而形成的，比如，X_{ij}^I 对 i 求和等于 X_j^I。IM_i 就是产品 i 的进口总值。C 型投入产出表是非竞争型投入产出表。通常的做法是对境内生产产品和境外输入产品作相同的分类。国家统计局编制了中国 2017 年、2018 年和 2020 年非竞争型投入产出表。

表 3-4 C 型投入产出表表式

<table>
<tr><td colspan="3" rowspan="3"></td><td>中间使用</td><td colspan="5">最终使用</td><td rowspan="3">总产出/
总进口</td></tr>
<tr><td>境内生产部门</td><td rowspan="2">居民消费</td><td rowspan="2">公共消费</td><td rowspan="2">资本形成</td><td rowspan="2">库存增加</td><td rowspan="2">出口</td></tr>
<tr><td>1 2 … n</td></tr>
<tr><td rowspan="2">中间投入</td><td>境内生产产品</td><td>1
2
⋮
n</td><td>X_{ij}</td><td>C_i</td><td>G_i</td><td colspan="2">F_i</td><td>EX_i</td><td>Q_i</td></tr>
<tr><td>境外输入产品</td><td>1
2
⋮
n</td><td>X_{ij}^I</td><td>C_i^I</td><td>G_i^I</td><td colspan="2">F_i^I</td><td>0</td><td>IM_i</td></tr>
<tr><td rowspan="4">最初投入</td><td colspan="2">固定资产折旧</td><td>W_j</td><td colspan="6" rowspan="5"></td></tr>
<tr><td colspan="2">从业人员报酬</td><td>T_j</td></tr>
<tr><td colspan="2">生产税净额</td><td>D_j</td></tr>
<tr><td colspan="2">经营盈余</td><td>M_j</td></tr>
<tr><td colspan="3">总投入</td><td>Q_j</td></tr>
</table>

3.1.4 D 型投入产出表

在现代贸易的输入产品中，不是所有产品境内都不能生产，有些境内使用的同种产品既有境内生产也有境外输入。从纯技术角度看，二者具有强替代性，因而，从消耗系数分析角度来看，应该将二者合起来计算。D 型投入产出表就是在考虑到这个原理后设计的，如表 3-5 所示。相对于 C 型投入产出表，在形式上，表 3-5 只是增加了一列"竞争性进口"，在 X_{ij}、C_i、G_i、F_i 中可能包含进口产品，这类进口产品称为一般产品，而 X_j^I、C^I、G^I、F^I 和 IM_i^D 中只包含非竞争性输入产品，是境内不生产的产品。

表 3-5 D 型投入产出表表式

<table>
<tr><td colspan="3" rowspan="3"></td><td>中间使用</td><td colspan="4">最终使用</td><td rowspan="3">竞争性进口</td><td rowspan="3">总产出及非竞争性总进口</td></tr>
<tr><td>境内生产部门</td><td rowspan="2">居民消费</td><td rowspan="2">公共消费</td><td rowspan="2">资本形成</td><td rowspan="2">出口</td></tr>
<tr><td>1 2 … n</td></tr>
<tr><td rowspan="2">中间投入</td><td>一般产品</td><td>1
2
⋮
n</td><td>X_{ij}</td><td>C_i</td><td>G_i</td><td>F_i</td><td>EX_i</td><td>IM_i</td><td>Q_i</td></tr>
<tr><td>非竞争性输入产品</td><td>1
2
⋮
n</td><td>X_{ij}^I</td><td>C_i^I</td><td>G_i^I</td><td>F_i^I</td><td>0</td><td>0</td><td>IM_i^D</td></tr>
<tr><td rowspan="4">最初投入</td><td colspan="2">固定资产折旧</td><td>W_j</td><td colspan="6" rowspan="5"></td></tr>
<tr><td colspan="2">从业人员报酬</td><td>T_j</td></tr>
<tr><td colspan="2">生产税净额</td><td>D_j</td></tr>
<tr><td colspan="2">经营盈余</td><td>M_j</td></tr>
<tr><td colspan="3">总投入</td><td>Q_j</td></tr>
</table>

在 D 型投入产出表中，由于输入产品境内不生产，所以一般产品部门和非竞争性部门的集合内容是不同的，部门数也可能不同。

3.1.5 E 型投入产出表

E 型投入产出表也称为完全非竞争型投入产出表。相对于 C 型投入产出表，其不仅区分了输入的产品类型，而且区分了输入产品的来源地。根据对来源地区分的范围差异，E 型表可以分为三个子类：单区域 E 型投入产出表、地区间 E 型投入产出表、世界投入产出表。

1. 单区域 E 型投入产出表

所谓单区域，是指把研究的对象区域作为一个整体，对整体划分生产部门。单区域 E 型投入产出表对输入产品不仅划分种类部门，而且划分来源地区，如表 3-6 所示。至于每个地区部门的划分方法，可以与研究对象区域一致，也可以各个地区不同。

表 3-6　单区域 E 型投入产出表表式

<table>
<tr><th colspan="4" rowspan="3"></th><th>中间使用</th><th colspan="5">最终使用</th><th rowspan="3">总产出/
总进口</th></tr>
<tr><th>境内生产部门</th><th rowspan="2">居民消费</th><th rowspan="2">公共消费</th><th rowspan="2">资本形成</th><th rowspan="2">库存增加</th><th rowspan="2">出口</th></tr>
<tr><th>1　2　…　n</th></tr>
<tr><td rowspan="4">中间投入</td><td>境内生产产品</td><td colspan="2">1
2
⋮
n</td><td>X_{ij}</td><td>C_i</td><td>G_i</td><td colspan="2">F_i</td><td>EX_i</td><td>Q_i</td></tr>
<tr><td rowspan="3">境外输入产品</td><td>地区 1</td><td>1
⋮
n</td><td>X_{rj}^1</td><td>C_r^1</td><td>G_r^1</td><td colspan="2">F_r^1</td><td>0</td><td>IM_r^1</td></tr>
<tr><td>⋮
地区 α
⋮</td><td>⋮</td><td>⋮
X^α
⋮</td><td>⋮
C^α
⋮</td><td>⋮
G^α
⋮</td><td colspan="2">⋮
F^α
⋮</td><td>⋮
0
⋮</td><td>⋮
IM_r^α
⋮</td></tr>
<tr><td>地区 m</td><td>1
⋮
n</td><td>X_{tj}^m</td><td>C_t^m</td><td>G_t^m</td><td colspan="2">F_t^m</td><td>0</td><td>IM_t^m</td></tr>
<tr><td rowspan="4">最初投入</td><td colspan="3">固定资产折旧</td><td>W_j</td><td colspan="6"></td></tr>
<tr><td colspan="3">从业人员报酬</td><td>T_j</td><td colspan="6"></td></tr>
<tr><td colspan="3">生产税净额</td><td>D_j</td><td colspan="6"></td></tr>
<tr><td colspan="3">经营盈余</td><td>M_j</td><td colspan="6"></td></tr>
<tr><td colspan="4">总投入</td><td>Q_j</td><td colspan="6"></td></tr>
</table>

2. 地区间 E 型投入产出表

地区间 E 型投入产出表是在地区间投入产出表的基础上,根据对境外输入产品处理方式的不同而编制的一种投入产出表表式。地区间投入产出分析将在第 6 章介绍,故此处略去对地区间 E 型投入产出表的论述。

3. 世界投入产出表

世界投入产出表就是将整个世界作为研究对象,将各个国家或地区都以一定的角度纳入一个投入产出表。对照区域投入产出表,世界投入产出表可以划分为两个类型。第一种世界投入产出表是将整个世界经济作为一个整体,对该整体划分生产部门。这种表类似 A 型投入产出表,由于不存在境外部门,因此不需要进出口列。当世界国家间的经济交流越来越密切时,这种世界投入产出表也就越来越有意义。第二种世界投入产出表是一种地区间投入产出表,可以称为世界区域间投入产出表,如表 3-7 所示。

在世界区域间投入产出表中,因为各国家或地区间贸易中作为中间产品的部分被分离出来了,所以,在最终使用中,每个国家或地区出口到其他国家或地区的产品量总和就少于其总出口，出口的其余部分要从中间使用中计算。

从表 3-7 的一行向右观察，$X_{ij}^{\alpha\beta}$ 是地区 β 的部门 j 为生产总产出 Q_j^β 而消耗的地区 α 的部门 i 的产品的量；$Y_{ik}^{\alpha\gamma}$ 是地区 α 生产的产品 i 出口到地区 γ 作为 k 类最终使用的量；Z_{sj}^β 是地区 β 为了生产总产出 Q_j^β 而投入的 s 类最初投入的量。

表 3-7　世界区域间投入产出表表式

<table>
<tr><td colspan="3" rowspan="3"></td><td colspan="3">中间使用</td><td colspan="9">最终使用</td><td rowspan="3">总产出</td></tr>
<tr><td>地区 1</td><td>…β…</td><td>地区 m</td><td colspan="4">地区 1</td><td>……</td><td colspan="4">地区 m</td></tr>
<tr><td>1 … n</td><td>…j…</td><td>1 … n</td><td>居民消费</td><td>公共消费</td><td>固定资产形成</td><td>库存增加</td><td>……</td><td>居民消费</td><td>公共消费</td><td>固定资产形成</td><td>库存增加</td></tr>
<tr><td rowspan="3">中间投入</td><td>地区 1</td><td>1
⋮
n</td><td colspan="3" rowspan="3">$X_{ij}^{\alpha\beta}$</td><td colspan="9" rowspan="3">$Y_{ik}^{\alpha\gamma}$</td><td rowspan="3">Q_i^α</td></tr>
<tr><td>⋮
地区 α
⋮</td><td>⋮
i
⋮</td></tr>
<tr><td>地区 m</td><td>1
⋮
n</td></tr>
<tr><td>最初投入</td><td colspan="2">折旧基金
劳动报酬
生产税净额
经营盈余</td><td colspan="3">Z_{sj}^β</td><td colspan="10" rowspan="2"></td></tr>
<tr><td colspan="3">总投入</td><td colspan="3">Q_j^β</td></tr>
</table>

3.2　直接分解法编表系统工程

直接分解法是编制投入产出表的最直接方法，其以翔实的基层单位调查数据为基础，所以也称专项调查法。自开始编制投入产出表以来，我国长期采用这种方法。这里“分解”的含义是在实际中，企业作为基本统计单位，一般生产多种主要产品，不同产品甚至分属不同的产业，特别是大中型企业，往往同时生产几种甚至几十种不同质的产品，它们的投入构成不同。根据投入产出表产品部门的要求，需要将各种产品，按其性质划归到相应的产品部门中，并将各种投入分解到相应的产品投入构成中去。因为不同产品的生产存在共用投入，当其属于不同的投入产出表部门时，需要将共用投入按一定方式分解到不同的产品的投入向量中。

下面介绍中国投入产出表编制方法。

3.2.1 中国投入产出表编制的法律基础

作为一种国家行为，编制投入产出表要动用大量国家资源，其活动需要有一定的法律法规作保证。编制投入产出表作为一项统计工作，除了一般国家法律外，最直接的法律就是《中华人民共和国统计法》，再就是专门的国家行政规定。1987 年是我国正式定期编制投入产出表的开始，《国务院办公厅关于进行全国投入产出调查的通知》(国办发〔1987〕18 号)①就是后来历次投入产出表编制的法规基础。

我国从 1987 年开始，逢 2 和 7 年份，开展全国投入产出调查，同时编制全国投入产出基本表，逢 0 和 5 年份编制全国投入产出延长表。在 2020 年之前，延长表的部门数都比专项调查表要少，但 2020 年的表部门数没有减少。为了将投入产出表编制工作与经济普查工作相结合，提高国民经济核算和投入产出表编制的质量，节约资源，2022 年 11 月 17 日，国务院发布《国务院关于开展第五次全国经济普查的通知》(国发〔2022〕22 号)②，其中关于投入产出表编制作了如下规定：

> (二)普查目的。第五次全国经济普查是一项重大国情国力调查，将首次统筹开展投入产出调查，全面调查我国第二产业和第三产业发展规模、布局和效益，摸清各类单位基本情况，掌握国民经济行业间经济联系，客观反映推动高质量发展、构建新发展格局、建设现代化经济体系、深化供给侧结构性改革以及创新驱动发展、区域协调发展、生态文明建设、高水平对外开放、公共服务体系建设等方面的新进展。通过普查，进一步夯实统计基础，推进统计现代化改革，为加强和改善宏观经济治理、科学制定中长期发展规划、全面建设社会主义现代化国家，提供科学准确的统计信息支持。

根据国务院 2018 年修订发布的《全国经济普查条例》，我国的经济普查每五年进行一次。相信随着我国统计法治体系的逐步完善和人们对投入产出核算工作重要性认识的更加深入，投入产出表编制和应用的法治基础将会更加完善。

3.2.2 投入产出表编制的一般步骤

编制投入产出表是一项复杂的系统工程。对于一次性或定期进行的系统工程活动，其最后的成果是一个系统——物质的或理论的或数据信息的系统，通常包括六阶段和七步骤。六阶段包括：(1)规划阶段；(2)方案阶段；(3)研制阶段；(4)生产阶段；(5)运行阶段；(6)更新阶段。七步骤包括：(1)明确问题；(2)选择目标；(3)系统综合；(4)系统分析；(5)方案优化；(6)作出决策；(7)付诸实施。六个阶段的每一个阶段都是一个子系统工程，都有一个特定形式的成果，而每一个阶段都经过七个步骤。规划阶段制定系统工程活动的行动规划和战略思想方案；方案阶段的成果是目标系统的总体方案；研制阶段把总体方案的设想变成设计图纸；生产阶段是把设计图纸变成物质实体，即目标系统；运行阶段是将需要动态运动的目标系统以

---

① 国务院办公厅. 国务院办公厅关于进行全国投入产出调查的通知[EB/OL]. [2024-05-26]. http://www.gov.cn/xxgk/pub/govpublic/mrlm/201109/t20110907_64052.html.

② 国务院. 国务院关于开展第五次全国经济普查的通知. [EB/OL]. [2024-05-26]. https://www.gov.cn/gongbao/content/2022/content_5734802.htm? eqid=d0da89910001017a0000000664803b2c.

某种形式的动力启动,发挥其生产功能;更新阶段是对被持续使用的目标系统,当其使用一段时间后,或发生功能衰退,或不适应新的要求,从而需要进行维护或更新部件,甚至是主要部件。更新系统实际上是又一次系统工程活动。根据复杂程度的不同,每一个阶段的七个步骤可以简化或合并,而系统综合和系统分析不是截然分开的环节,可能需要交替反复多次形成一定的系统方案。方案优化是对可选的系统参数和不同类型的方案进行比较分析,给出优劣评价,在一定意义上属于系统分析的范畴。决策是选出唯一实施的方案,是由具有一定决定权的决策者个人或集体作出。

一项投入产出表编制系统工程的最终成果是形成一张或若干张投入产出表。以编制一份年度投入产出表为例,编表系统工程步骤包括下面五个阶段:准备、调查、编表、应用、总结。

1. 步骤 1:准备阶段

准备阶段是指正式投入产出专项调查开始前的阶段。

(1) 创造前提

投入产出调查需要大量经费,并需组织相关部门和企业的人力和物力,因此在做调查准备工作之前,需要主管部门及相关上层领导作出决定,拨付专项调查经费,并要求与调查相关的各职能部门配合,将投入产出调查作为一项重要的任务,列入工作计划,并形成正式文件。作为国家最高层次的文件,前面提到的国务院通知文件就是一个范例。

(2) 方案设计

方案设计是最关键的编表阶段,一切后续工作和资源需求都是基于对投入产出表目标方案的设计。投入产出表编制系统工程设计的内容通常包括:①确定编表年份;②确定投入产出表类型(实物型、价值型、实物价值型……)及表式设计;③编制部门分类目录;④设计调查方案和调查表,包括制定抽样调查、重点调查、典型调查和全面调查等方案;⑤编制工作进程、完成时间表等。

(3) 成立工作班子

投入产出调查需要多个部门的配合。在国家层面,必须由国家各有关部门派相关负责人联合组成领导小组,以领导和协调全国范围内的调查。此外,还要成立业务工作班子,以保证调查和数据处理的质量。其成员应包括经济、统计、计划、信息、计算机和数学等方面的人才,还必须有实际工作者参加。在企事业单位层面,也需要成立工作班子。由于企事业单位是调查实施的基本单位,不仅工作量大,而且对技术和质量的要求较高,需填报的资料涉及生产、技术、财会、供销、统计等多个方面。因此,为提高填报质量,被调查的大型企事业单位也应成立临时性的投入产出调查工作班子,加强对本单位填报工作的领导。

(4) 业务技术准备

投入产出专项调查的专业性较强,因此准备工作的充分性、参与调查人员对调查内容的熟悉程度等将直接关系到调查数据的质量。做好被调查的企事业单位的业务技术准备工作,大体包括人员培训、制定填报目录、确定资料整理格式方案等。

为了不影响正常工作,基层人员培训主要是由基层企事业单位自行组织,培训投入产出调查人员及有提供资料任务的相关人员。培训工作可以由参加过投入产出调查工作会议的专业人员负责讲授和辅导。培训内容主要涉及基层调查表表式及其填报说明、投入产出表部门分类代码以及与投入产出基层调查表相关的资料等等。制定填报方案主要是制定本企事业单位的填报方案,以明确工作进度和参加填报的部门及个人的具体任务等。

2. 步骤 2:调查实施阶段

调查实施阶段即获取原始数据的操作阶段。

根据可持续发展思想,做任何工作都应遵循节约原则。编制投入产出表要尽可能利用现有资料和常规统计资料,以较少的人力、物力、经费支出高质量完成工作。

虽然编制投入产出表所需数据庞大,现有的核算体系不满足投入产出分析对"纯部门"的要求,但仍须以现有的核算资料为基础,而不能完全依靠投入产出专项调查的数据。在我国现有的统计、会计等资料中,有相当多的资料经过必要的整理加工后就可以部分满足编表的需要。根据最新发展,投入产出调查与全国经济普查相结合,更要做好系统分析工作,尽可能避免重复工作。

调查实施阶段的内容包括入户调查(普查、典型调查、重点调查、抽样调查)、资料审查、资料整理、数据格式化汇总处理等。

3. 步骤 3:编制投入产出表阶段

在主调查工作完成后就进入正式编表阶段。

在信息时代,大量统计工作都逐渐实现了数字信息化、网络化,适合自动化编表。国家统计局在不断完善投入产出表编制系统。应用前面阶段的调查资料,可以编制出一个初步的标准化投入产出表。经过编表工作人员审核后,将初步投入产出表交由一些专家审查并征求其意见。专家可以根据专业常识和专门知识判断特定数据的准确性和合理性。收集好专家意见后,根据需要开展一些补充调查和原始数据再核查工作。

经过数据校正,最后根据投入产出表的性质要求进行模型校正(参见 3.4 与 3.5 节内容)。

4. 步骤 4:投入产出表应用阶段

编制投入产出表的最终目的是应用。近年来,编制完成投入产出表后,国家统计局及各地区都要开展专题应用研究活动,这极大地提高了投入产出统计的社会效益。

5. 步骤 5:总结鉴定与归档阶段

一项系统工程任务结束,进行总结活动是非常必要的,有利于积累经验,纠正偏误,不断进步。一次投入产出表编制工作的最后,要把有关文件整理存档。

3.2.3 调查后基本编表程序

投入产出表编制,即上述步骤 3 的流程可以分为六大方面。①

(1) 核算部门总产出

部门总产出是计算部门投入向量的基础。根据各类部门的生产活动特点和常规统计特点,部门总产出的核算对工业和其他部门采取不同的核算方式。

(2) 确定各部门中间投入构成

中间投入构成是计算部门投入向量的又一基础。机构单位的原始投入数据都是以购买者

① 国家统计局国民经济核算司. 中国 2017 年投入产出表编制方法[M]. 北京:中国统计出版社,2021.

价格记录的，所以编表的前期都是以购买者价格核算。又因为总值统计不可能遍及每一个总体单位，从而不可能简单加总得到总体部门的投入向量和各类最终使用向量，所以先通过重点单位的专项调查数据获得结构，然后用样本结构向量对总量值进行分配。

（3）核算各部门增加值及其构成

增加值核算是年度常规国民经济核算的任务，所以许多部门的增加值都可以直接从常规统计资料中获取。常规核算的部门划分和统计口径与投入产出表编制要求和原则不完全一致，有些部门的增加值需要根据进一步的统计数据进行再核算。

各部门的增加值构成要基于收入法核算原则，从有关统计、会计、业务核算等资料中综合核算。原始数据要进行投入产出专项重点调查获取增加值结构，然后通过增加值总量与结构推算得到部门增加值构成。

（4）核算最终使用及其构成

最终使用及其构成核算也是国民经济核算的常规任务。各类最终使用的构成主要根据国家统计局的住户调查资料、财政决算资料、固定资产投资专项调查资料、海关统计、国际收支统计及部分部门统计资料汇总核算。

（5）数据平衡与修订

由以上各项数据可以获得一个按照购买者价格核算的初步形式的投入产出表。在这张表中，由于总产出、中间投入、最终使用、最初投入分别从不同的途径计算而得，因此必然不满足投入产出表的行列平衡性要求，需要进行平衡修订。首先，对最终使用的构成进行审查，保证其合理性，对不合理的数据进行修正；其次，考察中间投入构成的合理性，特别注意重点系数，修正不合理的数据；再次，考察增加值构成的合理性；最后，若前述修正后依然没有达到平衡性要求，则通过数学模型（如 RAS 法）进行平衡。

（6）转换到生产者价格投入产出表

上述步骤获得的是一张基于购买者价格的投入产出表，为了获得生产者价格投入产出表，需要编制一个流通费用矩阵，以之从购买者价格投入产出表的第一和第二象限数据中扣除其中的流通费用并归于流通部门，而后即得一张基于生产者价格的投入产出表。

在国家统计局国民经济核算司每一次编表时编辑出版的《中国××××年投入产出表编制方法》中，对直接分解法编制投入产出表的方法、数据来源等有详细阐述，读者可以参考阅读。

3.3　投入产出表编制的基本技术

除了基本的统计技术外，在前述投入产出表编制流程中，应用的技术方法可以归纳为三大类，即总量控制技术、构成分解技术和数学模型技术。本节按总产出及各象限分别介绍相关总量控制技术和构成分解技术，后两节介绍数学模型技术。

3.3.1　总产出核算

总量控制法是提高编表效率和质量的重要方法论。投入产出技术的重要特征是能够展示经济系统的多种结构，但是在投入产出表编制时，总量和结构是分别核算的，然后通过二者计算出中间投入构成、最终使用构成和增加值构成①。投入产出表中的总量包括各部门总产出、增加值和各项最终使用(总居民消费、总公共消费、总固定资本形成、总出口、总进口)。准确核算总量可以把分量的核算误差控制在有限的范围内,不至于极端离谱。

对一个机构单位,总产出是其在既定时间内生产的可以向外部提供的全部产品量,在价值核算下是全部产品的市场价值。但是为了完整核算一个单位生产活动的总成果,对处于生产过程中尚未完成的半成品和在制品也要核算。投入产出表编制的基本统计单位是基层单位。产业部门总产出是基层单位产出的加总。

3.3.1.1 分部门生产者价格总产出

根据各部门的生产流程和部门统计特点,对不同产业部门的总产出按不同的方法确定,并转换成产品部门值。

根据国家统计局发布的《三次产业划分规定》,“第一产业是指农、林、牧、渔业”(不含农、林、牧、渔服务业),但是在投入产出表编制文件②中认定:农业部门即大农业包括农产品、林产品、畜牧产品、渔产品和农林牧渔服务5个部门,并且在42部门投入产出表中,这5个部门合为一个部门,即农林牧渔产品和服务。各类农业总产出的核算资料都来自国家统计局农村司编制的农林牧渔业总产值表,基本核算方法是“产品法”,即总产值等于产量乘价格,没有产量数据的直接以销售收入核算,个别没有市场价格的按照生产成本计算。农业部门总产值再加上商业部门代征的农产品税,就得到投入产出表中的农业总产值,其中,农产品税相关资料可从农税机构获得。

工业部门产品分类比较复杂,在2012年表中共93个部门,涉及41个国民经济行业大类,2017年表包括95个部门。为了既准确又经济地完成投入产出表编制调查,将工业统计单位首先划分为规模以上和规模以下工业企业两类,其中规模以上工业企业又分为大型、中型和小微型三类。工业总产出是在“分行业工业总产值汇总表”的基础上核算的。基础的工业总产值与生产者价格总产出存在差别,即相差一个销项税,这是因为在销售产品时,增值税是单列的,而生产者价格总产出包括增值税。

因为规模以下工业企业总产值统计是按照行业大类做的,为了与投入产出表的小类部门一致,将每个大类的总产值按照规模以上小微型企业的小类部门总产值比例进行分解获得规模以下工业企业分小类部门的总产值表。工业部门总产出核算的结果表现为一个工业总产出表(即3.5节推导法编表中的V表)。对于规模以上工业企业,因为行业统计的一个生产单位可能生产多种投入产出分类的产品,所以产出表的主栏(即上边栏)是SNA的产业部门分类,宾栏(即左边栏)是投入产出表的产品部门分类。将不同规模工业企业部门产出表加总获得基于生产者价格的“全部工业产出表”。

建筑业总产出的核算基础统计资料是“资质内建筑企业”。为了得到全部建筑业分部门总产出,通常利用最近年份的经济普查资料得到一个“普查年度资质内建筑企业总产出占全社会建筑业总产出的比例”,然后进行比例放大。以后在经济普查年份编制投入产出表,就可

① 所谓构成,就是指一个总量的组成分量。结构是指分量间的比例关系。

② 国家统计局国民经济核算司. 中国2012年投入产出表编制方法[M]. 北京:中国统计出版社,2014:5.

以直接核算各类建筑业的全社会总产出了。在经济普查年份 2018 年投入产出表中，建筑业包括六大类，分别是住宅房屋建筑，体育场馆和其他房屋建筑，铁路、道路、隧道和桥梁工程建筑，其他土木工程建筑，建筑安装，建筑装饰、装修和其他建筑服务。

对于其他服务业部门的总产出核算，有的有较好的行业统计基础，有的基础统计资料较差，有的是非营利性或以非营利性为主，分别采用合适的方法推算各部门的总产出，有的要利用经济普查资料，有的需要根据相关指标进行推算。计算这些部门的总产值需要利用多方面统计资料，包括职能统计部门的资料（国家统计局系统和部委统计系统）、行政管理资料（如财政决算资料）和会计决算资料（如银行、保险、运输等）。

3.3.1.2　购买者价格总产出计算

总产出统计首先获得的是生产者价格总产出，而初步投入产出表的第一和第二象限数据都是基于购买者价格的。为了进行总体平衡，国家统计局编制部门通常要先计算购买者价格的总产出控制数。

生产者价格总产出与购买者价格总产出的差额就是流通费用（核算方法参见 3.3.6）。初步投入产出表中已经确定的部门生产者价格总产出加上部门流通费用，即 Q_i+C_i，以此作为部门购买者价格总产出控制数。

3.3.2　中间投入及其构成核算

中间投入构成是投入产出表的核心，但现行的核算资料不能直接提供中间投入结构的资料，必须借助于投入产出专项调查，即通过投入产出重点调查，获得具有代表性的按购买者价格计算的产品部门的中间投入结构，再结合总量指标进行推算。对于工业部门，要进行自产自耗产品的分解还原，将中型工业企业各部门投入构成转换为产品部门投入构成，将消耗和产出数据调整为含增值税口径的数据。

对于农业部门，国家统计局有常规的“农林牧渔业中间消耗”统计，其中有中间投入总值和成本费用构成，在此基础上利用部分地区投入产出专项调查资料，计算各农业部门中间投入结构，以此结构分解中间投入总值，即得各农业部门中间投入构成。

对于工业部门，按规模以上大、中、小微型和规模以下工业企业分别核算。首先，根据工业企业成本费用统计数据计算出分小类的部门中间投入率；其次，基于已经计算出的分小类部门的总产值，将其乘以相应的中间投入率，得分小类部门的中间投入总值；再次，基于重点和典型调查获得各类工业企业的中间投入结构；最后，用各部门中间投入结构系数乘以相应的中间投入总值，即得分小类的全口径部门中间投入构成。特别注意的是，规模以下工业企业，其基础数据是按照大类统计的，计算时以分小类的规模以下工业企业总产出为权重进行比例分摊。将各类规模的部门中间投入加总得到全口径部门中间投入构成 I。全口径部门中间投入构成 I 不含销项税（即增值税），应按照部门增值税率予以调整，得到全口径部门中间投入构成Ⅱ。

表 3-8 显示了一个钢铁企业的中间投入构成。

对于建筑业各部门，首先利用已经核算出的总产出和增加值求得中间投入总量，再利用建筑业企业主营业务成本构成和期间费用构成调查数据核算出建筑业各部门中间投入结构，最后以中间投入总量乘以中间投入结构得到中间投入构成。

表 3-8　某钢铁企业产品部门的中间投入构成　　单位:万元

			企业工厂法总产值	产品部门的总产值构成				
				合计	黑色冶金冶炼及压延加工业	化学工业	机械制造业	电力及蒸汽热水生产和供应业
工厂法总产值			930	930	800	50	50	30
中间消耗	自产自耗产品	电力及蒸汽热水生产和供应业		30	20	5	5	
		炼焦业		40	40			
	外购材料消费	煤炭开采业	105	82	65	1	1	15
		黑色金属采选业	120	120	120			
		有色金属冶炼及压延加工业	25	25	25			
		电力及蒸汽热水生产和供应业	16	16	16			
		其他	354	348	280	35	30	3
	合计		620	661	566	41	36	18
增加值			310	269	234	9	14	12

其他服务业部门的中间投入构成核算都是首先利用总产出和增加值核算数据计算出中间投入总值,再利用投入产出专项调查统计数据计算出部门中间投入结构,最后用中间投入总量乘以中间投入结构得到中间投入构成。

3.3.3　增加值及其构成核算

农业部门的增加值是在总产出和中间投入总值已经算出的情况下,用总产出减中间投入总值求得的。因为农户和大多数农场的财务资料数据不完备或不符合增加值核算的要求,给区分劳动者报酬和营业盈余造成了一定困难,所以在过去的不同年份,对于这两项的核算采取了不同的处理方式。如在2012年投入产出表中,这两项统一算作劳动者报酬,而营业盈余记为0。在经济普查年份或某些年份,对农户的劳动报酬有时采取虚拟方法计算。首先,在有农业税的年份,生产税净额包括农业税,现在就只有烟叶税;其次,因为国家对农业实施补贴政策,结果导致农业生产税净额是一个比较大的负数。一般年份的农林牧渔业固定资产折旧根据农村住户抽样调查的农民家庭拥有的生产性固定资产原值按一定折旧率核算,2012年计算公式如下:

农林牧渔业固定资产折旧=(农村居民家庭每户拥有农林牧渔业生产性固定资产原值×乡村户数)×折旧率6.7%

工业增加值构成的核算有点复杂:一是涉及销项和进项增值税的加减,二是涉及与年度GDP核算数据的协调。我国年度GDP发布中的工业增加值是生产法增加值和收入法增加值的平均,投入产出表中的各工业部门增加值合计要与此数一致。

建筑业增加值的核算采用收入法,即分别核算劳动者报酬、生产税净额、固定资产折旧和营业盈余,然后加总得到建筑业各部门增加值。建筑业企业的统计分资质以内企业、资质以外企业、其他行业附属的建筑业生产活动和建筑业个体经营户分别统计。其中,营业盈余部分的核算比较复杂,需要将多种费用综合并加以调整。比如,2012年资质内总承包和专业承包建筑企业营业盈余=(营业利润-投资收益-公允价值变动收益)+工会经费×40%+销售费用、管理费用和财务费用中其他属于营业盈余的部分。所谓的调整针对的是金融中介服务费用。

其他服务业部门的增加值核算方法与建筑业增加值的核算方法类似,都是采用收入法,具体增加值构成项目的核算方法要考虑各部门的特点。规模以下企业和个体户的核算多根据规模以上企业的比例进行推算,有些还需要参考经济普查年份的数据计算比例系数予以调整。

3.3.4　最终使用及其构成核算

最终使用的总量核算数主要来自以支出法核算的国内生产总值计算资料,这是每年的常规统计中都有的,包括农村居民消费、城镇居民消费、政府消费(公共消费)、固定资本形成总额、存货增加、出口、进口和其他。

居民消费构成的相关资料来源于住户抽样调查和相关部门统计资料,如居民从工作单位获得的实物福利需要从各类单位部门的统计资料中核算求出。对于居民消费,还应包括农村居民和城镇居民对金融保险业的虚拟消费①,形成符合投入产出核算口径的居民消费数据。居民消费的构成一般是用从抽样调查获得的人均居民消费乘以相应人口年平均数求得。

政府消费即公共消费②的核算必须弄清楚三个概念:公共产品的生产、公共产品的使用和公共消费。首先,公共产品的生产在投入产出表账户中不仅仅是由政府部门生产的,如 1.6.9 节中所述,还是由教育、医疗卫生、文化等多个部门分别生产的。其次,公共产品的消费使用者不仅是居民住户,而且是全体机构单位,包括各类企事业单位。再次,公共消费是以公共资金对各类公共产品的购买,全部都记录在最终使用的公共消费即政府消费列中。因为公共产品生产单位的总产出是以生产成本计量的,所以各单位提供的公共产品的计算公式是:公共消费构成=对应公共产品生产单位的经常性业务支出-其市场性交易收入+固定资产折旧。统计中,因为公共产品生产单位包括各类行政、事业、民间非营利性组织,而经营性业务支出的统计数据来源是全国预算单位,所以需要一个换算系数,这个换算系数就是行政、事业、民间非营利性组织资产占全国预算单位资产的比重。国防服务也属于公共产品,但是是单独核算的,所以需要另外加上国防费经常性支出。

根据国家统计局的定义,“固定资本形成总额指常住单位在一定时期内的固定资产获得减处置的价值总额。固定资产是通过生产活动生产出来的,且其使用年限在一年以上、单位价

---

① 居民虚拟消费支出包括如下几种类型:单位以实物报酬及实物转移的形式提供给劳动者的货物和服务;住户生产并由本住户消费了的货物和服务,其中的服务仅指住户的自有住房服务(包括虚拟租金和虚拟折旧);金融机构提供的金融媒介服务;保险公司提供的保险服务。这些虚拟消费没有明确的货币支付,比如居民在银行存款、使用信用卡消费等等,实际上是隐性支付了的。单位的福利也是一种形式的劳动报酬。

② 国家统计局的定义:政府消费支出指政府部门为全社会提供公共服务发生的消费支出和免费或以没有显著经济意义的价格向居民提供货物和服务的净支出。前者等于政府服务的产出价值减去政府单位所获得的经营收入的价值,后者等于政府部门免费或以较低价格向居民住户提供的货物和服务的市场价值减去向住户收取的价值。这个定义是有缺陷的,除了名称容易产生歧义外,其中包括货物也是不正确的,作为公共消费的公共产品只能是服务。另外,说“为全社会提供公共服务发生的消费支出”也语义不清,因为作为公共产品的是公共服务,不是“消费支出”。

值在规定标准以上的资产，不包括自然资源、耐用消费品、小型工器具"。固定资本形成总额分为有形固定资本形成总额和无形固定资本形成总额。有形固定资本形成总额包括一定时期内完成的建筑工程、安装工程和设备工器具购置（减处置）价值，土地改良，新增役、种、奶、毛、娱乐用牲畜以及新增经济林木价值。无形固定资本形成总额包括矿藏的勘探、计算机软件等获得减处置。固定资产形成总额主要从固定资产投资统计资料和基层调查中获得或推算。存货增加总额可从国内生产总值核算资料中获得，但其结构需要借助于现有资料和重点调查进行推算。在统计中，存货增加等于常住单位在一定时期内存货实物量变动的市场价值，即期末价值减期初价值的差额，再扣除当期由于价格变动而产生的持有收益。

出口属于最终使用，进口通常不归在最终使用区域而与最终使用并列（参见表 3-2），但是净出口一般划到最终使用。将出口分为三大类：第一类是经海关出口的商品；第二类是为非常住单位提供的商品和服务，包括非常住单位在国内购买的商品（含饮食业），为非常住单位提供的货运服务、邮电通信服务和商业服务；第三类是其他服务出口。类似地，进口也分为三大类：第一类是经海关进口的商品，第二类是非常住单位提供的货运服务、邮电通信服务等，第三类是其他服务进口。第一类数据可从海关统计和国际收支统计中获得，但需要对其进行调整：一是进口数据需要加上关税；二是海关的进口、出口的数据分别是以 CIF（到岸价格）和 FOB（离岸价格）计算的，需要进行价格调整，以符合投入产出表的核算口径。第二、三类出口和进口的统计资料相对有限，主要根据《中国对外经济统计年鉴》中的"旅游外汇收入分类构成"、国家教育部门有关留学人员和学费标准资料、中国人民银行在华外资银行损益明细表、国际收支平衡表等资料进行推算。

3.3.5 构成分解技术

所谓构成分解，包括两个层次：一个是机构单位的数据分解，一个是汇总的总量层次的分解。机构单位的数据分解是当一个单位同时生产属于两个投入产出部门的产品时，一些共同投入，如管理费用、公共区域设施费用、共享后勤服务费用等需要被分解到不同产品的投入上。在早期，这些分解被调查单位自主分解后填到相关调查表上。在新的信息技术条件下，企事业机构单位只需要填写原始数据，分解在汇总层面，由国家和省统计局采用系统软件自动处理。总量层次的分解是指，因为对不同类型的企事业单位（在前述各部分核算中已遇到，比如规模不同）统计的细度不同，所以对统计较粗的单位部门的构成按照统计较细的单位部门的结构比例进行分解。

有的企业会生产一些自产自用产品（比如自用井水），在工厂法总产出核算原则下，因为这些产品不统计总产出，所以其投入要分解到核算总产出的各种产品上。分解或者是根据各产品对这种自产自耗产品使用量的比例，或者是根据各产品的产值比例。对于各种共用共享投入的分解，其也是根据各自特点而定：有的是根据产值比例，有的是根据劳动者人数或工资比例，还有的是根据某种投入使用量比例。

3.3.6 流通费用核算

我国投入产出表编制一般采用生产者价格，而产品使用统计常采用购买者价格，总产出统计一般采用生产者价格，所以就涉及生产者价格核算和购买者价格核算的转换，转换的关键就是流通费用总量及其构成核算。将以购买者价格编制的初步投入产出表的第一和第二象限构成的表称为购买者价格总产出分配表或矩阵。投入产出表编制中的流通费用处理问题的出发点就是这个矩阵，并分为两部分，分别是中间使用矩阵和最终使用矩阵。

3.3.6.1　流通费用总量核算

流通费用总量核算的目标是从生产者价格总产出转换到购买者价格总产出。流通费用总量的核算流程如下：

(1) 核算经济总体的流通费用总值

全社会流通费用的总值等于境内流通生产部门（即运输部门和商业部门）的总产出加上付给境外部门的流通费用（即流通部门进口）。因为生产部门在销售产品时也可能支付流通费用，这部分作为投入统计已经反映在初步投入产出表中，所以不能再从投入中扣除。全社会需要在购买者价格中扣除的流通费用总值计算公式如下：

全社会待扣除流通费用总值=境内所有流通部门总产出+运输费用总进口-初步投入产出表中流通部门行中已经核算的流通费用总值

上述流通费用包括中间使用和最终使用两部分。总流通费用是各类流通费用之和，记为 C。

(2) 确定流通费率

流通费率等于流通费用除以购买者价格产品价值。不同产品的流通费率不同。每个部门中间投入中包含的总流通费用等于使用的各类产品中包含的流通费用之和。各类最终使用中包含的流通费用也是如此。

商业类流通费率等于商业毛利（即售价减进价）除以销售收入。统计中，某种商品的商业费率等于毛利额除以营业收入，记为 r_{ik}，意为销售产品 i 的 k 类商业费率。

运输流通费率等于商品购买者对外支付的运输费除以购进商品总值。不同运输方式的费率可能不同，需要通过投入产出专项调查获取原始数据，记为 r_{ik}，意为产品 i 的 k 类运输费率，即购买产品 i 的购买者为单位购买者价格支付的运输费。

对于一种产品 i，其购买者价格总值的总流通费率计算公式如下：

$$R_i = \sum_k r_{ik} \tag{3-1}$$

应注意到，上述流通费率的计算不是根据一类产品的部门总产出计算的，通常是样本推算的结果。

(3) 基于生产者价格总产出核算部门流通费用

已知生产者价格总产出 Q_i 和流通费率 R_i，则购买者价格总产出就等于 $Q_i/(1-R_i)$；若已知流通费用 sz_i，则购买者价格总产出就等于 sz_i/R_i，于是应有

$$sz_i = \frac{R_i}{1-R_i}Q_i$$

前面已经指出，在初步得到的购买者价格投入产出表中，部分流通费用已经被单独列出，中间投入中的各种商品中不包含这部分商品的流通费用，因此，在计算流通费用使用的总产出中应扣除这部分产品，对部门产品 i 这部分量记为 sq_i，于是

$$sz_i = \frac{R_i}{1-R_i}(Q_i - sq_i) \tag{3-2}$$

(4)部门流通费用的正式核算

将式(3-2)计算的各部门流通费用加总一般并不等于步骤(1)算出的经济总体流通费用总值,这是因为二者的数据来源不同,式(3-2)中的流通费率还使用了样本推算。以步骤(1)核算出的流通费用总值为流通费用总控制数,以式(3-2)计算出的部门流通费用为基础计算流通费用总值在各部门的分配权重,则分部门流通费用控制数就是

$$C_i = C \times \frac{sz_i}{\sum_{i=1}^{n} sz_i} \tag{3-3}$$

部门生产者价格总产出加上部门流通费用,即 Q_i+C_i,就是部门购买者价格总产出控制数。

3.3.6.2 流通费用构成核算

在投入产出统计中,生产部门的购买者价格投入核算中包含了部分由生产者支付的流通费用,其已经计入了对相应流通部门的使用,但对其他部门产品的使用中,购买者价格仍然包含相当大比例的流通费用。这后一部分费用的分离在我国投入产出表编制中通常采用流通费用矩阵的方法。

(1)估计投入产出部门流通费用构成

$$C_{ik} = C_i \times \frac{r_{ik}}{R_i} \tag{3-4}$$

C_{ik} 是部门 i 生产中使用的流通部门 k 的服务的总值。C_{ik} 构成的矩阵可以称为流通部门总产出分配矩阵,行数与流通部门数相同。因为还要经过下一步的平衡调整,所以 C_{ik} 是初步流通部门总产出分配矩阵。

(2)平衡调整

设流通部门 k 的总产出是 Q_k。在平衡情况下应有 $Q_k = \sum_{i=1}^{n} C_{ik}$,但是,由于流通费率 r_{ik} 没有考虑这种平衡性约束,所以需要进行平衡调整。因为已经知道行和与列和,所以,最基本的调整方法就是 RAS 法(参见 3.4 节),并辅之以专家咨询法。经过平衡调整后,就获得了新的流通部门总产出分配矩阵。

(3)构建流通费用矩阵

流通费用矩阵与流通部门总产出分配矩阵不同,它是由各生产部门的购买者价格投入分离而得的矩阵,结构与投入产出表一致,加上最终使用各列,构成了完整的流通费用矩阵。

首先,从流通部门总产出分配矩阵可以获得某一流通部门的总产出分配行,以此为该类流通形式的总量控制数。其次,假定各购买者价格的中间使用和最终使用的同一种产品对一种流通形式具有相同的流通费率,对产品 i 流通部门 k,流通费率即为 r_{ik}。最后,分别以调整后的各产品部门对某一流通部门的外购流通费用为控制数,根据购买者价格表中该部门所在行中含流通费的各中间使用和最终使用项之间的比例分配对该流通部门的流通费用,将它们按顺序连接即可得到该流通部门的流通费用矩阵。

将各流通部门的流通费用矩阵中对应的元素相加，即为全社会的流通费用矩阵。

在编制完成的购买者价格投入产出表的基础上，扣除相应的流通费用，即可初步得到按生产者价格计算的投入产出表。

3.3.7　编表技术中的二难悖论

在投入产出技术的论述中，有时实际操作与理论会不一致，形成左右为难的窘境，称为二难悖论。其实，在不少社会科学应用情景中都存在类似问题，这是由理论的科学有限性与现实的复杂多样性矛盾决定的。

（1）同质性悖论

投入产出表理论要求，同一部门的产品应具有近似相同的投入结构，但在实际编表中，由于部门具有综合性，这一点常常很难满足。例如，现在的电力有火电、水电、光电、风电等等，它们的投入结构显然不同，但在投入产出表中，它们通常被归在同一个电力部门。实际上，从实际应用考虑，只要一个部门的投入结构具有相对的稳定性，即一定时间内变化不大，就可以用来分析相关的经济问题。

（2）生产性悖论

投入产出表的中间部门都需要由生产机构单位组成，但是，现实中存在两类困难问题：一是某些生产者虽然向社会提供产品，但是不能统计，如走私活动、非法生产活动、义务服务活动等等。二是家庭自产自用产品，特别是家务活动，这些产品活动从前述关于生产产出的规定性看是不属于社会生产的，应当属于消费活动，但是从细节考虑，对这些产品的使用减少了对同类社会产品的需求，在市场经济不发达的社会中占有很大的比例。以纯粹市场产品规则核算不发达非市场经济的总产出会出现估计不足的问题。

（3）资本性悖论

在以西方主流经济学为基础的应用经济学中，资本概念是非常不具有科学性的，造成一会儿说资本，一会儿说资产，一会儿说固定资产。在古典经济学范畴中，资本是市场生产者的投入，马克思给出了三种资本概念：货币资本、商品资本和生产资本。在投入产出表中，生产单位既包括市场生产者，又包括非市场生产者。对于具有企业性质的市场生产者，用资本概念还说得过去，但是对于如公立学校一类的非市场生产者来说，就不存在资本范畴。即使对于市场生产者，其总运用资本也不仅仅是固定资产形成的资本。所以，折旧是叫固定资产折旧还是固定资本折旧好，就没有明确的答案，最终使用中固定资本形成的“资本”其实也不一定是资本。

（4）价值悖论

对于价值型投入产出表，理论的阐述都是基于市场经济的，即将所有生产部门都假定为企业，但实际的投入产出表生产部门包括了大量的非市场生产活动。市场生产者的产品可以以市场价格统计，而非市场生产者的产品则没有市场价格，这就造成了价值统计口径的非一致性，在比较研究中存在难以解释的差异。即使对于市场生产者，对其总产出的统计也存在价格核算基准问题，单单是库存产品的计价就必须依赖主观选定的价格。所以，经济统计中的价值究竟有什么内涵？这个问题不仅是投入产出经济学的问题，而且是经济学应用中普遍存在的问题。

(5) 最终性悖论

在理论上,中间使用和最终使用的界限是分明的,为其他生产部门提供投入产品,其产品是中间消耗而被中间使用,但是,有些产品的最终性归属是武断的。传统的问题,如政府提供的公共服务,其不仅被居民家庭所享用,而且被企业机构所享用,在理论上被企业享用的部分应算中间使用。企业中的研发活动一般没有直接产品,所以其投入一般记为企业的中间投入,而改革后的 SNA 将研发活动的成果看作资本形成,将企业的研发活动独立为一个生产单位,于是就将原来登记在中间流量中的一个量又在最终使用和最初投入中分别记了一笔,结果是发达国家的 GDP 增加了一大部分。所以,最终性看来不具有绝对性。

3.4 投入产出表编制的平衡校正技术——RAS 法

根据前述步骤完成的投入产出表总表需要进行最后的校正与平衡。首先,逐一核对表中的每一个数字,看是否有严重偏离常态值的。对异常值的发现和调整一般只能人工手动操作,有些可能需要补充调查。其次,因为总产出、中间投入、增加值和最终使用是分别编制的,所以有可能不满足投入产出表的平衡关系要求,为此,在确认中间流量行列合计的情况下,可以先利用 RAS 法进行中间流量的平衡,然后再对最终使用和最初投入进行校正①。

3.4.1 RAS 法基本原理

在投入产出表的更新技术中,RAS 法的历史是最悠久的,且并不仅仅用于投入产出分析领域。RAS 法用于投入产出分析,有人认为是英国投入产出专家斯通等所做的工作②。

3.4.1.1 双比例平衡矩阵数学模型

RAS 法来源于数学中的双比例标度矩阵问题。设有矩阵 $\boldsymbol{A}=(a_{ij})_{n\times m}$、向量 $\boldsymbol{U}=(U_i)_{n\times 1}$ 和 $\boldsymbol{V}=(V_j)_{1\times m}$,欲求向量 $\boldsymbol{R}=(r_i)_{n\times 1}$ 和 $\boldsymbol{S}=(s_j)_{1\times m}$,使得 $\boldsymbol{C}=\hat{\boldsymbol{R}}\boldsymbol{A}\hat{\boldsymbol{S}}$,且 $\boldsymbol{Ce}=\boldsymbol{U}$, $\boldsymbol{e}'\boldsymbol{C}=\boldsymbol{V}$。此问题就是解如下的方程组:

$$\begin{cases} \sum_{j=1}^{m} r_i a_{ij} s_j = U_i \\ \sum_{i=1}^{n} r_i a_{ij} s_j = V_j \end{cases} \tag{3-5}$$

对于未知数$(r_i,s_j)$$(i=1,2,\cdots,n;j=1,2,\cdots,m)$,式(3-5)是一个 $n+m$ 元非线性方程组。一般情况下,不存在解析解,需要采用数值解法。在方程组相容的情况下,大都采用迭代法求解③。

---

① 如果无法合理实现完全平衡,即无法完全合理地消除对应行列的差额,则在最终使用后面增加一列——误差。这是国家统计局在 2017 年之前编制中国投入产出表时常用的做法。随着统计工作的逐渐完善,2017 年及以后的表中误差一列已经取消。

② LAHR M L, MESNARD L D. Biproportional techniques in input-output analysis: table updating and structural analysis[J]. Economic Systems Research, 2004, 16(2): 115-134.

③ PUKELSHEIM F. Biproportional matrix scaling and the iterative proportional fitting procedure[J]. Annals of Operations Research 2014, 215(1): 269-283.

3.4.1.2　RAS 法模型及求解

在投入产出表编制中,假设已经得到一个初步的 $n\times n$ 中间流量矩阵 $\bar{\boldsymbol{X}}$,并且已经得知准确的中间流量矩阵的行和等于列向量 $\boldsymbol{U}$,列和等于行向量 $\boldsymbol{V}$。现在的问题是如何修正 $\bar{\boldsymbol{X}}$,以得到一个新的中间流量矩阵 $\boldsymbol{X}$,使得 $\boldsymbol{X}$ 的行和与列和分别等于 $\boldsymbol{U}$ 与 $\boldsymbol{V}$。

显然,数学上,$\boldsymbol{X}$ 和 $\bar{\boldsymbol{X}}$ 并不存在直接联系。求 $\boldsymbol{X}$ 意味着存在 n^2 个未知数,但是,$\boldsymbol{X}$ 现在只有 $2n$ 个约束方程,构成一个方程组,即 $\boldsymbol{Xe}=\boldsymbol{U},\boldsymbol{eX}=\boldsymbol{V}$。因此,在这种情况下,$\boldsymbol{X}$ 不存在唯一解,而是有无穷多解。为了限制求解 $\boldsymbol{X}$ 的自由度,并紧密联系已知矩阵 $\bar{\boldsymbol{X}}$,人们就利用了数学中双比例标度矩阵问题的解法,构造出下面的数学模型:

$$\begin{cases}\hat{\boldsymbol{R}}\bar{\boldsymbol{X}}\hat{\boldsymbol{S}}\boldsymbol{e}=\boldsymbol{U}\\ \boldsymbol{e}'\hat{\boldsymbol{R}}\bar{\boldsymbol{X}}\hat{\boldsymbol{S}}=\boldsymbol{V}\end{cases}\tag{3-6}$$

从式(3-6)中解出 $\boldsymbol{R}$ 和 $\boldsymbol{S}$,然后令 $\boldsymbol{X}=\hat{\boldsymbol{R}}\bar{\boldsymbol{X}}\hat{\boldsymbol{S}}$,就得到正式的中间流量矩阵。这种方法在投入产出分析中被称为 RAS 法。之所以中间字母用 A,是因为其起始应用时是假定已知直接消耗系数矩阵 $\bar{\boldsymbol{A}}$。在已知 $\bar{\boldsymbol{A}}$ 的情况下求解 $\boldsymbol{R}$ 和 $\boldsymbol{S}$,还需要知道正式的总产出向量 $\boldsymbol{Q}$,由 $\boldsymbol{Q}$ 和 $\bar{\boldsymbol{A}}$ 求出一个初始中间流量矩阵 $\bar{\boldsymbol{X}}$,$\bar{\boldsymbol{X}}=\bar{\boldsymbol{A}}\hat{\boldsymbol{Q}}$。

RAS 法把求 n^2 个未知数的问题转化成求 $2n$ 个未知数的问题。RAS 法求解也必须应用迭代法。

设经过了 k 步迭代,得到矩阵 $\boldsymbol{X}^k$,该矩阵使得 $\boldsymbol{X}^k\boldsymbol{e}=\boldsymbol{U}$ 成立。令 δ 为某个小数,该小数反映了希望达到的精度。于是,RAS 法的求解步骤为:

(1)令 $\boldsymbol{S}^k=\boldsymbol{eX}^k\hat{\boldsymbol{V}}^{-1}$,若 $\|\boldsymbol{S}^k-\boldsymbol{e}\|\leqslant\delta$①,则停止迭代,令 $\boldsymbol{X}=\boldsymbol{X}^k$,否则,

(2)令 $\boldsymbol{X}^{k+1}=\hat{\boldsymbol{S}}^k\boldsymbol{X}^k$,

(3)计算 $\boldsymbol{R}^{k+1}=\boldsymbol{X}^{k+1}\boldsymbol{e}\hat{\boldsymbol{U}}^{-1}$,若 $\|\boldsymbol{R}^{k+1}-\boldsymbol{e}\|\leqslant\delta$,则停止迭代,令 $\boldsymbol{X}=\boldsymbol{X}^{k+1}$,否则,

(4)令 $\boldsymbol{X}^k=\boldsymbol{X}^{k+1}\hat{\boldsymbol{S}}^{k+1}$,重复步骤(1)—(3)。

利用电子表格(WPS 或微软 Excel)的规划求解工具,无须手动迭代,可以求出式(3-6)的解。

3.4.1.3　RAS 法解的数学性质

RAS 法在形式上纯粹是一种数学处理,但是其有一些性质具有良好的经济意义特性。

(1)唯一性:在数学上,方程组式(3-6)的解不唯一。若($\boldsymbol{R}$,$\boldsymbol{S}$)是一个解,那么,给定非零实数 α,($\boldsymbol{R}\alpha$,$\boldsymbol{S}/\alpha$)仍然是解。但目标表的中间流量矩阵 $\boldsymbol{X}$ 是唯一的,即修正结果是唯一的。

(2)保零性:基准表中为 0 的中间流量单元或直接消耗系数,目标表中仍为 0。

(3)不变性:RAS 法不改变中间流量矩阵的二次相对比。用公式表示:

$$X_{ij}=r_i\bar{X}_{ij}s_j,\ \frac{X_{ij}}{X_{kj}}\Big/\frac{X_{it}}{X_{kt}}=\frac{\bar{X}_{ij}}{\bar{X}_{kj}}\Big/\frac{\bar{X}_{it}}{\bar{X}_{kt}}\tag{3-7}$$

式(3-7)中各变量的相对位置:

X_{ij}	X_{it}
X_{kj}	X_{kt}

。

① $\|\boldsymbol{M}\|$ 表示矩阵 $\boldsymbol{M}$ 的模或范数,用于描述矩阵的“大小”。根据研究目的不同,可以定义不同的范数,如可以用矩阵元素绝对值的最大数作为其范数。

上述性质(1)使得 RAS 法具有可应用性。如果是不确定的多解,那就没有意义了。性质(2)使得修正不至于发生根本性的变化,使得不存在直接联系的两部门仍然不存在联系。性质(3)避免了一些极端的修正结果,这一性质对投入系数也成立。

3.4.1.4 RAS 法的基本应用与经济意义

RAS 法应用的基础数据是某个作为出发点的基准投入产出表及目标投入产出表的中间流量矩阵的行和向量(中间使用列)与列和向量(中间投入行),或者对应基准表的直接投入系数矩阵、目标投入产出表的最终使用矩阵及最初投入矩阵、总产出向量。RAS 法不仅用于专项调查法编表时的平衡调整,也用于利用间接数据编表,如基于已有年份投入产出表编制其他年份表,根据已有地区投入产出表编制其他地区投入产出表。在编制这类表时,作为基准表代表的经济总体要与目标表代表的经济总体尽可能相似。

RAS 法应用需获得目标表的增加值向量、最终使用向量和总产出向量。对这些数据,研究者的数据资源不同,会采取不同的估算方法。以公开数据《中国统计年鉴》为基础,在估算中遇到的问题有:(1)投入产出表的数据口径与一般统计资料有区别。例如,投入产出表的部门一般是纯产品部门,而统计资料中部门多为行业部门。(2)分部门中间使用合计等指标一般也不会直接出现在统计年鉴中,需要进行推算。(3)中间投入合计一般由总产出减增加值获得,所以需要估计投入产出表部门口径的总产出和增加值。

RAS 法的模型推导及求解过程完全是数学问题,没有涉及调整系数 $\boldsymbol{R}$ 和 $\boldsymbol{S}$ 的经济意义解释。在大多数文献中,$\boldsymbol{R}$ 被解释为替代系数或乘数,$\boldsymbol{S}$ 被解释为制造系数或乘数,即 r_i 反映中间投入产品 i 替代其他投入品或被其他投入品替代的程度,s_j 反映部门 j 的中间投入比重的变化程度。但是,这种解释其实没有可信度。因为从 $\boldsymbol{R}$ 和 $\boldsymbol{S}$ 解的非唯一性就否定了其独立的经济意义。另外,RAS 法实质是对流量的更新,不仅可以解释为对直接消耗系数的修正,同样可以解释为对分配系数的修正。

3.4.2 RAS 法发展

RAS 法利用的目标表信息只有中间使用合计向量和中间投入合计向量。实际上,有时除此之外,还能获得一些其他的有助于改进更新效果的目标表信息。如何将这些信息整合进 RAS 法程序,是 RAS 法发展的一个重要方向,由此形成的投入产出表修正更新方法都可以认为是改进 RAS 法。

3.4.2.1 基本改进 RAS 法

对于目标表,如果除 $\boldsymbol{U}$、$\boldsymbol{V}$ 外,还知道其他一些中间流量元素,那么,可以利用 RAS 法的保零性质改进修正结果。假定已知目标表的元素 X_{hk},基本步骤如下:

(1)从基准表 $\bar{\boldsymbol{X}}$ 中抠出元素 X_{hk},即令 $\bar{X}_{hk}=0$,得新基准表 $\bar{\boldsymbol{X}}^1$;

(2)令 $\boldsymbol{U}$ 的元素 U_h = 原 U_h 减 X_{hk},其余元素不变,得新的目标表行和向量 $\bar{\boldsymbol{U}}^1$;

(3)令 $\boldsymbol{V}$ 的元素 V_k = 原 V_k 减 X_{hk},其余元素不变,得新的目标表行和向量 $\bar{\boldsymbol{V}}^1$;

(4)对 $\bar{\boldsymbol{X}}^1$、$\bar{\boldsymbol{U}}^1$ 和 $\bar{\boldsymbol{V}}^1$ 应用基本 RAS 法,得矩阵 $\boldsymbol{X}^1$;

(5)根据 RAS 法的保零性质,必有矩阵 $\boldsymbol{X}^1$ 的元素 $X_{hk}^1=0$,以已知的 X_{hk} 替换 X_{hk}^1,得矩阵 $\boldsymbol{X}$,以此 $\boldsymbol{X}$ 作为正式中间流量矩阵。

以上方法可以同时用于已知多个目标表元素的情况。根据基本数学原理,RAS 法不仅可以用于方阵,还可以用于一般矩阵,因此也可以单独用于投入产出表第二象限和第三象限的修正,甚至可以用于全表的修正①。假设已知目标表的总产出向量,已知 GDP 核算收入法的劳动报酬总额、生产税净额总额、折旧总额和营业盈余总额,已知 GDP 核算支出法的各项,那么,将基准表的第四象限元素都置 0,得到一个扩展的投入产出表矩阵,然后应用基本 RAS 法就可以得到一个更新后的投入产出表。如果单纯使用基本 RAS 法作投入产出表更新,其误差必然较大,所以要尽可能使用额外的已知信息。如果没有额外的已知信息,其他任何方法都不可能得到误差进一步改善的投入产出表②。

3.4.2.2 三阶段 RAS 法——TRAS 法

如果除已知 $\boldsymbol{U}$、$\boldsymbol{V}$ 外,还有一些元素块的和(即目标表矩阵的一个子矩阵的元素总和)已知,将这些信息融合进 RAS 法程序,就会改善更新投入产出表的准确性。为了处理这些信息,Gilchrist 和 St. Louis(1999)提出了 TRAS 法③,即三阶段 RAS 法。基本步骤如下:

(1)设在不考虑已知块和的条件下,用基本改进 RAS 法得到矩阵 $\overline{\boldsymbol{X}}^k$(已经把已知单个元素的单元格置 0),满足目标表的行和与列和要求。

(2)设 $\overline{\boldsymbol{X}}^k$ 中与已知块和(设为 w)对应的元素构成的子矩阵是 $\boldsymbol{Z}^k$,求 $\boldsymbol{Z}^k$ 所有元素的和,设为 w^k,令 $w/w^k=t$。

(3)以 $t\boldsymbol{Z}^k$ 替换 $\overline{\boldsymbol{X}}^k$ 中的 $\overline{\boldsymbol{Z}}^k$,得新矩阵 $\overline{\boldsymbol{X}}^{k+1}$,此 $\overline{\boldsymbol{X}}^{k+1}$ 若已满足目标表的行和与列和要求,则终止计算,令 $\boldsymbol{X}=\overline{\boldsymbol{X}}^{k+1}$,否则,

(4)以 $\overline{\boldsymbol{X}}^{k+1}$ 为基准矩阵,使用基本 RAS 法,得新矩阵,记为 $\overline{\boldsymbol{X}}^k$,返回步骤(2)。

最后再将已知单个元素填回对应单元格,即得修正好的目标表。

应用 TRAS 法可以把少部门的投入产出表扩展为更多细分部门的投入产出表。比如,我国在专项调查年份编制的表都是 100 多个部门的大型表,而逢 5 逢 0 年份编制的延长表现在一般是 42 部门的中型表。应用 TRAS 法可以以最近年份的大型表为基准,将一个中型延长表扩展为大型表。

3.4.2.3 投入产出表更新的熵法——RAS 法的原理依据

在约束条件不足以给出唯一解的情况下,人们经常采用最优化方法求解自由变量,其中,方差最小就是常用的最优化准则。在投入产出研究中,方差最小化方法对变量取值范围难以控制,容易出现负值解或以极端值为解,比如使部分元素为 0,部分元素取上限值。Golan 和 Vogel(2000)给出了称为最小交叉熵的方法④,其原文是针对社会核算矩阵修订的,模型如下:

---

① 刘新建,杨茜,宋中炜. S-RAS 法及其在投入产出表部门拆分中的应用. 中国科学院科技论文预发布平台 https://chinaxiv.org/abs/202210.00054. [ChinaXiv:202210.00054V1]

② 万兴,范金,胡汉辉. 社会核算矩阵不同更新方法的比较研究[J]. 统计研究,2010,27(2):77-82.

③ GILCHRIST D A, ST LOUIS L V. Completing input-output tables using partial information: with an application to canadian data[J]. Economic Systems Research, 1999, 11(2):185-193.

④ GOLAN A, VOGEL S J. Estimation of stationary and non-stationary accounting matrix coefficients with structural and supply-side information[J]. Economic Systems Research, 2000, 12(4):447-471.

$$\min \boldsymbol{E} = \sum_{i=1}^{n} \sum_{j=1}^{n} a_{ij} \ln(a_{ij}/\bar{a}_{ij}) \tag{3-8}$$

$$\text{s.t.} \sum_{j=1}^{n} a_{ij} \boldsymbol{Q}_j = \boldsymbol{U}_i, i = 1,2,\cdots,n \tag{3-9}$$

$$\sum_{i=1}^{n} a_{ij} = 1, j = 1,2,\cdots,n \tag{3-10}$$

可以证明这种方法的求解结果与用 RAS 法求得的结果相同。实际上,如用 RAS 法求解,在投入产出表修订中可以直接从流量数据出发建立模型求解,模型如下:

$$\min \boldsymbol{E} = \sum_{i=1}^{n} \sum_{j=1}^{n} X_{ij} \ln(X_{ij}/\bar{X}_{ij}) \tag{3-11}$$

$$\text{s.t.} \sum_{j=1}^{n} X_{ij} = \boldsymbol{U}_i, i = 1,2,\cdots,n \tag{3-12}$$

$$\sum_{i=1}^{n} X_{ij} = \boldsymbol{V}_j,\ j = 1,2,\cdots,n \tag{3-13}$$

该模型解的必要条件是:存在 $r_\alpha, s_\beta(\alpha,\beta=1,2,\cdots,n)$,使得

$$X_{\alpha\beta} = r_\alpha \bar{X}_{\alpha\beta} s_\beta,\ \sum_{j=1}^{n} r_i \bar{X}_{ij} s_j = \boldsymbol{U}_i,\ \sum_{i=1}^{n} r_r \bar{X}_{ij} s_j = \boldsymbol{V}_j \tag{3-14}$$

式(3-14)正是 RAS 法的方程组。实际上,因为 $\ln(X_{ij}/\bar{X}_{ij}) = \ln X_{ij} - \ln \bar{X}_{ij}$,所以式(3-11)的目标函数也反映了目标表与基准表元素之间的距离,并且用目标表的元素作加权。这种距离称为信息距离。

上述模型的提出解决了 RAS 法的经济意义解释问题,RAS 法的解就是满足两个矩阵加权信息距离最小的解,也是使得两个投入产出表代表的经济具有某种相似性,即 RAS 法解的性质(3)反映的内容。这种模型使得投入产出表更新技术更加灵活,各种已知的信息可以通过更新约束条件予以融合。比如,可以为一些元素附加变化范围约束。当然,随着约束条件的增加,模型的求解会更复杂,还会出现相容性问题。不过,在强大的信息技术条件下,问题基本都可以得到解决。另外也可以看出,式(3-11)要求 $\bar{X}_{ij}$ 非零,但 RAS 法避免了这种要求。

3.5 供给使用表与推导法编表

供给表就是展示每一种产品的来源的表格,使用表是展示每一种产品的使用去向的表格。根据 SNA 2008,供给表和使用表是国民账户体系的基本组成部分。相对于其他账户以收入为主线,供给表和使用表关注生产和消费过程:产品从何而来,又如何被使用。供给使用表是一个强有力的工具,可用于比较和比对不同来源的数据,从而改进整个经济信息系统的一致性。它们可用于对不同市场和产业进行分析,也可以在此分量水平上进行生产率分析。如果供给使用表是使用基层单位数据编制的(通常就是这样),它们还有助于在 SNA 体系与其他经济统计数据之间建立联系。要编制投入产出表,必须经过编制供给表和使用表阶段。我国在 2012 年编制过 42 部门使用表和产出表,2017 年首次编制 SNA 标准的供给表和使用表。

3.5.1 供给表

供给表反映产品的来源:一个经济总体使用的产品有两个来源,一个是本经济生产单位所

生产，一个是从境外输入（以下简称进口）。对于境内产品的来源，统计对象是基层单位，同类基层单位组成产业部门。中国供给表的表式如表 3-9 所示。

表 3-9　中国供给表表式（按 SNA 生产者价格核算）

	农业	…	房屋建筑业	…	公共管理	产品部门总产出（生产者价格）	进口（到岸价格）	产品税调整	流通费用调整	购买者价格总供给
农产品										
⋮										
房屋建筑										
⋮										
公共管理服务										
产业部门总产出/合计										

表 3-9 的上表头是产品的来源部门，按 SNA 产业部门分类。中国 2017 年供给表有 60 个产业部门。产业部门的总产出基础数据来源于生产单位，所以按生产者价格统计。除了境内生产产品的供给，还有进口供给一列，以到岸价格计算。为了与使用表中按使用者价格计算的总产出相协调，在后面补加两列，分别是产品税调整列和流通费用调整列。最后一列是购买者价格总供给，等于境内总产出加进口加产品税加流通费用。表 3-9 的左边栏是产品部门，按纯产品分类划分部门，与同期编制的投入产出表同系列。最后一行，对于各产业部门是总产出，对于进口、产品税和流通费用是合计数或总额。

3.5.2　使用表

使用表反映各类产品的使用去向。产品的使用去向首先分为两大类：一类是境内生产单位使用即中间使用，一类是最终使用。最终使用包括居民消费、公共消费（政府消费）、资本形成和出口四项。居民消费和公共消费合称为最终消费。资本形成又分固定资本形成和存货变动。中国使用表的表式如表 3-10 所示，也按生产者价格核算。

表 3-10　中国使用表表式　（按 SNA 生产者价格核算）

<table>
<tr><th colspan="2" rowspan="3"></th><th colspan="6">中间使用</th><th colspan="7">最终使用</th><th rowspan="3">流通费用（商业毛利和运输费）</th><th rowspan="3">购买者价格总使用</th></tr>
<tr><th rowspan="2">农业</th><th rowspan="2">…</th><th rowspan="2">房屋建筑业</th><th rowspan="2">…</th><th rowspan="2">公共管理</th><th rowspan="2">中间使用合计</th><th colspan="2">最终消费</th><th colspan="2">资本形成</th><th rowspan="2">出口</th><th rowspan="2" colspan="2">最终使用合计</th></tr>
<tr><th>居民消费</th><th>公共消费</th><th>固定资本形成</th><th>存货变动</th></tr>
<tr><td rowspan="5">中间投入</td><td>农产品</td><td colspan="6" rowspan="5">第一象限</td><td colspan="7" rowspan="5">第二象限</td><td rowspan="5"></td><td rowspan="5"></td></tr>
<tr><td>⋮</td></tr>
<tr><td>房屋建筑</td></tr>
<tr><td>⋮</td></tr>
<tr><td>公共管理服务</td></tr>
<tr><td rowspan="4">最初投入</td><td>劳动者报酬</td><td colspan="6" rowspan="4">第三象限</td><td colspan="7" rowspan="4"></td><td rowspan="4"></td><td rowspan="4"></td></tr>
<tr><td>生产税净额</td></tr>
<tr><td>固定资产折旧</td></tr>
<tr><td>经营盈余</td></tr>
<tr><td colspan="2">总投入（生产者价格）</td><td colspan="6"></td><td colspan="7"></td><td></td><td></td></tr>
</table>

除了表头和左边栏的部门性质不同,表 3-10 与 A 型投入产出表相似,外加一个流通费用调整列。

SNA 中建议的供给使用表是按使用者价格编制的,我国与之不同,是按生产者价格编制的,这是因为编制流程不同。

3.5.3 推导法编制投入产出表

SNA 建议的方法是从供给表和使用表在一定的条件下推导出投入产出表。一般投入产出表的总产出和各象限都采用统一的价格编制。为了编制具有一致性的投入产出表,下面假定供给表和使用表都采用生产者价格编制。为了叙述方便,将供给表旋转 90°与使用表合成一张大表,如表 3-11 所示。

表 3-11 UV 表法表式

		产品部门	产业部门	最终使用	总产出
产品部门	1 2 ⋮ n	($\boldsymbol{X}$)	$\boldsymbol{U}$	$\boldsymbol{Y}$	$\boldsymbol{Q}$
产业部门	1 2 ⋮ m	$\boldsymbol{V}$	($\boldsymbol{W}$)	($\boldsymbol{M}$)	$\boldsymbol{G}$
最初投入		($\boldsymbol{Z}$)	$\boldsymbol{N}$		
总投入		$\boldsymbol{Q}'$	$\boldsymbol{G}'$		

在表 3-11 中,产品部门数为 n,产业部门数为 m;$\boldsymbol{X}$、$\boldsymbol{Y}$ 和 $\boldsymbol{Z}$ 是通常的投入产出表中的中间使用、最终使用和最初投入,$\boldsymbol{Q}$ 是生产者价格总产出,$\boldsymbol{U}$ 是使用表中的中间使用,$\boldsymbol{V}$ 是供给表中的境内生产供给(通常称为产出表),$\boldsymbol{W}$、$\boldsymbol{M}$ 和 $\boldsymbol{N}$ 是产业部门投入产出表的中间使用、最终使用和最初投入,$\boldsymbol{G}$ 是产业部门总产出。待解问题是:已知 $\boldsymbol{U}$、$\boldsymbol{Y}$、$\boldsymbol{V}$、$\boldsymbol{N}$、$\boldsymbol{Q}$ 和 $\boldsymbol{G}$,求 $\boldsymbol{X}$ 和 $\boldsymbol{Z}$。本书不讨论 $\boldsymbol{W}$ 和 $\boldsymbol{M}$ 的推导,读者可以自己尝试。相对于原始使用表和供给表,表 3-11 的改变是:$\boldsymbol{Y}$ 除了包含使用表中的最终使用外,供给表中的进口也以负数列入其中,以便统一处理;$\boldsymbol{N}$ 是使用表中的最初投入;表 3-11 中的所有已知数据都经过了价格调整,成为生产者价格体系下的数值。因为 UV 矩阵在推导法中具有关键作用,所以推导法也称为 UV 表法,或者基于供给表和使用表叫 SUT 法。

3.5.3.1 基本关系式

基本关系式就是与投入产出表基本关系式类似的行列平衡关系式。表 3-11 有八种基本关系式。

(1) 基于 $\boldsymbol{X}$ 的行向关系式

$$\sum_{j=1}^{n} X_{ij} + Y_i = Q_i, i = 1, 2, \cdots, n, \text{或 } \boldsymbol{Xe} + \boldsymbol{Y} = \boldsymbol{Q} \tag{3-15}$$

这是普通投入产出基本关系式。

（2）基于 U 的行向关系式

$$\sum_{j=1}^{m} U_{ij} + Y_i = Q_i, i = 1, 2, \cdots, n, \text{或 } Ue + Y = Q \tag{3-16}$$

令

$$b_{ij} = U_{ij}/G_j \text{或 } B = U\hat{G}^{-1}, U = B\hat{G} \tag{3-17}$$

B 称为产业部门对产品的投入系数矩阵，代入式(3-16)得到

$$\sum_{j=1}^{m} b_{ij}G_j + Y_i = Q_i, i = 1, 2, \cdots, n \text{ 或 } BG + Y = Q \tag{3-18}$$

（3）基于 V 的行向关系式

$$\sum_{j=1}^{m} V_{ij} = G_i, i = 1, 2, \cdots, m \text{ 或 } Ve = G \tag{3-19}$$

令

$$d_{ij} = V_{ij}/Q_j \text{ 或 } D = V\hat{Q}^{-1}, V = D\hat{Q} \tag{3-20}$$

其中，D 称为市场份额系数矩阵，代入式(3-19)得

$$\sum_{j=1}^{n} d_{ij}Q_j = G_i, i = 1, 2, \cdots, n \text{ 或 } DQ = G \tag{3-21}$$

（4）基于 W 的行向关系式

$$\sum_{j=1}^{m} W_{ij} + M_i = G_i, i = 1, 2, \cdots, m \text{ 或 } We + M = G \tag{3-22}$$

（5）基于 X 的列向关系式

$$\sum_{i=1}^{n} X_{ij} + Z_j = Q_j, j = 1, 2, \cdots, n \text{ 或 } X'e + Z' = Q \tag{3-23}$$

（6）基于 U 的列向关系式

$$\sum_{i=1}^{n} U_{ij} + N_j = G_j, j = 1, 2, \cdots, m \text{ 或 } U'e + N' = Q \tag{3-24}$$

将前述 b_{ij} 或 B 的定义代入式(3-24)得

$$\sum_{i=1}^{n} b_{ij}G_j + Z_j = G_j, j = 1, 2, \cdots, m \text{ 或} \langle eB \rangle G + Z' = G \tag{3-25}$$

（7）基于 V 的列向关系式

$$\sum_{i=1}^{m} V_{ij} = Q_j, j = 1, 2, \cdots, n \text{ 或 } V'e = Q \tag{3-26}$$

令

$$c_{ij} = V_{ji}/G_j, j = 1, 2, \cdots, n \text{ 或 } C = V'\hat{G}^{-1}, V' = C\hat{G} \tag{3-27}$$

C 称为产出系数矩阵或制造系数矩阵，代入式(3-26)得

$$\sum_{i=1}^{m} c_{ji}G_i = Q_j, j = 1, 2, \cdots, n \text{ 或 } C'G = Q \tag{3-28}$$

（8）基于 W 的列向关系式

$$\sum_{i=1}^{m} W_{ij} + N_j = G_j, j = 1, 2, \cdots, m \text{ 或 } W'e + N' = G \tag{3-29}$$

3.5.3.2 产品工艺假定条件下的推导

基于表3-11推导产品×产品投入产出表,要基于一定的假定关系。基本的假定关系有两种:产品工艺假定和产业工艺假定。产品工艺假定的意思是:同一种产品,在任何基层单位生产,即由任何产业部门生产都具有相同的投入系数。产业工艺假定的意思是:同一个基层生产单位,即同一个产业部门,生产任何产品都具有相同的投入系数。显然,这些假定对实际情况都是一种近似。为了叙述方便,假定产品部门数和产业部门数是相同的,都是 n。

设产品×产品投入产出表的投入系数矩阵是 $\boldsymbol{A}$,那么根据产品工艺假定,如果产业部门 j 生产的各种产品的量是 $\boldsymbol{V}_j$,那么它对各种产品部门产品的消耗量就是

$$\boldsymbol{U}_j=\boldsymbol{A}\boldsymbol{V}_j,j=1,2,\cdots,n \tag{3-30}$$

容易理解,$\boldsymbol{U}_j$ 就是 $\boldsymbol{U}$ 矩阵对应产业部门 j 的那一列形成的列向量①,而 $\boldsymbol{V}_j$ 就是 $\boldsymbol{V}$ 矩阵对应产业部门 j 的那一行形成的列向量,所以

$$\boldsymbol{U}=\boldsymbol{A}\boldsymbol{V}' \text{ 或 } U_{ij}=\sum_{k=1}^{n} a_{ik}V_{jk},i,j=1,2,\cdots,n \tag{3-31}$$

如果 $\boldsymbol{V}$ 是可逆的,则有

$$\boldsymbol{A}=\boldsymbol{U}(\boldsymbol{V}')^{-1}=\boldsymbol{B}\boldsymbol{C}^{-1},\ \boldsymbol{X}=\boldsymbol{A}\hat{\boldsymbol{Q}}=\boldsymbol{U}(\boldsymbol{V}')^{-1}\hat{\boldsymbol{Q}} \tag{3-32}$$

根据产品工艺假定可计算 $\boldsymbol{Z}$,即各产品部门的最初投入。以 $\boldsymbol{A}_Z$ 表示产品部门最初投入系数矩阵,$\boldsymbol{A}_N$ 表示产业部门的最初投入系数,通过与上面类似的推理,可得

$$\boldsymbol{A}_Z=\boldsymbol{N}(\boldsymbol{V}')^{-1}=\boldsymbol{A}_N\boldsymbol{C}^{-1},\ \boldsymbol{Z}=\boldsymbol{A}_Z\hat{\boldsymbol{Q}}=\boldsymbol{N}(\boldsymbol{V}')^{-1}\hat{\boldsymbol{Q}} \tag{3-33}$$

3.5.3.3 产业工艺假定下的推导

产业工艺假定初看很不合理,但对于有些产业有一定道理,如炼油厂生产的各种成品油的投入系数可以假定都相同。

在产业工艺假定下,对产业部门 i,其产出产品 j 是 V_{ij},该产出对各种纯产品的消耗是 $\boldsymbol{B}_iV_{ij}$,其中 $\boldsymbol{B}_i$ 是产业部门 i 的投入系数列向量。产品部门 i 的总产出是各个产业部门生产产品 i 的和,从而产品部门 i 对各种产品的投入也是各产业部门为生产产品 i 的投入向量之和,即

$$\boldsymbol{X}_j=\sum_{k=1}^{n}\boldsymbol{B}_kV_{kj} \tag{3-34}$$

于是

$$\boldsymbol{X}=\boldsymbol{B}\boldsymbol{V} \tag{3-35}$$

而

$$\boldsymbol{A}=\boldsymbol{X}\hat{\boldsymbol{Q}}^{-1}=\boldsymbol{B}\boldsymbol{V}\hat{\boldsymbol{Q}}^{-1}=\boldsymbol{B}\boldsymbol{D} \tag{3-36}$$

同理有[用到式(3-20)],

$$\boldsymbol{A}_Z=\boldsymbol{A}_N\boldsymbol{D},\ \boldsymbol{Z}=\boldsymbol{A}_Z\hat{\boldsymbol{Q}}=\boldsymbol{A}_N\boldsymbol{V}=\boldsymbol{A}_N\boldsymbol{D}\hat{\boldsymbol{Q}} \tag{3-37}$$

3.5.3.4 矩形表

在前面的推导法中假定了产业部门数与产品部门数相同,部门分类也相同,而在实际工作

---

① 类似于一般投入产出表中,$\boldsymbol{AQ}$=中间使用合计。

中，二者可以允许不相同，这样就产生了矩形 U 表和 V 表。比如，设产品部门数是 n 个，产业部门数是 m 个，这样，矩阵 $\boldsymbol{X}$ 是 n 阶方阵，$\boldsymbol{W}$ 是 m 阶方阵，$\boldsymbol{U}$ 是 $n \times m$ 矩阵，$\boldsymbol{V}$ 是 $m \times n$ 矩阵，$\boldsymbol{B}$ 是 $n \times m$ 矩阵，$\boldsymbol{D}$ 是 $m \times n$ 矩阵，$\boldsymbol{C}$ 是 $n \times m$ 矩阵。

在矩形表情况下，因 $\boldsymbol{C}$ 和 $\boldsymbol{V}$ 不是方阵，所以 $\boldsymbol{C}^{-1}$ 和 $\boldsymbol{V}^{-1}$ 不存在，所以产品工艺假定无法应用，只能应用产业工艺假定。

另外，在产品工艺假定下，$\boldsymbol{C}^{-1}$ 可能出现负系数，或应为零时却有较大的数。在产业工艺假定下，虽然不会出现负系数，但仍会出现不合理的流量，所以在推导出目标矩阵后，一定要进行核查，矫正不合理的情况。

3.5.4　混合工艺假定下的推导法

显然，无论是产品工艺假定还是产业工艺假定，都不能适用所有的生产单位。在生产中，与主产品同时存在的次要产品、联产品、副产品等的投入结构差异会很大。产品工艺假定对于大多数产品来说是适用的，但对于一些联产品则不适用，如独立水泥生产厂生产的水泥和热电厂利用废渣生产的水泥，其投入结构就不同。产业部门工艺假定对于联产品、副产品比较适用，如炼焦厂生产焦炭的同时又生产了化工产品、煤气等，其投入结构基本相同，因为焦炭是主产品，其他则是同时产生的副产品。在很多情况下，产业部门工艺假定和实际有较大的差别。比如，钢铁企业生产的焦炭，其生产过程和其主产品钢铁的生产显然不是同时进行的，投入结构有很大的不同。为了使推导法更符合实际，需要区分不同情况采用混合工艺假定。

3.5.4.1　混合工艺假定下的 UV 表

为了区分适用不同工艺假定的产业部门，对 V 表结构进行改造，将其分成两个部分（见表 3-12）：上部分产业部门适用产品工艺假定，主要包含次要产品的生产；下部分适用产业部门工艺假定，主要包含联产品和副产品的生产。U 表不变。理论上，虽然产品部门数可以不等于产业部门数，但是对于具有一定规模的经济而言，总是可以通过部门合并使得二者相等。所以，下面的讨论针对二者部门数相等的情况。

表 3-12　具有不同工艺假定的产出表

<table>
<tr><td colspan="2" rowspan="2"></td><td colspan="4">产品部门</td><td rowspan="2">产业总产出</td></tr>
<tr><td>1</td><td>2</td><td>…</td><td>n</td></tr>
<tr><td>适用产品工艺假定的产业部门</td><td>1
2
⋮
n</td><td colspan="4">$\boldsymbol{V}^1$</td><td>$\boldsymbol{G}^1$</td></tr>
<tr><td colspan="2">产品总产出</td><td colspan="4">$(\boldsymbol{Q}^1)'$</td><td></td></tr>
<tr><td>适用产业工艺假定的产业部门</td><td>1
2
⋮
n</td><td colspan="4">$\boldsymbol{V}^2$</td><td>$\boldsymbol{G}^2$</td></tr>
<tr><td colspan="2">产品总产出</td><td colspan="4">$(\boldsymbol{Q}^2)'$</td><td></td></tr>
</table>

3.5.4.2 产品×产品投入产出表的推导

表 3-11 与表 3-12 有如下关系式：

$$\begin{cases} V=V^1+V^2 \\ G=G^1+G^2 \\ Q=Q^1+Q^2 \end{cases} \tag{3-38}$$

在表 3-12 中，V^1 对应于适用产品工艺假定的产出分布，V^2 对应于适用产业工艺假定的产出分布。对于 V^1 和 V^2 分别定义产出系数矩阵 C^1 和 C^2、市场份额矩阵 D^1 和 D^2，即

$$(V^1)'=C^1\hat{G}^1,(V^2)'=C^2\hat{G}^2 \tag{3-39}$$

$$D^1Q^1=G^1,\ D^2Q^2=G^2 \tag{3-40}$$

已知产业部门的投入流量矩阵，希望推导产品部门的投入流量矩阵，方法就是把二者联系起来。

对于上部分，

$$G^1=V^1e=D^1Q^1,\ Q^1=(eV^1)'=C^1\hat{G}^1e \tag{3-41}$$

其中，Q^1 是各个产业生产的，其中产业部门 j 生产的部分是 V^1 的第 j 行 V_j^1，这些产出的中间消耗矩阵根据产品工艺假定是：$(X^1)^j=A\langle (V^1)_j\rangle$。而 $(X^1)^je=A\langle V_j^1\rangle e=A(V_j^1)'$ 就是产业部门 j 对各种产品部门产品的投入列，记为 U_j^1，所有 U_j^1 就构成了 G^1 对各产品部门产品的投入流量矩阵，于是，

$$U^1=A(V^1)'=B\hat{G}^1 \tag{3-42}$$

对于下部分，

$$G^2=V^2e=D^2Q^2,\ Q^2=(eV^2)'=C^2\hat{G}^2e \tag{3-43}$$

G^2 包含各种产品部门的产品，这些产品根据产业工艺假定具有同样的投入系数，这个投入系数就是矩阵 B 的一列。产品部门 j 的产品产出是 V^2 的一列，即 V_j^2，这一列可以看作产业部门的一个产出分量。根据产业部门工艺假定，它们与 G 有相同的投入系数矩阵，从而其对产品部门产品的消耗矩阵是：$(X^2)_j=B\langle V_j^2\rangle$。为生产产品部门的产品 j，对各种产品部门产品的投入列是：$(X^2)_je=B\langle V_j^2\rangle e=BV_j^2$，从而，整个产品部门的中间流量矩阵为

$$X^2=BV^2 \tag{3-44}$$

X^1 和 X^2 分别是 Q^1 和 Q^2 对应的投入流量矩阵，则 Q 对应的投入流量矩阵是：$X=X^1+X^2$。在 V^1 可逆的条件下，由式(3-42)可得

$$A=B\hat{G}^1((V^1)')^{-1}$$

于是，

$$X^1=A\hat{Q}^1=B\hat{G}^1((V^1)')^{-1}\hat{Q}^1 \tag{3-45}$$

$$X=B\hat{G}^1((V^1)')^{-1}\hat{Q}^1+BV^2 \tag{3-46}$$

实际上，可以分别利用 V^1 和 V^2 获得对称产品×产品投入产出表。前面已得到 $A=B\hat{G}^1[(V^1)']^{-1}$，这就仅利用了 U 表和 V^1 表的信息。在式(3-44)的等号两边分别乘以 $(\hat{Q}^2)^{-1}$ 可得：$A=BV^2(\hat{Q}^2)^{-1}$，这仅利用了 U 表和 V^2 表的信息。另外，进一步分析可以发现，无论是 3.5.3 节中标明单纯使用产品工艺假定和单纯使用产业工艺假定，还是这里标明使用混合工

艺法,实际上,都是在同时使用产品工艺法和产业工艺法。因为投入系数矩阵 $\boldsymbol{A}$ 本身就是产品工艺假定,即无论产品被什么部门生产,都使用 $\boldsymbol{A}$ 作为投入系数矩阵;而投入系数矩阵 $\boldsymbol{B}$ 就是产业工艺假定,即无论产业部门的什么产品都使用 $\boldsymbol{B}$ 作为投入系数矩阵。

为了充分发挥 $\boldsymbol{V}^1$ 和 $\boldsymbol{V}^2$ 的信息作用,可令 $\boldsymbol{A}^1=\boldsymbol{B}\hat{\boldsymbol{G}}^1((\boldsymbol{V}^1)')^{-1}$,$\boldsymbol{A}^2=\boldsymbol{B}\boldsymbol{V}^2(\hat{\boldsymbol{Q}}^2)^{-1}$,而总体的投入系数矩阵以各自的产品部门总产出比例加权而得,这样得到的流量矩阵就是式(3-46),而 $\boldsymbol{A}=[\boldsymbol{B}\hat{\boldsymbol{G}}^1((\boldsymbol{V}^1)')^{-1}\hat{\boldsymbol{Q}}^1+\boldsymbol{B}\boldsymbol{V}^2]\hat{\boldsymbol{Q}}^{-1}$。

习　题

1. 回答下列问题:

(1) 对于一个生产部门,如果中间投入率不变,那么,当劳动报酬系数提高时,经营盈余会发生什么变化?

(2) 对于一个生产部门,如果中间投入率不变,那么,当生产税率提高时,经营盈余会发生什么变化?

(3) 资本形成,特别是固定资本形成的经济意义是什么?

(4) 第一产业生产税净额为负,有什么含义?

(5) 公共消费列中,只有第三产业产品不为 0,为什么?

(6) 资本形成列中含有第三产业产品,为什么?

2. 说明供给-使用表与 UV 表的对应关系。

3. 从国家统计局网站下载最近两个年度的投入产出表,首先缩编为结构相同的 6 部门投入产出表,然后用这两个 6 部门投入产出表验证 RAS 法的结果误差情况。感兴趣的读者也可以验证大中型投入产出表的 RAS 法误差情况。

本章主要参考文献

1. 联合国,欧盟委员会,经济合作与发展组织,等. 2008 年国民账户体系[M]. 中国国家统计局国民经济核算司,中国人民大学国民经济核算研究所,译. 北京:中国统计出版社,2012.

2. 刘新建. 经济理论分析的投入占用产出模式[M]. 北京:科学出版社,2018.

3. 刘新建,刘海啸,房俊峰. 高等数量经济学[M]. 北京:科学出版社,2018.

4. 陈锡康,杨翠红. 投入产出技术[M]. 北京:科学出版社,2011.

第4章　投入产出技术的基本应用

投入产出分析又称为产业关联分析[①],对相关部门之间的关联关系的分析是投入产出技术应用的基本领域,是投入产出分析的基本特征。关联分析包括基本关联分析和综合关联分析两个层次。宏观经济分析的一个重要方式是计算多种经济乘数,如投资乘数,在投入产出分析中也可以构建系列乘数。另外,投入产出表这个信息库对经济系统的一个基本直接反映是其中的各种结构。结构分析是投入产出技术的一个最基本的应用。

4.1　结构分析与投入产出关联分析

表现部门间关联关系的最基本系数首先是直接消耗系数,扩展包括广义投入系数,其次是列昂惕夫逆系数和完全消耗系数,最后是直接分配系数和完全分配系数。影响力系数、感应度系数、推动力系数、诱发度系数和最终依赖系数是在基本关联系数基础上导出的衍生关联系数,是一种综合关联参数。下面首先描述投入产出表反映的基本结构信息,然后阐述关联分析。对于经济质量的分析来说,结构及其变化是最重要的信息。[②]

4.1.1　结构分析

投入产出表是一个二维表,因而从纵横两个方向可以计算一些结构向量。开型投入产出表有三个象限,每个象限都可以计算一些结构向量。

4.1.1.1　横向结构

投入产出表的横向包括两个部分:一个是由第一象限和第二象限构成的行结构,另一个是由第三象限构成的行结构。因为谈论结构就是表明一个整体是由多个部分组成的,就是分析多个组成的数量比例,所以结构的数量表示一般是一个向量,不过为语言简洁起见,常把向量二字略去。

由第一象限和第二象限构成的行结构的表示就是分配系数。前面提到的直接分配系数仅包括第一象限,广义的分配系数既包括第一象限反映的中间使用分配结构,也包括对最终使用的分配结构。在总量上,一种产品的中间使用率和最终使用率也形成一个结构向量。

当某种产品的中间使用率较大时,说明这种产品用于中间使用即作为生产资料使用的比例更大。这种比例的变化也反映了某种经济质量的变化。比如,我国的农产品中间使用率在过去是逐渐提高的,这说明农产品的加工深度不断提高,居民消费不再直接使用农产品,而是

---

① 在瑞典皇家科学院发布的诺贝尔经济科学奖新闻稿中,对投入产出分析给出了三种称谓:"the prize in economic sciences in memory of alfred nobel to the father of *input-output analysis*","for the development of the *input-output method* and for its application to important economic problems","Professor Leontief is the sole and unchallenged creator of the *input-output technique*"。

② 刘新建,王薇,李小文,等. 中国经济分析:2007—2017[M]. 秦皇岛:燕山大学出版社, 2023:30-97.

更多地使用经过加工的农产品,如食品工业产品。对煤炭产品的使用也可以反映这种趋势。当一种产品的出口比例不断增大时,说明这个经济这种产品的生产能力不断增大,除了满足本经济的需求外,还有较大能力用于出口,并且是获利的。当然,出口比例很大也不一定是好事,所以有时要加以限制,比如我国就加强了对稀土产品的出口管理。由此可知,对一个系数或比例的增大或减小,不能简单地评价其优劣好坏,而要从经济社会的整体需要出发评价。

对于最终使用,各项最终使用的总量也构成了一个结构向量。通常提到的拉动经济增长的三驾马车或四驾马车就是这种结构的反映。对于结构分析,最重要的是从变化趋势角度进行分析。

第三象限反映的行向结构,包括 4+1 行。4 行就是劳动报酬(部门)结构向量、生产税净额(部门)结构向量、固定资产折旧(部门)结构向量和经营盈余(部门)结构向量。劳动报酬结构向量也具有分配的意义,反映社会的全部劳动报酬在各个生产部门的分配情况。劳动报酬总量与劳动力使用量结合,可以对各个部门的劳动收入水平进行比较,也可以计算劳动力资源的生产部门分配。

生产税净额结构向量反映各个生产部门对公共财政收入的贡献情况,也说明公共财政收入的来源结构。

固定资产折旧结构向量反映了社会生产性固定资产的部门分布情况。根据这个结构信息可以分析社会经济结构重心,明确装备生产的重点方向。

经营盈余结构向量反映了社会剩余价值的部门分配情况。根据马克思经济学,每个生产部门创造的剩余价值并不完全归该部门所有,而是通过市场机制在各类生产部门间平均化分配(平均化不等于平均分配),经营盈余结构向量就是这种分配的结果。这种结果是否合理仍然要从整个社会的需要角度进行评价,而不是说市场作用的结果一定就是合理的。

第三象限的最后一行结构向量就是作为总量的增加值结构向量。增加值结构就是通常所说的产业结构,如三次产业结构一般就指增加值结构。

4.1.1.2 纵向结构

投入产出表的纵向结构也分两部分:一部分是由第一象限与第三象限构成的列向结构,另一部分是由第二象限构成的列向结构。

由第一象限和第三象限构成的列向结构就是广义的生产部门投入结构,既包括一般所说的直接消耗系数,也包括最初投入系数。中间投入率和增加值率构成的二维结构向量反映了一个生产部门的生产工艺性质。有一种观点认为,增加值率越高说明部门越先进,应该重点发展,这是错误的认识。造成增加值率高的原因有多种,如劳动密集程度高、垄断性强、固定资产投入大等,这些不一定是越高(大)越好。

第二象限的每一项都形成一个列向结构向量,反映了该项最终使用的产品结构。居民消费结构向量可以反映社会经济发展水平,如食品消费和非食品消费比例就提供了恩格尔系数信息。文化娱乐消费比例的提高反映了居民生活质量的提高,教育医疗消费比例可以反映居民的社会生活费用负担情况。

公共消费(即通常说的政府消费)结构反映了公共财政资源在各类公共服务部门的投入分配情况,其变化反映了政府的重点转移和财政调控方向。

根据一个经济的固定资产(本)形成结构及其变化可以分析该经济的未来发展方向。如土建工程形成的固定资产比例增大可能意味着房地产产业的加快发展或基本建设的增强,电子设备的产品比例增大可能意味着高技术产业的加快发展。

库存增量产品结构的变化既可以反映经济结构变化引起的产品需求变化,也可能反映产品的余缺水平。

进出口结构对一个国家的经济发展有非常重要的影响,反映一个国家在国际贸易中的比较优势及其变化。中国作为一个发展中大国,从以初级农产品出口为主,到现在已经发展为以机电产成品和成套设备出口为主,未来会进一步加大在高技术服务和知识产品上的出口。

4.1.1.3 产业结构

在投入产出技术框架内,以产出反映一个国家的产业结构有两个向量——总产出结构向量和增加值结构向量。这两个向量既不相同又密切联系。当一个经济的发展已经比较成熟或高度发达,那么这个经济的产业结构总体稳定,总产出表达的产业结构和增加值表达的产业结构都表现出稳定性,因而都可以反映其经济特征。当一个经济体处于高速增长阶段或处于产业革命与技术革命阶段,其产业结构将快速变化,总产出的产业结构和 GDP 的产业结构变化都很剧烈,且不同步。

经济系统的各个部分作为有机整体,不同结构变化具有相互关联性,其变化的一个重要的原因是受整体 1 的束缚。比如,国民总收入是 1,那么,社会中各个地区、各类成员哪一个或哪一部分占有的比例增大了,其他部分的比例就会减小;总产品中用于消费的比例增大,用于积累的比例就会减小,就可能影响增长速度;总产品用于出口的比例增大了,用于国内使用的比例就会减小。2.2 节中的结构关系定理已经说明了多种结构的相互依存关系。虽然不均衡不平衡是经常存在的,是常态,但是,向均衡和平衡趋向的力也是存在的,这种力量使得经济社会由不协调向协调发展。经济规律总是会为自己开辟道路。

4.1.2 基本关联系数

关联关系数量表示的简单形式是比例,复杂形式是非线性函数。比例关系一方面是总量关系,即单位自变量对应的因变量值,另一方面是边际关系,即自变量的单位变化量对应的因变量变化值。投入产出分析中的关联关系一般都是比例形式,直接投入系数和直接分配系数都既可作为总量关系,也可作为边际关系。

(1) 关联类别

经济系统中的关联从投入产出角度可以分为两类。以部门 j 为中心,如果部门 j 的产品被部门 k 在生产中使用,这种从部门 j 到部门 k 的关联就叫作部门 j 的前向关联。部门 k 是部门 j 的前向关联部门,同时,部门 j 是部门 k 的后向关联部门。如果部门 j 在生产中使用了部门 i 的产品,这种从部门 j 到部门 i 的关联就称为部门 j 的后向关联。部门 i 是部门 j 的后向关联部门,同时,部门 j 是部门 i 的前向关联部门。

部门 k 向部门 j 的后向关联强度可以用单位产品 k 的生产所需要的产品 j 的量表示。部门 i 到部门 j 的前向关联强度可以用单位部门 i 的某种量(如产品量)可以支撑的部门 j 的生产量表示。

(2) 投入系数

狭义的投入系数即直接消耗系数。直接消耗系数 a_{ij} 是后向关联系数,表示单位产品 j 在生产过程中消耗的产品 i 的数量。

广义的投入系数包括各项最初投入系数。最初投入系数也可理解为一种后向关联系数,是生产部门对非生产部门的后向关联。固定资产折旧系数表面看是对物质产品的消耗,其实是对资本所有者或生产部门所有者的支付,所以也是对非生产部门的后向关联。实际的固定资产损耗(即消耗)无法有形地体现在业务账户上,所以其补偿费用隐含在生产者的毛盈余中,准确值无法确定地核算。①

对于有直接关联的两个部门,其关系是前向关联和后向关联的统一体。对于同样的投入量 X_{ij},既是部门 j 对部门 i 的后向关联数,也是部门 i 对部门 j 的前向关联数。因此,对称于 a_{ij},可以用 $1/a_{ij}$ 表示部门 i 对部门 j 的前向关联强度,其意义是单位产品 i 可以支持的产品 j 的生产量。

(3) 分配系数

狭义的分配系数仅包括对中间使用的分配系数。直接分配系数 h_{ij} 可以看作前向关联系数,表示单位产品 i 被部门 j 使用的量,是指产品 i 的量。这个意义与 $1/a_{ij}$ 作为前向关联系数的意义不同,后者是单位产品 i 可以支持的产品 j 的产出,指产品 j 的量。

广义的分配系数包括对最终使用各项的分配比例。

(4) 完全消耗系数

完全消耗系数 b_{ij} 反映一个经济系统提供单位最终产品 j 需要(中间)消耗的产品 i 的数量,从产品运动方向角度可以看作产品 j 的后向关联系数。

完全消耗系数的倒数 $1/b_{ij}$ 的经济意义:在既定的经济系统中,(中间)消耗单位产品 i 可以提供的最终产品 j 的数量。注意这里是"可以提供",但消耗产品 i 不一定提供产品 j,也可能是生产其他产品,决定权在生产或经济决策者手中。$1/b_{ij}$ 具有前向关联系数意义。

(5) 完全分配系数

完全分配系数 g_{ij} 反映一个经济系统中的部门 i 获得 1 个单位的增加值需要部门 j 投入的中间成本。这里的前向关联与后向关联关系并不确定,因为部门 j 的中间投入是为了生产 1 个单位的部门 i 的增加值,这样看,从部门 j 到部门 i 是前向关联,而从部门 i 到部门 j 是后向关联。从系数的定义角度考虑,从部门 i 的单位增加值出发,g_{ij} 是需要部门 j 中间投入的值,因此,将其看作部门 i 的后向关联系数比较合适。完全分配系数与完全消耗系数类似,二者的

---

① 对固定资产消耗使用与补偿的理解:生产单位消耗中间投入之后,其产品的销售收入中应该包含对此部分的补偿,如果不能补偿,则无法继续再生产。对于固定资产的使用需要不断维护,如果不需要维护,那么就可以无限期使用,于是就不需要补偿。维护的费用属于另外增加的中间投入或增量固定资产(如大修理),维护延长了固定资产的使用寿命。但是,一般固定资产都有最终报废的结局。报废固定资产原始总价值等于最初的购买价格加上安装费用,加上日常维护费用,再加上大修理费用,到最后报废时,这些费用都必然得到了补偿,否则生产将不可持续。那么,何时报废呢?首先是无法发挥正常生产功能时;其次,当边际维护费用大于边际收益时;再次,有新的替代品且效率更高时;最后,因为其他原因必须停止生产时。

差别在于:前者是从增加值,即最初投入的角度考虑,后者是从最终使用的角度考虑。

4.1.3 综合关联系数

基本关联系数是关于两个部门之间的关联强度,综合关联系数是在基本关联系数的基础上进行加总或平均求得的关联系数。在 20 世纪 60 年代,有人用直接消耗系数的列和,即 $\boldsymbol{e'A}$ 表示后向联系,以行和,即 $\boldsymbol{Ae}$ 表示前向联系。[①] 实际上,$\boldsymbol{e'A}$ 即中间投入率,其对实物投入产出表没有意义。$\boldsymbol{Ae}$ 即中间使用率,价值投入产出表和实物投入产出表都可以计算。但是,能反映投入产出技术特征的是完全关联系数。现在普遍应用的综合关联系数主要有影响力系数和感应度系数,其次是诱发力系数和完全依赖度系数。推动力系数是新近提出的。

4.1.3.1 影响力系数

定义

$$\delta_j = \frac{\frac{1}{n}\sum_{i=1}^{n}\tilde{b}_{ij}}{\frac{1}{n^2}\sum_{j=1}^{n}\sum_{i=1}^{n}\tilde{b}_{ij}} = \frac{\sum_{i=1}^{n}\tilde{b}_{ij}}{\frac{1}{n}\sum_{j=1}^{n}\sum_{i=1}^{n}\tilde{b}_{ij}}, \quad j = 1,2,\cdots,n \tag{4-1}$$

δ_j 称为部门 j 的影响力系数。其实,$\sum_{i=1}^{n}\tilde{b}_{ij}$ 就反映了使用 j 产品的影响力,其意义为使用单位最终产品 j 需要在经济系统总体中生产的各部门总产出之和。

定义

$$\bar{\delta}_j = \sum_{i=1}^{n}\tilde{b}_{ij} \tag{4-2}$$

相对于 δ_j,$\bar{\delta}_j$ 可以称为部门 j 的绝对影响力系数,而 $\frac{1}{n}\sum_{i=1}^{n}\tilde{b}_{ij}$ 可以称为平均影响力系数,δ_j 是相对影响力系数。如果 $\delta_j=1$,部门 j 就具有平均大小影响力;如果 $\delta_j<1$,部门 j 的影响力相对较弱;如果 $\delta_j>1$,部门 j 的影响力就相对较强。因为 $\tilde{b}_{ij}$ 反映部门 j 的后向关联,所以,δ_j 和 $\bar{\delta}_j$ 也是后向关联系数。

因为在 $\tilde{b}_{ij}(i=1,2,\cdots,n)$ 中,除了部门 j 的总产出比中间使用多 1 个单位,其他部门的总产出都等于中间使用,所以用完全消耗系数定义影响力系数也不影响其经济评价意义,即可令

$$\bar{\delta}_j = \sum_{i=1}^{n} b_{ij} \tag{4-3}$$

同样,式(4-1)中的 $\tilde{b}_{ij}$ 也可以用 b_{ij} 代替。

4.1.3.2 感应度系数

关于感应度系数,有两种定义式,分别是基于列昂惕夫逆系数(即完全需要系数)和 Ghosh 逆系数(即完全感应系数)。

---

① 陈锡康,杨翠红. 投入产出技术[M]. 北京:科学出版社, 2011:42-43.

$$\theta_i = \frac{\frac{1}{n}\sum_{j=1}^{n}\tilde{b}_{ij}}{\frac{1}{n^2}\sum_{i=1}^{n}\sum_{j=1}^{n}\tilde{b}_{ij}} = \frac{\sum_{j=1}^{n}\tilde{b}_{ij}}{\frac{1}{n}\sum_{i=1}^{n}\sum_{j=1}^{n}\tilde{b}_{ij}},\quad i=1,2,\cdots,n \tag{4-4}$$

式(4-4)是基于列昂惕夫逆系数定义感应度系数。式(4-4)右侧的分子中，$\sum_{j=1}^{n}\tilde{b}_{ij}$ 的经济意义是：所有部门的产品都在最终使用中增加 1 个单位，部门 i 的总产出响应，从某种角度即部门 i 对最终使用需求的感应。以前是将此系数当作一种前向关联系数，但是从对称角度考虑，影响力系数从对部门 j 的单位最终需求出发，而这里作为部门 i 的前向关联系数，也是从单位最终产品 j 出发，使人感觉逻辑不顺。于是在 Ghosh 逆矩阵提出后，就考虑用完全感应系数定义感应度系数，以表达前向关联，如式(4-5)。

$$\theta_i = \frac{\frac{1}{n}\sum_{j=1}^{n}\tilde{g}_{ij}}{\frac{1}{n^2}\sum_{i=1}^{n}\sum_{j=1}^{n}\tilde{g}_{ij}},\quad i=1,2,\cdots,n \tag{4-5}$$

如前所述，完全分配系数作为后向关联系数之一更名正言顺，因而完全感应系数也是后向关联系数，所以，式(4-5)也不是前向关联系数。另外，从“感应”一词的词义考虑，以列昂惕夫逆系数定义的式(4-4)更合适，因为在式(4-5)中，部门 i 是主动的发动者，不是被动的感应者。不过，式(4-4)从关联意义上看也是后向关联。

4.1.3.3　推动力系数

为了定义前向关联系数，应从基本前向关联系数出发。前面指出，$1/b_{ij}$ 具有前向关联意义，同样，$1/\tilde{b}_{ij}$ 也具有前向关联意义，因此，定义前向关联系数①：

$$\theta_i = \frac{\frac{1}{n}\sum_{j=1}^{n}\beta_{ij}}{\frac{1}{n^2}\sum_{i=1}^{n}\sum_{j=1}^{n}\beta_{ij}} = \frac{\sum_{j=1}^{n}\beta_{ij}}{\frac{1}{n}\sum_{i=1}^{n}\sum_{j=1}^{n}\beta_{ij}},\quad \beta_{ij}=1/b_{ij},\quad i,j=1,2,\cdots,n \tag{4-6}$$

β_{ij} 的意义是部门 i 的单位总产出可以推动的最终产品 j 的量，$\frac{1}{n}\sum_{j=1}^{n}\beta_{ij}$ 的意义是部门 i 的单位总产出对各部门最终产品的平均推动量。从推动的意义解释，式(4-6)定义的前向关联系数可以称为部门 i 的推动力系数。② 对称地，影响力系数可以称为拉动力系数。

4.1.3.4　生产诱发系数和最终依赖度系数

基于投入系数的基本投入产出模型式(2-9)表达了总产出向量与最终使用合计向量的关系，如果用 $(Y_{ik})=\boldsymbol{Y}^k$ 表示第 k 项最终使用列向量($k=1,2,\cdots,m$)，则有 $\boldsymbol{Y}=\sum_{k=1}^{m}\boldsymbol{Y}^k$，于是，

---

① 刘新建，王薇，李小文，等. 中国经济分析：2007—2017[M]. 秦皇岛：燕山大学出版社，2023：42-43.

② 曾有人提出基于完全感应系数的推动力系数，见：刘起运. 关于投入产出系数结构分析方法的研究[J]. 统计研究，2002(2)：40-42.

$$Q = \widetilde{B}\sum_{k=1}^{m} Y^k = \sum_{k=1}^{m} \widetilde{B} Y^k \tag{4-7}$$

令

$$Q^k = \widetilde{B} Y^k \tag{4-8}$$

式(4-8)表示由某一项最终使用需求引发的总产出,称为最终使用 k 的生产诱发额向量,其元素 Q_i^k 称为最终使用 k 对部门 i 的生产诱发额或总产出诱发额。显然有:$\sum_{k=1}^{m} Q_i^k = Q_i$。

(1) 生产诱发系数

令 $\overline{\overline{Y}}^k = e'Y^k$,表示第 k 项最终使用的总值,将式(4-8)两边同时除以 $\overline{\overline{Y}}^k$,得

$$\gamma^k = \widetilde{B} f^k \tag{4-9}$$

γ^k 的元素 γ_{ik} 称为最终使用 k 的生产诱发系数或生产诱发度,表示在既定的最终使用 k 的产品结构下,单位最终使用 k 可以引致或诱发的部门 i 的总产出。f^k 是最终使用 k 的产品结构,即单位最终使用 k 中各类产品的占比。

令 $\Gamma = (\gamma_{ik})_{n\times m}$ 为生产诱发系数矩阵,$F = (f_{ik})_{n\times m}$ 为最终使用产品结构矩阵,则生产诱发系数矩阵的计算公式为

$$\Gamma = (\gamma_{ik})_{n\times m} = \widetilde{B} F \tag{4-10}$$

$\gamma_k = \sum_{i=1}^{n} \gamma_{ik}$ 反映了最终使用 k 按既定结构变动 1 个单位对经济总体各部门的拉动作用之和,称为最终使用 k 的生产诱发度。生产诱发度越大,该类最终使用的生产波及效果就越大。生产诱发系数和生产诱发度也是后向关联系数。

应用生产诱发系数可以计算为了生产给定某项最终使用总量,需要经济系统生产的各类产品总量,具有一定规划或预测意义。

(2) 最终依赖度

与生产诱发系数对称,根据生产诱发额还可以计算一个部门的单位总产出与最终使用的关系。令

$$\varphi_{ik} = \frac{Q_i^k}{\sum_{s=1}^{m} Q_i^s}, \quad i = 1,2,\cdots,n; \quad k = 1,2,\cdots,m, \quad \Phi^k = (\hat{Q})^{-1} Q^k = (\varphi_{ik})_{n\times 1} \tag{4-11}$$

其中,φ_{ik} 称为部门 i 对最终需求 k 的最终依赖度,即单位部门 i 的总产出中由最终需求 k 贡献的数量,或部门 i 的总产出中由最终需求 k 贡献的比例。显然,一个部门的各项最终依赖度之和等于 1,即

$$\sum_{s=1}^{m} \varphi_{is} = 1, \quad (i = 1,2,\cdots,n) \tag{4-12}$$

4.2 投入产出乘数

在基本投入产出模型中,严格分离中间使用和最终使用。最终使用是外生变量,因此被称

为开模型。当通过适当处理把全部或部分最终使用、最初投入与中间使用即中间投入并列综合分析时,就构成了投入产出闭模型或局部闭模型。用此类模型可以研究一些特定问题,特别是解决与宏观经济学乘数的关系问题。

4.2.1　投入产出闭模型

如果将投入产出表中的居民消费列与劳动报酬行对应,将公共消费列与生产税行对应,将资本形成列与经营盈余加折旧行对应,将出口列与从各类使用中拉出来的进口行对应,则得到一个投入产出闭模型。闭模型对应的投入产出表如下:

$$\begin{pmatrix} \boldsymbol{X} & \boldsymbol{EX} & \boldsymbol{C} & \boldsymbol{G} & \boldsymbol{F} \\ \boldsymbol{X}^{\mathrm{I}} & 0 & \boldsymbol{C}^{\mathrm{I}} & \boldsymbol{G}^{\mathrm{I}} & \boldsymbol{F}^{\mathrm{I}} \\ \boldsymbol{W} & \boldsymbol{W}_O & 0 & \boldsymbol{W}_G & 0 \\ \boldsymbol{T} & \boldsymbol{T}_O & \boldsymbol{T}_C & 0 & 0 \\ \boldsymbol{M}+\boldsymbol{D} & \boldsymbol{O}_S & \boldsymbol{C}_S & \boldsymbol{G}_S & \boldsymbol{F}_S \end{pmatrix} \begin{matrix} \boldsymbol{Q} \\ \boldsymbol{IM} \\ \widetilde{\boldsymbol{W}} \\ \widetilde{\boldsymbol{T}} \\ \widetilde{\boldsymbol{M}} \end{matrix} \tag{4-13}$$

在这个投入产出表中,第一行与原表相比,从 $\boldsymbol{X}$、$\boldsymbol{C}$、$\boldsymbol{G}$、$\boldsymbol{F}$ 中除去了进口产品;第二行记录从原来中间使用和最终使用中扣除的进口产品总量,去掉了进口列;第三行中,$\boldsymbol{W}$ 与原表相同,$\boldsymbol{W}_O$ 记录本国居民从境外获得的劳动报酬,$\boldsymbol{W}_G$ 记录居民通过政府获得的转移支付;第四行 $\boldsymbol{T}$ 与原表相同,$\boldsymbol{T}_O$ 记录政府通过进口产品获得的税费收入,$\boldsymbol{T}_C$ 记录政府从居民处获得的税费收入。

在式(4-13)的投入产出表中,有以下关系式:

$$\boldsymbol{X}+\boldsymbol{EX}+\boldsymbol{C}+\boldsymbol{G}+\boldsymbol{F}=\boldsymbol{Q}, \quad \boldsymbol{X}^{\mathrm{I}}+0+\boldsymbol{C}^{\mathrm{I}}+\boldsymbol{G}^{\mathrm{I}}+\boldsymbol{F}^{\mathrm{I}}=\boldsymbol{IM} \tag{4-14}$$

$$\boldsymbol{W}+\boldsymbol{W}_o+0+\boldsymbol{W}_G+0=\widetilde{\boldsymbol{W}}, \quad \boldsymbol{T}+\boldsymbol{T}_0+\boldsymbol{T}_C+0+0=\widetilde{\boldsymbol{T}} \tag{4-15}$$

$$\boldsymbol{M}+\boldsymbol{D}=\boldsymbol{Q}'-\boldsymbol{eX}-\boldsymbol{X}^{\mathrm{I}}-\boldsymbol{W}-\boldsymbol{T}, \quad \boldsymbol{O}_S=\boldsymbol{IM}-\boldsymbol{EX}-0-\boldsymbol{W}_O-\boldsymbol{T}_O \tag{4-16}$$

$$\boldsymbol{C}_S=\widetilde{\boldsymbol{W}}-\boldsymbol{C}-\boldsymbol{C}^{\mathrm{I}}-0-\boldsymbol{T}_C, \quad \boldsymbol{G}_S=\widetilde{\boldsymbol{T}}-\boldsymbol{G}-\boldsymbol{G}^{\mathrm{I}}-\boldsymbol{W}_G-0, \quad \boldsymbol{F}_S=0 \tag{4-17}$$

在上式中,$\boldsymbol{C}_S$ 是居民储蓄,$\boldsymbol{G}_S$ 是公共(政府)储蓄,而 $\boldsymbol{O}_S$ 是境外从本经济系统获得的净收入,相当于一种储蓄,$\boldsymbol{M}+\boldsymbol{D}$ 可以看作生产部门的初次储蓄。在满足投入产出表基本平衡关系的条件下,恒有 $\boldsymbol{F}_S=0$,这是国民账户体系中总储蓄等于总投资核算定律的反映。把最后一行相加,和记为 $\widetilde{\boldsymbol{M}}$,相当于总储蓄。虽然会发生各部门单位之间的借贷,但其代数和不变。

令

$$\widetilde{\boldsymbol{X}}=\begin{pmatrix} \boldsymbol{X} & \boldsymbol{EX} & \boldsymbol{C} & \boldsymbol{G} & \boldsymbol{F} \\ \boldsymbol{X}^{\mathrm{I}} & 0 & \boldsymbol{C}^{\mathrm{I}} & \boldsymbol{G}^{\mathrm{I}} & \boldsymbol{F}^{\mathrm{I}} \\ \boldsymbol{W} & \boldsymbol{W}_O & 0 & \boldsymbol{W}_G & 0 \\ \boldsymbol{T} & \boldsymbol{T}_O & \boldsymbol{T}_C & 0 & 0 \\ \boldsymbol{M}+\boldsymbol{D} & \boldsymbol{O}_S & \boldsymbol{C}_S & \boldsymbol{G}_S & \boldsymbol{F}_S \end{pmatrix}, \quad \widetilde{\boldsymbol{Q}}=\begin{pmatrix} \boldsymbol{Q} \\ \boldsymbol{IM} \\ \widetilde{\boldsymbol{W}} \\ \widetilde{\boldsymbol{T}} \\ \widetilde{\boldsymbol{M}} \end{pmatrix} \tag{4-18}$$

定义

$$\widetilde{\boldsymbol{A}}=\widetilde{\boldsymbol{X}}\hat{\widetilde{\boldsymbol{Q}}}^{-1} \tag{4-19}$$

将上式代入基本平衡方程,可得

$$(\boldsymbol{E}-\widetilde{\boldsymbol{A}})\widetilde{\boldsymbol{Q}}=0 \tag{4-20}$$

因为 $\widetilde{\boldsymbol{Q}}\neq 0$,所以 $\boldsymbol{E}-\widetilde{\boldsymbol{A}}$ 必然是一个奇异矩阵。设经济系统的生产部门划分为 n 个,则 $\widetilde{\boldsymbol{X}}$ 是 $n+4$ 阶的,所以可以得到 $n+4$ 个平衡方程。但是,因为行列存在平衡关系,所以最多有 $n+3$ 个方程是独立的。在一般情况下,可以从该方程组解出 $n+3$ 个未知变量。这一性质在投资乘数计算和价格模型中得到应用。

4.2.2 投入产出局部闭模型与投资乘数

投资乘数是宏观经济学的一个重要概念。在边际消费小于 1 的情况下,投资乘数通常会大于 1。在经典投入产出开模型中,增加投资(资本形成)虽然可以增加总产出,但是,由于在模型中,最终使用的增加总量就是投资总额,在平衡约束下,最初投入总值不会更多,即投资乘数恒等于 1。这种结果产生的原因是,在宏观经济学模型中,投资与消费联动,边际消费确定了二者的比例关系,二者合计等于 GDP,而在投入产出开模型中,资本形成和消费各自独立。为了在投入产出模型中表现投资乘数,需要构造一个局部闭模型。

把居民消费列和劳动报酬行与中间流量统一综合处理,即内生化,就形成了一种投入产出局部闭模型。为了更充分地解释居民消费所依据的收入来源,可以把经营盈余中分配给居民的毛利收入与劳动报酬合并作为居民总收入行,还可以如上述闭模型将政府所代表的公共消费和公共收入也纳入中间流量矩阵。

以 $\boldsymbol{A}^*$ 表示新模型的投入系数矩阵,$\boldsymbol{Q}^*$ 表示新模型的总产出向量(只是一个叫法,其中只有 $\boldsymbol{Q}$ 才是总产出),$\boldsymbol{F}^*$ 表示资本形成即投资向量,则新模型的解是

$$\boldsymbol{Q}^* = (\boldsymbol{E}-\boldsymbol{A}^*)^{-1}\boldsymbol{F}^* = \widetilde{\boldsymbol{B}}^*\boldsymbol{F}^* \tag{4-21}$$

则 $\boldsymbol{F}^*$ 变化形成的总产出变化就是:

$$\Delta\boldsymbol{Q}^* = (E-\boldsymbol{A}^*)^{-1}\Delta\boldsymbol{F}^* = \widetilde{\boldsymbol{B}}^*\Delta\boldsymbol{F}^* \tag{4-22}$$

将 $\boldsymbol{Q}^*$ 分成两块:$\boldsymbol{Q}^* = (\boldsymbol{Q}\ \boldsymbol{Q}_2)'$,$\boldsymbol{Q}$ 是传统模型中的生产部门,$\boldsymbol{Q}_2$ 是扩展的部门。相应地,$\boldsymbol{A}^*$、$\widetilde{\boldsymbol{B}}^*$ 和 $\Delta\boldsymbol{F}^*$ 也可以作相应的分块:

$$\boldsymbol{A}^* = \begin{pmatrix} \boldsymbol{A} & \boldsymbol{A}_{12}^* \\ \boldsymbol{A}_{21}^* & \boldsymbol{A}_{22}^* \end{pmatrix},\quad \widetilde{\boldsymbol{B}}^* = \begin{pmatrix} \widetilde{\boldsymbol{B}}_{11}^* & \widetilde{\boldsymbol{B}}_{12}^* \\ \widetilde{\boldsymbol{B}}_{21}^* & \widetilde{\boldsymbol{B}}_{22}^* \end{pmatrix},\quad \Delta\boldsymbol{F}^* = \begin{pmatrix} \Delta F \\ \Delta F_2 \end{pmatrix} \tag{4-23}$$

可以解得

$$\widetilde{\boldsymbol{B}}_{11}^* = [\boldsymbol{E}-\boldsymbol{A}-\boldsymbol{A}_{12}^*(\boldsymbol{E}-\boldsymbol{A}_{22}^*)^{-1}\boldsymbol{A}_{21}^*]^{-1},\quad \widetilde{\boldsymbol{B}}_{22}^* = [\boldsymbol{E}-\boldsymbol{A}_{22}^*-\boldsymbol{A}_{21}^*(\boldsymbol{E}-\boldsymbol{A})^{-1}\boldsymbol{A}_{12}^*]^{-1} \tag{4-24}$$

$$\widetilde{\boldsymbol{B}}_{12}^* = (\boldsymbol{E}-\boldsymbol{A})^{-1}\boldsymbol{A}_{12}^*\widetilde{\boldsymbol{B}}_{22}^*,\quad \widetilde{\boldsymbol{B}}_{21}^* = (\boldsymbol{E}-\boldsymbol{A}_{22}^*)^{-1}\boldsymbol{A}_{21}^*\widetilde{\boldsymbol{B}}_{11}^* \tag{4-25}$$

代入式(4-22)可求得

$$\Delta\boldsymbol{Q} = \widetilde{\boldsymbol{B}}_{11}^*\Delta\boldsymbol{F} + \widetilde{\boldsymbol{B}}_{12}^*\Delta\boldsymbol{F}_2 \tag{4-26}$$

显然,$\Delta\boldsymbol{F}_2 = 0$,即资本形成的构成中没有劳动报酬等最初投入类因素,于是

$$\Delta\boldsymbol{Q} = \widetilde{\boldsymbol{B}}_{11}^*\Delta\boldsymbol{F} \tag{4-27}$$

因为 ΔF 就是宏观经济学中的投资，所以，$\widetilde{\boldsymbol{B}}_{11}^{*}$ 就是投入产出分析中投资的总产出乘数矩阵，其元素 $\widetilde{b}_{ij}^{*}$ 表示投资品 j 增加 1 个单位需要部门 i 增加的总产出。在资本形成的产品结构没有变化，只有资本形成总值变化的情况下，令 $\boldsymbol{f}$ 表示资本形成的产品结构系数，$\overline{\boldsymbol{F}}$ 表示资本形成总值，则

$$\Delta \boldsymbol{Q}=\widetilde{\boldsymbol{B}}_{11}^{*}\boldsymbol{f}\Delta\overline{\boldsymbol{F}} \tag{4-28}$$

当 $\Delta\overline{\boldsymbol{F}}=1$ 时，$\Delta\boldsymbol{Q}=\widetilde{\boldsymbol{B}}_{11}^{*}\boldsymbol{f}$，因此，$\widetilde{\boldsymbol{B}}_{11}^{*}\boldsymbol{f}$ 可以称为总投资的总产出乘数向量，其元素表示投资总额增加 1 个单位可以引起的各部门总产出的增加量。

将总产出转换成增加值得

$$\Delta\boldsymbol{Z}'=\Delta\boldsymbol{Q}-\langle\boldsymbol{eA}\rangle\Delta\boldsymbol{Q}=(\boldsymbol{E}-\langle\boldsymbol{eA}\rangle)\widetilde{\boldsymbol{B}}_{11}^{*}\Delta\overline{\boldsymbol{F}} \tag{4-29}$$

其中，$(\boldsymbol{E}-\langle\boldsymbol{eA}\rangle)\widetilde{\boldsymbol{B}}_{11}^{*}$ 可以称为投资的增加值乘数矩阵，其元素(ij)表示作为投资品的产品 j 增加 1 个单位所带来的部门 i 的增加值增量。对应的 GDP 变化是

$$\Delta\mathrm{GDP}=\boldsymbol{e}\Delta\boldsymbol{Z}'=\boldsymbol{e}\Delta\boldsymbol{Q}-\boldsymbol{eA}\Delta\boldsymbol{Q}=\boldsymbol{e}(\boldsymbol{E}-\boldsymbol{A})\widetilde{\boldsymbol{B}}_{11}^{*}\boldsymbol{f}\Delta\overline{\boldsymbol{F}} \tag{4-30}$$

因而，$\boldsymbol{e}[\boldsymbol{E}-\boldsymbol{A}]\widetilde{\boldsymbol{B}}_{11}^{*}\boldsymbol{f}$ 可以称为总投资的 GDP 乘数，也就是宏观经济学中的投资乘数，表示增加 1 个单位的投资总额带动的 GDP 增加量。很显然，与宏观经济学相比，投入产出经济学认为，中间投入系数的变动可以影响投资乘数。$\boldsymbol{e}[\boldsymbol{E}-\boldsymbol{A}]\widetilde{\boldsymbol{B}}_{11}^{*}\boldsymbol{f}$ 也可以认为是在既定的经济技术条件和资本形成产品结构下，总投资与国内生产总值的比例。

根据增加值系数可以有

$$\Delta\boldsymbol{Z}'=\hat{\boldsymbol{\Phi}}_{Z}\Delta\boldsymbol{Q}=\hat{\boldsymbol{\Phi}}_{Z}\widetilde{\boldsymbol{B}}_{11}^{*}\Delta\boldsymbol{F}=\hat{\boldsymbol{\Phi}}_{Z}\widetilde{\boldsymbol{B}}_{11}^{*}\boldsymbol{f}\Delta\overline{\boldsymbol{F}} \tag{4-31}$$

$$\Delta\mathrm{GDP}=\boldsymbol{e}\Delta\boldsymbol{Z}'=\boldsymbol{e}\hat{\boldsymbol{\Phi}}_{Z}\widetilde{\boldsymbol{B}}_{11}^{*}\boldsymbol{f}\Delta\overline{\boldsymbol{F}}=\boldsymbol{\Phi}_{Z}'\widetilde{\boldsymbol{B}}_{11}^{*}\boldsymbol{f}\Delta\overline{\boldsymbol{F}} \tag{4-32}$$

实际上，由投资或资本形成变化引起的 GDP 变化可以按这样的步骤计算：首先由局部闭模型求出总产出变化，再求出中间投入变化，从总产出变化中减去中间投入变化即得增加值变化，将各部门的增加值变化加总即得 GDP 变化；也可以在求出总产出变化后求出中间使用变化，然后分别对总产出变化和中间使用变化加总，最后用加总的总产出变化减去加总的中间使用变化即得 GDP 变化。

局部闭模型可以进一步扩展，将公共部门和资本形成变成内生部门，从而构造出不同的乘数。如果用 B 型表框架，那么可以将境外部门也变成内生部门。不过，资本形成和进出口的结构有较大的不稳定性，限制了计算结果的应用意义。

4.3　扩展的完全系数的应用

扩展的完全系数包括四类最初投入的完全系数和其他生产关联物（如土地与其他资源的占用、能源和水的消耗、碳与其他污染物排放）的完全系数。扩展的完全系数概念在 2.3.2 节论述过，此处不再赘述。

4.3.1 最初投入完全系数分析

最初投入通常包括四项:劳动报酬、生产税减补贴、固定资产折旧、经营盈余,相应地,有完全劳动报酬系数、完全生产税系数或完全生产补贴系数、完全折旧系数和完全盈余系数。

(1) 完全劳动报酬系数

以 w_j 表示部门 j 的(直接)劳动报酬系数,$\boldsymbol{w}$ 表示劳动报酬系数行向量,则由式(2-31)可知,完全劳动报酬系数是

$$\Phi_w^j = \sum_{i=1}^{n} w_i \widetilde{b}_{ij}, \quad \Phi_w^{ij} = w_i \widetilde{b}_{ij}, \quad \boldsymbol{\Phi}_w = \boldsymbol{w}\widetilde{\boldsymbol{B}} = \boldsymbol{w}\boldsymbol{L} \tag{4-33}$$

Φ_w^j 的经济意义:为生产单位最终使用产品 j,需要全经济系统投入的劳动报酬。Φ_w^{ij} 的经济意义:为生产单位最终使用产品 j,需要本经济系统中的部门 i 投入的劳动报酬。Φ_w^j 也说明,在由单位最终使用产品 j 带来的单位 GDP 中劳动报酬占有的份额,因为劳动报酬是 GDP 的构成成分。

(2) 完全生产税系数与完全生产补贴系数

以 t_j 表示部门 j 的(直接)生产税系数,$\boldsymbol{t}$ 表示生产税系数行向量,则完全生产税系数是

$$\Phi_t^j = \sum_{i=1}^{n} t_i \widetilde{b}_{ij}, \quad \Phi_t^{ij} = t_i \widetilde{b}_{ij}, \quad \boldsymbol{\Phi}_t = \boldsymbol{t}\widetilde{\boldsymbol{B}} = \boldsymbol{t}\boldsymbol{L} \tag{4-34}$$

Φ_t^j 的经济意义:为生产单位最终使用产品 j,需要全经济系统生产单位缴纳的生产税。Φ_t^{ij} 的经济意义:为生产单位最终使用产品 j,需要本经济系统中的部门 i 缴纳的生产税。与完全劳动报酬系数类似,Φ_t^j 也说明,在由单位最终使用产品 j 带来的单位 GDP 中生产税占有的份额。

完全生产补贴系数有类似的经济意义,但是,补贴是政府以公共收入对各生产部门的支付,其功能是提高了获得补贴的生产单位的利润水平,具有激励生产活动的政策意义,而税在正常范围内是生产单位必须付出的投入,是对公共产品的支付,是政府的收入。超过正常水平的税是政府对生产单位的惩戒,是为了抑制其生产行为。

(3) 完全折旧系数

以 d_j 表示部门 j 的(直接)折旧系数,$\boldsymbol{d}$ 表示折旧系数行向量,则完全折旧系数是

$$\Phi_d^j = \sum_{i=1}^{n} d_i \widetilde{b}_{ij}, \quad \Phi_d^{ij} = d_i \widetilde{b}_{ij}, \quad \boldsymbol{\Phi}_d = \boldsymbol{d}\widetilde{\boldsymbol{B}} = \boldsymbol{d}\boldsymbol{L} \tag{4-35}$$

Φ_d^j 的经济意义:为生产单位最终使用产品 j,需要全经济系统投入的固定资产折旧或提取的折旧基金。Φ_d^{ij} 的经济意义:为生产单位最终使用产品 j,需要本经济系统中的部门 i 提取的折旧基金。与完全劳动报酬系数类似,Φ_d^j 也说明在由单位最终使用产品 j 带来的单位 GDP 中固定资产折旧占有的份额。

再次强调,不要将折旧理解为直接的固定资产消耗。固定资产的损耗和补偿不同步,折旧提取的量不是纯客观的,具有强烈的政策属性。在经营上,折旧基金是生产单位的收入,属于毛盈余。不过粗略地说,如果生产单位最终使用产品 j 需要的折旧越大,即完全折旧系数就越大,说明这种产品的生产使用的固定资产就越多,也就意味着这种产品的生产具有相对资本密集性。

(4) 完全盈余系数

以 m_j 表示部门 j 的(直接)经营盈余系数,$\boldsymbol{m}$ 表示盈余系数行向量,则完全盈余系数是

$$\Phi_m^j = \sum_{i=1}^{n} m_i \tilde{b}_{ij},\ \Phi_m^{ij} = m_i \tilde{b}_{ij},\ \boldsymbol{\Phi}_m = \boldsymbol{m}\widetilde{\boldsymbol{B}} = \boldsymbol{m}L \tag{4-36}$$

Φ_m^j 的经济意义:为生产单位最终使用产品 j,全经济系统各生产单位获得的盈余之和。Φ_m^{ij} 的经济意义:为生产单位最终使用产品 j,本经济系统中的部门 i 获得的盈余。与完全劳动报酬系数类似,Φ_m^j 也说明,在由单位最终使用产品 j 带来的单位 GDP 中生产者盈余占有的份额。经营盈余对于企业来讲就是利润,所以,完全盈余系数也说明,对于生产最终使用产品 j,各类生产单位可以占有的收入份额。由此可以分析,不同最终产品的生产是更有利于劳动者还是更有利于资本所有者。当然,这种有利地位是由包括市场机制在内的多种因素决定的。

在实际分析研究中,应将经济系统作为一个整体,考察各个部分的关联性。比如,将四种或多种最初投入放在一起统一比较分析,不仅作静态分析,还作比较静态分析。

4.3.2 完全能耗系数和完全耗水系数分析

自然资源和经济资源在各个国家和各个地区的分布都很不平衡。在国家经济交往中,不仅要利用好国家或地区的比较优势,也要注意保护短缺资源。当代,西方发达国家经常指责发展中国家消耗资源多,资源利用效率低,环境破坏严重,但是西方发达国家又不轻易将高级环保技术转移给发展中国家或落后国家,还想向发展中国家的产品收取碳税等环保税。但实际上,发达国家通过转嫁生产成本间接消耗了更多的资源。在国际贸易中,进出口产品实际上都隐含着资源的转移。投入产出完全系数可以帮助分析最终使用的完全资源含量。

(1) 完全能耗系数

以 N_j 表示部门 j 的直接能耗系数,$\boldsymbol{N}$ 表示直接能耗系数行向量,则完全能耗系数是

$$\Phi_N^j = \sum_{i=1}^{n} N_i \tilde{b}_{ij},\ \Phi_N^{ij} = N_i \tilde{b}_{ij},\ \boldsymbol{\Phi}_N = \boldsymbol{N}\widetilde{\boldsymbol{B}} = \boldsymbol{NL} \tag{4-37}$$

Φ_N^j 的经济意义:为生产单位最终使用产品 j,全经济系统各生产单位消耗的能源之和。Φ_N^{ij} 的经济意义:为生产单位最终使用产品 j,本经济系统中的部门 i 消耗的能源。因为有各种能源形式,所以,能耗分析一是直接分析对单一某种能源形式的消耗,其计量单位用该种能源的通常单位即可;二是分析对多种能源形式的综合能耗时,要换算为某种标准能源单位,如通常用的标准煤单位①。

设某一项最终使用列向量是 $\boldsymbol{Y}^k$,则应用公式 ${}_N^k\boldsymbol{\Phi} = \boldsymbol{N}\widetilde{\boldsymbol{B}}\boldsymbol{Y}^k = \boldsymbol{NLY}^k$ 可计算 $\boldsymbol{Y}^k$ 造成的综合能源消耗量。若 $\boldsymbol{Y}^k$ 是出口列向量,那么 ${}_N^k\boldsymbol{\Phi}$ 就是由出口造成的能源总消耗量。如果 $\boldsymbol{Y}^k$ 是居民消费

① 由于煤炭、石油、天然气、电力及其他能源的发热量不同,计量单位不同,物质纯度也不同。为了使不同能源量能够相互比较,综合计算、考察国民经济各部门的能源消费量及其利用效果,通常采用标准煤这一标准折算单位。标准煤是指热值为 7 000 千卡/千克的煤炭。我国常用的能源与标准煤的单位重量折算比率:原煤 0.714,原油 1.429。天然气按每立方米 9 310 千卡计算,折合标准煤 1.33 千克。水电按历年火电标准煤消耗定额折合计算。(陈海红,李鹏程,王中航. GB/T 2589—2020《综合能耗计算通则》国家标准解读[J]. 标准科学,2021(12):107-111.)

列向量，那么${}^{k}_{N}\Phi$就是居民消费对能源的完全综合能耗，除以居民总数就是平均每人能源综合消耗。通过包含能源消耗量的世界投入占用产出表，就可以计算和比较不同国家居民的人均综合能耗。由于居民住户也是能源的直接消耗单位，所以，在计算出完全综合能耗后，应再加上居民的直接能耗。

(2) 完全耗水系数

完全耗水系数的计算公式在形式上与完全能耗系数相似，但是，对于经济系统中的水消耗，首先应区分一些概念。① 在生产过程中，用水不一定消耗，或不一定全部消耗，比如冷却水会被循环使用，所以，对用水一般区分为复用水和新鲜水，另外可以附加污排水，这样就形成了一个水的使用闭环。在企业水的使用上，现在提倡和鼓励零排放（当然是近似）。基于水的这种利用特征，对最终产品的生产用水计算就需要更加谨慎，完全耗水应以新鲜自然水的完全消耗系数计算。

自来水是通过对自然水的加工生产出来的，需要以自然水为“原料”，因此，直接使用自来水时就间接使用了自然水。在全经济系统中，大多数部门使用的都是“加工水”或“工程水”。“加工水”与“工程水”都是一种水产品，其生产都要以自然水为“原料”。当计算出口产品的含水量时，应以国内自然水资源的完全消耗度量。

习　题

1. 从2019年12月到2023年5月，新冠疫情给世界经济造成了巨大的破坏，我国经济也损失严重。请说明如何用投入产出技术分析我国经济的损失情况，并画出一个年度投入产出表框架。

2. 请说明如何应用投入产出技术研究小汽车消费对大气污染的影响。

3. 下表是某国一个三部门投入产出表（单位：亿元）。

	第一产业	第二产业	第三产业	中间使用合计	消费	资本形成	净出口	总产出
第一产业	217	937	101	1 254	2 059	669	-371	3 611
第二产业	394	13 054	1 778	15 226	8 102	21 546	631	45 505
第三产业	97	2 411	2 309	4 817	17 011	2 624	1 409	25 860
中间投入合计	708	16 401	4 188	21 297	27 172	24 839	1 669	74 977
劳动者报酬	2 940	12 174	9 904	25 018				
生产税净额	-161	5 455	2 751	8 044				
固定资产折旧	125	3 753	3 406	7 285				
经营盈余	0	7 722	5 612	13 334				
增加值	2 904	29 104	21 673	53 680				
总投入	3 611	45 505	25 860	74 977				

① 刘新建，刘海啸，房俊峰. 高等数量经济学[M]. 北京：科学出版社，2018：110-114.

请计算该经济系统的直接消耗系数矩阵和完全消耗系数矩阵(保留四位小数)。

4. 根据第 3 题的投入产出表数据,使用消费内生化的局部闭模型计算:如果净出口每种产品都减少 20%、资本形成列不变,将使得该经济的 GDP 减少多少?[提示:首先,将劳动者报酬与生产税净额合并为一行,称为初次分配收入,该行与消费列的交叉处记 0;其次,计算包含初次分配收入和消费的四部门直接消耗系数矩阵;再次,假设直接消耗系数不变,以四部门"总产出"为未知数,净出口变化为条件,构建四元线性方程组,解出各部门"总产出"(对第四部门,"总产出"概念是虚拟的);最后,求出三个生产部门的中间投入合计,然后即可计算各部门的增加值并求出 GDP。]

5. 根据下面的中国 2020 年三部门投入产出表进行计算和回答问题。(所有计算保留两位小数,最后请注意一个向量显示的各元素之和与直接在电子表格上计算的结果差异。)

中国 2020 年三部门投入产出表　　　　单位:10 亿元

		中间使用			最终使用				总产出
		第一产业	第二产业	第三产业	居民消费	公共消费	资本形成	净出口	
中间使用	第一产业	1 416	6 723	903	3 308	0	725	−461	12 614
	第二产业	2 203	82 746	16 331	13 331	0	35 669	1 086	151 366
	第三产业	1 113	23 890	32 935	21 762	17 363	6 958	1 901	105 923
最初投入	劳动报酬	8 086	15 472	29 398					
	生产税净额	−477	5 655	3 780					
	折旧	176	5 411	9 471					
	经营盈余	96	11 469	13 105					
总投入		12 614	151 366	105 923					

(1) 计算该经济三部门体系的列昂惕夫逆矩阵。

(2) 在表的下方加一行,记录三大产业的用水情况,分别是:3 612.4 亿立方米,1 337.4 亿立方米,863.1 亿立方米。请计算净出口的完全用水量。简要评论计算结果。

6. 如果要在其他因素不变的假设情况下分析出口向量变化引起的就业变化,请列出基本投入产出模型,说明其中变量和参数的经济含义。

本章主要参考文献

1. 刘新建,刘海啸,房俊峰. 高等数量经济学[M]. 北京:科学出版社,2018.

2. 陈锡康,杨翠红. 投入产出技术[M]. 北京:科学出版社,2011.

3. 刘起运,陈璋,苏汝劼. 投入产出分析[M]. 北京:中国人民大学出版社,2020.

第 5 章　投入产出价格分析

在宏观经济学的理论体系中,关于短期分析包括两大部分①:第一部分是 IS-LM 分析,第二部分是 AS-AD 分析。其中第一部分是经典凯恩斯主义模型,第二部分是新凯恩斯主义模型。在经典凯恩斯主义模型中,不考虑价格指数的变动,也就是认为价格水平是不变的。经典凯恩斯主义理论是需求决定论。前面讨论的投入产出模型中也没有价格变量,即考察的是实际量,所以,其也是需求决定论的模型。从市场经济学角度看,不考虑价格的经济模型是不完备的,因此,作为一个完整的经济系统模型,需要建立投入产出价格模型。

5.1　基于投入产出表框架的产品价格理论

价格是联系实物投入产出表和价值投入产出表的桥梁。设有以矩阵表示的投入产出表,如式(2-5)所示。假定:(1)$\boldsymbol{X}$ 是以实物单位计量的中间流量矩阵,$\boldsymbol{Y}$ 是以实物单位计量的最终使用矩阵,$\boldsymbol{Z}$ 是以名义价值核算的最初投入矩阵,$\boldsymbol{Q}$ 是以实物单位计量的部门总产出列向量,共有 n 个生产部门;(2)每个部门生产单一产品,有唯一价格,价格列向量为 $\boldsymbol{P}$。根据投入产出表平衡关系,有下面的均衡方程式:

$$\hat{\boldsymbol{P}}\boldsymbol{X}\boldsymbol{e}+\hat{\boldsymbol{P}}\boldsymbol{Y}\boldsymbol{e}=\hat{\boldsymbol{P}}\boldsymbol{Q} \tag{5-1}$$

$$\boldsymbol{e}\hat{\boldsymbol{P}}\boldsymbol{X}+\boldsymbol{e}\boldsymbol{Z}=\boldsymbol{e}\hat{\boldsymbol{P}}\hat{\boldsymbol{Q}} \tag{5-2}$$

式(5-1)就是行平衡关系,在所有部门的产品价格都不为 0 的情况下,式(5-1)的成立与价格的具体值无关,因此,不可能从式(5-1)求解价格。依据式(5-2)建立以价格为未知变量的方程组,不同的系数设定会有不同的价格解②。

5.1.1　直接数量型价格模型

向量 $\boldsymbol{e}$ 与一个对角阵相乘,将该对角阵还原为对应的向量,今以 $\boldsymbol{e}\hat{\boldsymbol{P}}=\boldsymbol{P}'$ 代入式(5-2)得

$$\boldsymbol{P}'\boldsymbol{X}+\boldsymbol{e}\boldsymbol{Z}=\boldsymbol{P}'\hat{\boldsymbol{Q}} \tag{5-3}$$

由式(5-3)可以解得

$$\boldsymbol{P}'=\boldsymbol{e}\boldsymbol{Z}(\hat{\boldsymbol{Q}}-\boldsymbol{X})^{-1} \tag{5-4}$$

在已知一个实物型投入产出表及其最初投入矩阵或增加值向量时,可以用式(5-4)求得价格向量。

---

① 在一般中级宏观经济学教科书中,短期内容包括三部分,第一部分一般是所谓两部门或三部门模型,即不考虑货币市场引起的利率变动,将投资作为外生变量,然后是此处提到的两部分。

② 注意:在式(5-2)中,左边第二项的 $\boldsymbol{e}$ 的维度与 $\boldsymbol{Z}$ 的行数相等,与其他两个 $\boldsymbol{e}$ 的维度不同。如果 $\boldsymbol{Z}$ 是一行,那么,其前面的 $\boldsymbol{e}=1$。

5.1.2　直接系数型价格模型

对式(5-3)的两边同时右乘对角阵 $\hat{\boldsymbol{Q}}$ 的逆，由 $\boldsymbol{A}=\boldsymbol{X}\hat{\boldsymbol{Q}}^{-1}$，$\boldsymbol{z}=\boldsymbol{eZ}\hat{\boldsymbol{Q}}^{-1}$，可写出：

$$\boldsymbol{P}'\boldsymbol{A}+\boldsymbol{z}=\boldsymbol{P}' \tag{5-5}$$

其中，$\boldsymbol{A}$ 就是直接消耗系数矩阵，$\boldsymbol{z}$ 就是单位实物总产出的增加值系数行向量，由式(5-5)即可解出：

$$\boldsymbol{P}'=\boldsymbol{z}(\boldsymbol{E}-\boldsymbol{A})^{-1} \tag{5-6}$$

式(5-6)基于基本系数计算价格，因此称为直接系数型价格模型。相对于直接数量型价格模型，直接系数型价格模型易于推广，用于分析部分或全部基本系数变化时对价格的影响。

5.1.3　基于初次收入分配方式的价格模型

直接系数型价格模型将单位实物单位的增加值作为考察参数，这与经济实践的分配方式不同。在实践中，收入都是按照名义比率分配的，如工资的制定、税率的制定、利润率的计算等都是按照名义价值计算的，因此，以名义增加值与名义总产出之比作为计算基础更合理。为此，设名义增加值系数(行向量)

$$\boldsymbol{z}=\boldsymbol{eZ}(\hat{\boldsymbol{P}}\hat{\boldsymbol{Q}})^{-1} \tag{5-7}$$

由式(5-7)、直接消耗系数定义式和式(5-3)可以推得

$$\boldsymbol{P}'(\boldsymbol{E}-\boldsymbol{A}-\hat{\boldsymbol{z}})=0 \tag{5-8}$$

式(5-8)对于价格向量是一个齐次方程组，在矩阵 $\boldsymbol{E}-\boldsymbol{A}-\hat{\boldsymbol{z}}$ 非奇异即可逆时，只有零解。因为经济系统价格全为 0 是非合理解，所以，$\boldsymbol{E}-\boldsymbol{A}-\hat{\boldsymbol{z}}$ 必然是奇异矩阵，即不可逆，所以，其对应行列式的值必等于 0，即 $|\boldsymbol{E}-\boldsymbol{A}-\hat{\boldsymbol{z}}|=0$。

既然是齐次方程组，那么，式(5-8)对 $\boldsymbol{P}$ 的解有无穷多。一般情况下，$\boldsymbol{E}-\boldsymbol{A}-\hat{\boldsymbol{z}}$ 的秩是 $n-1$，所以，若 P_0 是一个非零解，那么，$\boldsymbol{P}$ 的通解就是 $kP_0(k\neq0)$，于是，从相对角度看，$\boldsymbol{P}$ 的解是唯一的。这个结论符合一般均衡理论，即均匀的通货膨胀不会改变产出数量的均衡解。

5.1.4　多元准则价格模型

所谓多元准则就是对最初投入的各项可以制定不同的分配准则。下面考虑一种具有合理性的情况。

对于劳动报酬项，设单个劳动力的劳动报酬向量，即劳动报酬率行向量是 $\boldsymbol{w}$(是名义量)，且各部门可以不同。又设劳动生产率即单位劳动力的总产出向量是 $\boldsymbol{l}^{-1}$(单位总产出占用的劳动力)，于是，劳动报酬向量就是

$$\boldsymbol{W}=\boldsymbol{w}\hat{\boldsymbol{l}}\hat{\boldsymbol{Q}} \tag{5-9}$$

对于生产税项，一般以名义总产出核计(如增值税就是以销售价格计算的)，所以，可以设定一个税率向量 $\boldsymbol{t}$，使

$$\boldsymbol{T}=\boldsymbol{P}'\hat{\boldsymbol{t}}\hat{\boldsymbol{Q}} \tag{5-10}$$

对于折旧项，一般也是以名义量核计。不同的产业需要的固定资产数量不同，假定一个产业的平均固定资产存量相同，单位总产出需要的固定资产存量支持也相同(以名义量计算)，这样可以设一个固定资产折旧与总产出之比，即系数向量 $\boldsymbol{d}$，使

$$\boldsymbol{D}=\boldsymbol{P}'\hat{\boldsymbol{d}}\hat{\boldsymbol{Q}} \tag{5-11}$$

对于营业盈余项,可作类似设定,即设名义总产出盈余率向量是 $\boldsymbol{m}$,使得

$$M=P'\hat{m}\hat{Q} \tag{5-12}$$

将式(5-9)—式(5-12)代入投入产出表列平衡方程式,得

$$P'X+w\hat{l}\hat{Q}+P'\hat{t}\hat{Q}+P'\hat{d}\hat{Q}+P'\hat{m}\hat{Q}=P'\hat{Q} \tag{5-13}$$

式(5-13)两边同时右乘总产出向量对角阵的逆,可得

$$P'A+w\hat{l}+P'\hat{t}+P'\hat{d}+P'\hat{m}=P' \tag{5-14}$$

由式(5-14)可以解出:

$$P'=w\hat{l}(E-A-\hat{t}-\hat{d}-\hat{m})^{-1} \tag{5-15}$$

式(5-15)就是一个多元准则价格模型。式(5-15)的一个特点是,对价格变量,这不再是一个齐次方程组,因而存在唯一解。之所以这样,就是因为在各种投入中外生确定了一种价格——劳动力投入的价格。在齐次方程组的情形中,所有投入的价格都是未定的,所以,存在自由变量,只有先外生确定一个或几个投入的价格,其他投入的价格才是确定的。

中间投入作为收入分配的一部分是由市场决定的,而最初投入作为增加值的初次分配存在不同的分配方式。在经济分析中,根据特殊的社会分配制度和可获得的信息采取不同的假定形式,可以获得不同的多元准则价格模型。①

5.2 投入产出价格理论的应用

前述价格模型的建立中设置了一系列严谨的假设,而实际应用的投入产出表不会完全符合那些假设,如部门不会纯粹,即使对于完全相同的产品,也不会存在所有的交易量都使用相同的价格。其实对于应用经济学研究,任何模型都是现实的一个近似。分析、估计、预测等都是假定如果发生了什么,会有什么效果或效应,至于现实会发生什么,因为受到多重因素复杂场景影响,具有相当的不确定性。投入产出技术下的应用价格分析有三个分支:价格形成分析、价格影响分析和价格变动分析。②

5.2.1 价格形成分析

所谓价格形成分析,即研究在一定的最初投入分配方式假定下各种产品应有的价格,其基本公式就是 5.1 节所展示的价格模型,一般情况就是各类多元准则价格模型,由此得到的价格解称为理论价格。5.1 节的价格形成模型建立在严谨的抽象假定条件下,实际应用的模型是从一定的实际投入产出表出发,根据实际研究问题的需要进行理论价格体系测算。

与纯粹理论模型不同,实际应用的实物投入产出表的部门都是综合部门,如 1992 年中国实物型投入产出表中的粮食部门包括了稻谷、小麦、玉米、杂粮和薯类,汽车部门包括了所有具

① 在设置增加值分配方式的假定时,要注意现实合理性,如有的文献设定所有部门的固定资本盈余率为相同的值,这就不合理。首先,各部门不可能相同,会差异很大,即使参照马克思的平均资本利润率规律,因为马克思的资本是包括不变资本和可变资本的全部资本,而不是这里的所谓固定资本,所以,这个设定在理论上不成立。其次,假设对于同一部门,存在一个平均的固定资本盈余率,但是对于不同的部门,这个值差异很大,所以,假定所有部门有同样的资本盈余率也是不合理的。不过,可以假定每个部门有一个特定的固定资本盈余率,构成一个固定资本盈余率向量。

② 刘起运. 经济系统规划方法和模型[M]. 北京:中国统计出版社,1993:156.

有四个或四个以上车轮的非轨道无架线的车辆,这些部门不可能有纯粹的产品价格。目前的投入产出研究多基于价值型投入产出表,也不会有简单的价格变量。从价值型投入产出表出发,5.1 节各种模型中的价格只能是价格指数。

对于式(5-8),如果考虑基年,即基础投入产出表的年份,那么所有部门的价格指数都是1,因此 $\boldsymbol{e}(\boldsymbol{E}-\boldsymbol{A}-\hat{\boldsymbol{z}})=0$,分部门考虑,这个方程意味着

$$1-\sum_{i=1}^{n}a_{ij}-z_j=0 \tag{5-16}$$

对于价值型投入产出表,方程式(5-16)是必然成立的,其反映的是单位产品价值由中间成本价值与原始要素投入成本组成。式中的增加值系数可以继续分解为劳动报酬系数、生产税系数、固定资产折旧系数和盈余系数。

对于式(5-15),在所有部门价格指数都等于 1 的时候,必有

$$\boldsymbol{e}-\boldsymbol{eA}-\boldsymbol{t}-\boldsymbol{d}-\boldsymbol{m}=\boldsymbol{w}\hat{\boldsymbol{l}} \tag{5-17}$$

在劳动力-总产出比和直接消耗系数给定的情况下,式(5-17)说明,劳动报酬率与其他各项最初投入系数不是完全独立的。这也说明了收入分配的基本守恒定律:在总收入一定的时候,一部分人的收入增加以其他人的收入减少为条件。以西方经济学的语言表达:在总收入给定的条件下,任何收入分配方式都是一种帕累托最优。因而,一种收入分配方式改变,只有在能影响生产方式并影响社会总产出的情况下,才会出现帕累托改进。

如果可以根据价格统计得到各部门相对于基础年份的价格指数,记为 $\boldsymbol{P}$,就可以计算出报告年份的不变价格直接消耗系数矩阵,记为 $\overline{\boldsymbol{A}}$,再根据不变价格总产出计算出劳动力-总产出比 $\boldsymbol{l}$,就可以从式(5-15)解出一个劳动报酬率向量,即

$$\boldsymbol{w}=\boldsymbol{P}'(\boldsymbol{E}-\overline{\boldsymbol{A}}-\hat{\boldsymbol{t}}-\hat{\boldsymbol{d}}-\hat{\boldsymbol{m}})\hat{\boldsymbol{l}}^{-1} \tag{5-18}$$

式(5-18)计算出的劳动报酬率是在现行价格体系下各部门劳动者应有的劳动报酬水平,将之与基础年份或上一年的劳动报酬率相比较,就可以分析现在的价格体系对各部门的劳动者是改善还是不利。

5.2.2　价格影响分析

价格影响分析是当一个或数个部门的价格水平发生变化时,对其他部门产品价格或要素价格均衡变动的分析。5.1 节给出的价格水平解是一定均衡意义下的理论价格,如果从价值型投入产出表出发,其中的价格变量是相对于基础年份的价格指数。下面基于式(5-15)讨论价格影响分析。

为了显示直接消耗系数的不变价格属性,将式(5-15)中的直接消耗系数替换为 $\overline{\boldsymbol{A}}$,则式(5-15)变为

$$\boldsymbol{P}'=\boldsymbol{w}\hat{\boldsymbol{l}}(\boldsymbol{E}-\overline{\boldsymbol{A}}-\hat{\boldsymbol{t}}-\hat{\boldsymbol{d}}-\hat{\boldsymbol{m}})^{-1} \tag{5-19}$$

在式(5-19)中,$\boldsymbol{l}$ 也是按不变价格总产出计算的,而 $\boldsymbol{t}$、$\boldsymbol{d}$ 和 $\boldsymbol{m}$ 是按名义量计算的。根据式(5-19),如果 $\boldsymbol{w}$、$\boldsymbol{l}$ 和 $\boldsymbol{t}$、$\boldsymbol{d}$、$\boldsymbol{m}$ 都已知,那么,只能有唯一的价格指数解。当某些部门的价格指数外生确定,在均衡要求下,其他部门的价格指数和某些其他要素价格或分配方式就必须从式(5-19)内生解出,而不再是自由的。

为了求解需要，假设投入产出表中的部门已经按照已知价格和未知价格被分成两组，其中第一组是未知价格部门，第二组是已知价格部门，相应地可以将式(5-19)中的相关向量和矩阵进行分块，经整理后得以下方程式：

$$\boldsymbol{P}'_{\mathrm{I}}(\boldsymbol{E}-\overline{\boldsymbol{A}}_{11}-\hat{\boldsymbol{t}}_1-\hat{\boldsymbol{d}}_1-\hat{\boldsymbol{m}}_1)-\boldsymbol{P}'_{\mathrm{II}}\overline{\boldsymbol{A}}_{21}=\boldsymbol{w}_1\hat{\boldsymbol{l}}_1 \tag{5-20}$$

$$-\boldsymbol{P}'_{\mathrm{I}}\overline{\boldsymbol{A}}_{12}+\boldsymbol{P}'_{\mathrm{II}}(\boldsymbol{E}-\overline{\boldsymbol{A}}_{22}-\hat{\boldsymbol{t}}_{11}-\hat{\boldsymbol{d}}_{11}-\hat{\boldsymbol{m}}_{11})=\boldsymbol{w}_{11}\hat{\boldsymbol{l}}_{11} \tag{5-21}$$

由式(5-20)可以解得

$$\boldsymbol{P}'_{\mathrm{I}}=(\boldsymbol{w}_1\hat{\boldsymbol{l}}_1+\boldsymbol{P}'_{\mathrm{II}}\overline{\boldsymbol{A}}_{21})(\boldsymbol{E}-\overline{\boldsymbol{A}}_{11}-\hat{\boldsymbol{t}}_1-\hat{\boldsymbol{d}}_1-\hat{\boldsymbol{m}}_1)^{-1} \tag{5-22}$$

如果方程式(5-22)右边各参数及变量都已知，那么就可以解出未知价格。但是，由于有式(5-21)的约束，在各部门价格都已知的情况下，式(5-21)中某些参数不能再预先假定。式(5-22)右边除了直接消耗系数部分外，其他参数都是关于第一组部门的，而式(5-21)中的外生参数除了直接消耗系数外，其余参数都是关于第二组部门的，这意味着，对任意部门，在确定某种投入的价格或分配方式后，其他投入的分配方式就不再是自由地由外生确定，而是要由均衡条件决定。价格影响分析显示了经济系统中各部门及各种价格的相互关联性。

5.2.3 价格变动分析

价格变动分析研究最初投入某个项目分配方式发生变动或其他政策参数变动引起的各部门的价格变动。与价格影响分析相比，价格影响分析研究的是某些部门价格变动影响了什么，而价格变动分析研究一些因素变化对全体价格的影响。

假定基于式(5-8)，将直接消耗系数看作基于不变价格计算的，并将 $\boldsymbol{z}$ 分解为各个组成部分，于是有

$$\boldsymbol{P}'(\boldsymbol{E}-\overline{\boldsymbol{A}}-\hat{\boldsymbol{w}}-\hat{\boldsymbol{t}}-\hat{\boldsymbol{d}}-\hat{\boldsymbol{m}})=0 \tag{5-23}$$

对式(5-23)两边作差分，得

$$\Delta\boldsymbol{P}'(\boldsymbol{E}-\overline{\boldsymbol{A}}-\hat{\boldsymbol{w}}-\hat{\boldsymbol{t}}-\hat{\boldsymbol{d}}-\hat{\boldsymbol{m}})+\boldsymbol{P}'(-\Delta\overline{\boldsymbol{A}}-\Delta\hat{\boldsymbol{w}}-\Delta\hat{\boldsymbol{t}}-\Delta\hat{\boldsymbol{d}}-\Delta\hat{\boldsymbol{m}})+\Delta\boldsymbol{P}'(-\Delta\overline{\boldsymbol{A}}-\Delta\hat{\boldsymbol{w}}-\Delta\hat{\boldsymbol{t}}-\Delta\hat{\boldsymbol{d}}-\Delta\hat{\boldsymbol{m}})=0$$

整理可得

$$\Delta\boldsymbol{P}'[\boldsymbol{E}-(\overline{\boldsymbol{A}}+\Delta\overline{\boldsymbol{A}})-(\hat{\boldsymbol{w}}+\Delta\hat{\boldsymbol{w}})-(\hat{\boldsymbol{t}}+\Delta\hat{\boldsymbol{t}})-(\hat{\boldsymbol{d}}+\Delta\hat{\boldsymbol{d}})-(\hat{\boldsymbol{m}}+\Delta\hat{\boldsymbol{m}})]=\boldsymbol{P}'(\Delta\overline{\boldsymbol{A}}+\Delta\hat{\boldsymbol{w}}+\Delta\hat{\boldsymbol{t}}+\Delta\hat{\boldsymbol{d}}+\Delta\hat{\boldsymbol{m}}) \tag{5-24}$$

因为对于变动后新的投入产出表也应满足：

$$(\boldsymbol{P}'+\Delta\boldsymbol{P}')[\boldsymbol{E}-(\overline{\boldsymbol{A}}+\Delta\overline{\boldsymbol{A}})-(\hat{\boldsymbol{w}}+\Delta\hat{\boldsymbol{w}})-(\hat{\boldsymbol{t}}+\Delta\hat{\boldsymbol{t}})-(\hat{\boldsymbol{d}}+\Delta\hat{\boldsymbol{d}})-(\hat{\boldsymbol{m}}+\Delta\hat{\boldsymbol{m}})]=0$$

所以，$\boldsymbol{E}-(\overline{\boldsymbol{A}}+\Delta\overline{\boldsymbol{A}})-(\hat{\boldsymbol{w}}+\Delta\hat{\boldsymbol{w}})-(\hat{\boldsymbol{t}}+\Delta\hat{\boldsymbol{t}})-(\hat{\boldsymbol{d}}+\Delta\hat{\boldsymbol{d}})-(\hat{\boldsymbol{m}}+\Delta\hat{\boldsymbol{m}})$ 也是不可逆矩阵，式(5-24)对价格变动 $\Delta\boldsymbol{P}$ 没有唯一解。对于由各种因素引起的初次分配比例变动造成的总体价格水平波动，理论上可以通过适当的货币政策予以调控，避免总体通货膨胀水平变动。这一点可以通过把整体经济当作一个部门进一步说明。

当把整体经济当作一个部门时，式(5-23)变成 $p(1-a-w-t-d-m)=0$。这里的价格和各参数都是一个实数。因为 $p\neq0$，所以必有 $1-a-w-t-d-m=0$。这个等式的意义是：总体经济的价值被中间投入和最初投入的各个部分全部分割，反映了总价值的守恒。因为对单一产品和单一价格，名义价值直接消耗系数和不变价格直接消耗系数是相等的，所以其中的 a 也是名义价值直接消耗系数。由此，只要满足总价值分配的守恒性，价格总水平是自由的，但在多部门情

况下,各部门的价格变动关系要满足式(5-24)。式(5-23)是多部门总价值守恒的要求,也是价值均衡条件。

以式(5-15)作为出发点,在既定价格指数下有

$$\boldsymbol{P}'(\boldsymbol{E}-\overline{\boldsymbol{A}}-\hat{\boldsymbol{t}}-\hat{\boldsymbol{d}}-\hat{\boldsymbol{m}})=\boldsymbol{w}\hat{\boldsymbol{l}} \tag{5-25}$$

对式(5-25)两边作差分,得

$$\Delta\boldsymbol{P}'[\boldsymbol{E}-(\overline{\boldsymbol{A}}+\Delta\overline{\boldsymbol{A}})-(\hat{\boldsymbol{t}}+\Delta\hat{\boldsymbol{t}})-(\hat{\boldsymbol{d}}+\Delta\hat{\boldsymbol{d}})-(\hat{\boldsymbol{m}}+\Delta\hat{\boldsymbol{m}})]-\boldsymbol{P}'(\Delta\overline{\boldsymbol{A}}+\Delta\hat{\boldsymbol{t}}+\Delta\hat{\boldsymbol{d}}+\Delta\hat{\boldsymbol{m}})=\Delta\boldsymbol{w}\hat{\boldsymbol{l}}+\boldsymbol{w}\Delta\hat{\boldsymbol{l}}+\Delta\boldsymbol{w}\Delta\hat{\boldsymbol{l}}$$

整理上式可解得

$$\Delta\boldsymbol{P}'=[\boldsymbol{P}'(\Delta\overline{\boldsymbol{A}}+\Delta\hat{\boldsymbol{t}}+\Delta\hat{\boldsymbol{d}}+\Delta\hat{\boldsymbol{m}})+\Delta\boldsymbol{w}\hat{\boldsymbol{l}}+\boldsymbol{w}\Delta\hat{\boldsymbol{l}}+\Delta\boldsymbol{w}\Delta\hat{\boldsymbol{l}}][\boldsymbol{E}-(\overline{\boldsymbol{A}}+\Delta\overline{\boldsymbol{A}})-(\hat{\boldsymbol{t}}+\Delta\hat{\boldsymbol{t}})-(\hat{\boldsymbol{d}}+\Delta\hat{\boldsymbol{d}})-(\hat{\boldsymbol{m}}+\Delta\hat{\boldsymbol{m}})]^{-1} \tag{5-26}$$

式(5-26)对价格变动有唯一解,是因为预定了劳动投入的价格,由此决定了价格变动的绝对幅度。

5.3　工资与税收变动的价格效应

由理论分析可知,一个经济体各个部门的价格是一个有机整体,牵一发而动全身。在经济管理工作中,有时会有价格改革的需求,为此就需要分析一个局部的价格变动会在整个经济中产生什么影响。税收政策变化也会对价格体系造成重大影响。20 世纪 70 年代美国发生了“滞胀”现象,造成凯恩斯主义经济学的窘境;2022 到 2024 年,在以美国为中心的欧美经济中也发生了严重的通货膨胀现象,其都是由外部世界的供给变化引起的。本节以 2017 年中国 6 部门投入产出表为例,说明投入产出价格模型的应用方式,对于研究这些问题会有启示。①

5.3.1　2017 年中国 6 部门投入产出表

在进行经济分析时,必须了解当时的时代背景。2017 年是 2008 年世界经济危机爆发 10 年之后,中国社会经济发展进入新时代 5 年之时。2017 年中国 GDP 增长率是 6.95%,经济增速连续多年下行之后首次回升;居民人均可支配实际收入增长 7.3%,显著高于 GDP 增速。2017 年中国投入产出表包括 149 个部门,表 5-1 是经过部门合并后的简表,6 个部门依次是农业、工业、建筑业、交通运输业、商业和其他服务业。

从表 5-1 可知,中国经济在 2017 年的六大部门结构是 5∶50∶10∶5∶7∶24(按总产出)或 8∶34∶7∶6∶11∶35(按增加值)。显然,总产出结构和增加值结构存在较大的差异。如果一个部门的增加值占比大于总产出占比,说明这个部门有较大的增加值率。经计算可知,六大部门的增加值率依次是:农业 59.4%,工业 24.6%,建筑业 24.2%,交通运输业 45.3%,商业 59.0%,其他服务业 53.7%。总体的增加值率是 36.5%。农业和商业有最大的增加值率。在 4.1.1.2 节曾指出,增加值率高的部门不一定是先进产业。一个部门的增加值率高有两种情况:一种情况是这是一个劳动密集型产业,因而劳动报酬在其总价格中占有较大的比例,由此造成增加值率高;另一种情况是其利润率高,因而可能造成较高的增加值率。但是,相对于前一种情况,后一种情况的影响要小很多,因为一般情况是劳动报酬相对于利润有更高的比例。

---

① 本节内容仿照列昂惕夫 1947 年的经典论文《工资、物价、利润和捐税》。(见:沃西里·里昂惕夫. 投入产出经济学[M]. 崔书香,潘省初,谢鸿光,译. 北京:中国统计出版社,1990.)

所以,经济分析不能望文生义,要根据深入的专业分析进行判断。在我国目前经济中,农业还有较大的劳动密集程度,而服务业一般总是有较大的劳动密集性。工业中的采矿业一般也属于劳动密集型产业,有较高的增加值率。

表 5-1 2017 年中国 6 部门投入产出表(按当年生产者价格计算) 单位:亿元

		中间使用						
		农业	工业	建筑业	交通运输业	商业	其他服务业	合计
		1	2	3	4	5	6	TIU
农业	1	14 684	62 795	1 896	10	3 734	1 947	85 067
工业	2	21 738	643 473	111 996	22 808	18 221	84 581	902 816
建筑业	3	75	469	7 307	138	203	2 308	10 500
交通运输业	4	2 503	33 413	7 184	11 043	8 599	16 150	78 893
商业	5	2 607	54 058	11 574	4 172	3 523	25 109	101 041
其他服务业	6	3 065	54 953	33 530	17 925	28 854	117 874	256 201
中间投入合计	TII	44 672	849 161	173 487	56 096	63 134	247 969	1 434 518
劳动者报酬	VA001	65 271	105 011	34 212	22 067	42 704	154 003	423 268
生产税净额	VA002	−3 411	56 263	8 073	1 016	10 096	22 941	94 979
固定资产折旧	VA003	2 285	38 496	1 958	19 801	11 813	35 972	110 325
营业盈余	VA004	1 307	77 636	11 056	3 573	26 210	74 862	194 644
增加值	TVA	65 452	277 406	55 299	46 458	90 823	287 778	823 216
总投入	TI	110 124	1 126 567	228 786	102 553	153 957	535 746	2 257 734

	最终使用							进口	总产出
	农村居民消费支出	城镇居民消费支出	政府消费支出	固定资本形成总额	存货变动	出口	最终使用合计		
	FU101	FU102	FU103	FU201	FU202	EX	TFU	IM	GO
农业	8 683	17 558	1 238	1 991	410	1 194	31 073	6 016	110 124
工业	26 085	97 750	0	83 860	4 294	132 202	344 192	120 441	1 126 567
建筑业	0	0	0	218 044	0	825	218 869	583	228 786
交通运输业	3 092	11 956	3 016	3 652	172	7 969	29 856	6 196	102 553
商业	5 820	29 272	0	7 534	434	14 104	57 164	4 248	153 957
其他服务业	21 060	99 151	119 497	44 069	0	7 553	291 330	11 784	535 746
合计	64 739	255 688	123 750	359 151	5 309	163 847	972 484	149 268	2 257 734

注:表中符号代码是国家统计局编制投入产出表中各项目代码。

5.3.2 工资率变动的价格效应

在未知各部门劳动力使用量的情况下无法使用公式(5-15)进行计算。现在提出的问题是:如果非农部门的工资水平提高 10%,整个价格体系将发生怎样的变化?

为了求解问题并得到唯一解,作出以下假定:

(1) 经济系统各部门的实际总产出没有变化;

(2) 各部门的劳动生产率没有变化,从而使用的劳动总量没有变化;

(3) 假定名义生产税系数没有变化,名义折旧系数也没有变化;

(4) 不考虑技术变动,即不变价直接消耗系数不变。

考虑公式(5-8),将增加值系数分解为其组成部分,有

$$\boldsymbol{P}'(\boldsymbol{E}-\boldsymbol{A}-\hat{\boldsymbol{w}}-\hat{\boldsymbol{t}}-\hat{\boldsymbol{d}}-\hat{\boldsymbol{m}})=0 \tag{5-27}$$

其中,$\hat{\boldsymbol{w}}$、$\hat{\boldsymbol{t}}$、$\hat{\boldsymbol{d}}$、$\hat{\boldsymbol{m}}$ 分别是劳动报酬系数、生产税系数、折旧系数和盈余系数。实际上,上式相当于

$$\boldsymbol{e}-\boldsymbol{e}\hat{\boldsymbol{P}}\boldsymbol{A}\hat{\boldsymbol{P}}^{-1}-\boldsymbol{w}-\boldsymbol{t}-\boldsymbol{d}-\boldsymbol{m}=0 \tag{5-28}$$

考虑价格体系的变动,则有①

$$\begin{aligned}&-\boldsymbol{e}(\Delta\hat{\boldsymbol{P}}\boldsymbol{A}\hat{\boldsymbol{P}}^{-1}+\hat{\boldsymbol{P}}\Delta\boldsymbol{A}\hat{\boldsymbol{P}}^{-1}+\hat{\boldsymbol{P}}\boldsymbol{A}\Delta\hat{\boldsymbol{P}}^{-1}+\Delta\hat{\boldsymbol{P}}\Delta\boldsymbol{A}\hat{\boldsymbol{P}}^{-1}+\hat{\boldsymbol{P}}\Delta\boldsymbol{A}\Delta\hat{\boldsymbol{P}}^{-1}\\&+\Delta\hat{\boldsymbol{P}}\boldsymbol{A}\Delta\hat{\boldsymbol{P}}^{-1}+\Delta\hat{\boldsymbol{P}}\Delta\boldsymbol{A}\Delta\hat{\boldsymbol{P}}^{-1})-\Delta\boldsymbol{w}-\Delta\boldsymbol{t}-\Delta\boldsymbol{d}-\Delta\boldsymbol{m}=0\end{aligned} \tag{5-29}$$

将假定条件代入式(5-29):

$$-\boldsymbol{e}(\Delta\hat{\boldsymbol{P}}\boldsymbol{A}\hat{\boldsymbol{P}}^{-1}+\hat{\boldsymbol{P}}\boldsymbol{A}\Delta\hat{\boldsymbol{P}}^{-1}+\Delta\hat{\boldsymbol{P}}\boldsymbol{A}\Delta\hat{\boldsymbol{P}}^{-1})-\Delta\boldsymbol{w}-\Delta\boldsymbol{m}=0 \tag{5-30}$$

因为

$$\Delta(\hat{\boldsymbol{P}})^{-1}=-\Delta\hat{\boldsymbol{P}}(\hat{\boldsymbol{P}}+\Delta\hat{\boldsymbol{P}})^{-1}\hat{\boldsymbol{P}}^{-1} \tag{5-31}$$

所以,将式(5-31)代入式(5-30)并整理得

$$-\boldsymbol{e}(\Delta\hat{\boldsymbol{P}}\boldsymbol{A}\hat{\boldsymbol{P}}-\hat{\boldsymbol{P}}\boldsymbol{A}\Delta\hat{\boldsymbol{P}})=(\Delta\boldsymbol{w}+\Delta\boldsymbol{m})\hat{\boldsymbol{P}}(\hat{\boldsymbol{P}}+\Delta\hat{\boldsymbol{P}}) \tag{5-32}$$

以价格指数表示价格,则变化之前的价格向量可设为 $\boldsymbol{P}=\boldsymbol{e}$,于是式(5-32)可以写成

$$\Delta\boldsymbol{P}'(\langle\boldsymbol{eA}\rangle-\boldsymbol{A}-\Delta\hat{\boldsymbol{w}}-\Delta\hat{\boldsymbol{m}})=\Delta\boldsymbol{w}+\Delta\boldsymbol{m} \tag{5-33}$$

从式(5-33)中得知,要求得价格的变化,尚需知道劳动报酬和盈余系数的变动。今非农部门的劳动报酬系数变动已知,全部盈余系数也不变,因此式(5-33)变为

$$\Delta\boldsymbol{P}'(\langle\boldsymbol{eA}\rangle-\boldsymbol{A}-\Delta\hat{\boldsymbol{w}})=\Delta\boldsymbol{w} \tag{5-34}$$

因为$(\langle\boldsymbol{eA}\rangle-\boldsymbol{A}-\Delta\hat{\boldsymbol{w}})$的行列式值等于 0,所以农业部门的劳动报酬系数与非农部门的劳动报酬系数不是相互独立的,存在约束条件:

$$|\langle\boldsymbol{eA}\rangle-\boldsymbol{A}-\Delta\hat{\boldsymbol{w}}|=0 \tag{5-35}$$

根据表 5-1 计算得直接消耗系数矩阵 $\boldsymbol{A}$ 为

---

① 将式(5-31)及 $\boldsymbol{P}=\boldsymbol{e}$ 代入式(5-29)可得$-\boldsymbol{e}(\Delta\hat{\boldsymbol{P}}\boldsymbol{A}+\Delta\boldsymbol{A}+\Delta\hat{\boldsymbol{P}}\Delta\boldsymbol{A}-\boldsymbol{A}\Delta\hat{\boldsymbol{P}}=(\Delta\boldsymbol{w}+\Delta\boldsymbol{m})(\boldsymbol{E}+\Delta\boldsymbol{P})$,整理即得 $\Delta\boldsymbol{P}'(\langle\boldsymbol{eA}\rangle-\boldsymbol{A}-\Delta\boldsymbol{A}-\Delta\hat{\boldsymbol{w}}-\Delta\hat{\boldsymbol{t}}-\Delta\hat{\boldsymbol{d}}-\Delta\hat{\boldsymbol{m}})=\Delta\boldsymbol{w}+\Delta\boldsymbol{t}+\Delta\boldsymbol{d}+\Delta\boldsymbol{m}+\boldsymbol{e}\Delta\boldsymbol{A}$ 。在一般条件下,$(\langle\boldsymbol{eA}\rangle-\boldsymbol{A}-\Delta\boldsymbol{A}-\Delta\hat{\boldsymbol{w}}-\Delta\hat{\boldsymbol{t}}-\Delta\hat{\boldsymbol{d}}-\Delta\hat{\boldsymbol{m}})$的逆矩阵存在,但是,因为 $\boldsymbol{E}-\boldsymbol{A}-\hat{\boldsymbol{w}}-\hat{\boldsymbol{t}}-\hat{\boldsymbol{d}}-\hat{\boldsymbol{m}}$ 不可逆,即其行列式值等于 0 的约束存在,从中间消耗系数到各最初投入系数,其变化并不相互独立。当直接消耗系数不变时,如果$(\langle\boldsymbol{eA}\rangle-\boldsymbol{A}-\Delta\hat{\boldsymbol{w}}-\Delta\hat{\boldsymbol{t}}-\Delta\hat{\boldsymbol{d}}-\Delta\hat{\boldsymbol{m}})$可逆,将出现 $\boldsymbol{P}+\Delta\boldsymbol{P}$ 恒等于 0 的不合理解。因此,当直接消耗系数矩阵不变时,必须$(\langle\boldsymbol{eA}\rangle-\boldsymbol{A}-\Delta\hat{\boldsymbol{w}}-\Delta\hat{\boldsymbol{t}}-\Delta\hat{\boldsymbol{d}}-\Delta\hat{\boldsymbol{m}})$的行列式值等于 0,从而对各最初投入系数的变化形成约束条件。

$$A=\begin{pmatrix}0.133\ 34 & 0.055\ 74 & 0.008\ 29 & 0.000\ 10 & 0.024\ 25 & 0.003\ 63\\ 0.197\ 40 & 0.571\ 18 & 0.489\ 52 & 0.222\ 40 & 0.118\ 35 & 0.157\ 88\\ 0.000\ 68 & 0.000\ 42 & 0.031\ 94 & 0.001\ 35 & 0.001\ 32 & 0.004\ 31\\ 0.022\ 73 & 0.029\ 66 & 0.031\ 40 & 0.107\ 68 & 0.055\ 85 & 0.030\ 14\\ 0.023\ 67 & 0.047\ 98 & 0.050\ 59 & 0.040\ 68 & 0.022\ 88 & 0.046\ 87\\ 0.027\ 83 & 0.048\ 78 & 0.146\ 56 & 0.174\ 79 & 0.187\ 42 & 0.220\ 02\end{pmatrix}$$

$$\boldsymbol{eA}=(0.405\ 65\quad 0.753\ 76\quad 0.758\ 29\quad 0.547\ 00\quad 0.410\ 08\quad 0.462\ 85\quad 0.635\ 38)$$

$$\Delta\boldsymbol{w}=(\Delta w_1\quad 0.009\ 32\quad 0.014\ 95\quad 0.021\ 52\quad 0.027\ 74\quad 0.028\ 75)$$

代入式(5-35)解得：$\Delta w_1=-0.343\ 33$(变化率是-57.9%)。因为 $\Delta\boldsymbol{P}'$ 是多解，增加目标函数：$\Delta\boldsymbol{P}'(\Delta\boldsymbol{P})=\text{Min}$，将式(5-34)作为约束条件可以求得

$$\Delta\boldsymbol{P}'=(-0.565\ 92\quad -0.060\ 27\quad 0.005\ 13\quad 0.073\ 88\quad 0.087\ 98\quad 0.109\ 98)$$

可以看出，为了维持各部门的盈余系数不变(即利润分配格局不变)，将不得不大幅度降低农业部门的劳动报酬系数和农产品价格，同时，工业部门的价格也降低6%。服务业部门的价格水平提高幅度最大，对建筑业的价格水平影响最小。

考虑对居民生活费(最终使用中居民各项消费之和)的影响。工资系数和价格水平变动后，农村居民的生活费下降了5.3%，城镇居民的生活费下降了0.6%，二者混合下降了1.5%。① 这个结果说明，工资率调整虽然使农村居民的生活费降低最多，但其总收入下降更大；相反，对于城镇居民的生活费影响很小。实际中的调整不是单一的，可以通过综合调整使得对全体居民都有利，不过，究竟如何调整要看调整的总目的。

5.3.3 税收变动的价格效应

最初投入系数任意一项变动效果的计算公式形式上其实都是相同的，所以，对于生产税系数的变动，参照式(5-34)有

$$\Delta\boldsymbol{P}'(\langle\boldsymbol{eA}\rangle-\boldsymbol{A}-\Delta\hat{\boldsymbol{t}})=\Delta\boldsymbol{t}\tag{5-36}$$

今假设：所有非农部门的生产税系数都提高10%，即

$$\Delta\boldsymbol{t}=(\Delta t_1\quad 0.004\ 99\quad 0.003\ 53\quad 0.000\ 99\quad 0.006\ 56\quad 0.004\ 28)$$

根据约束条件 $|\langle\boldsymbol{eA}\rangle-\boldsymbol{A}-\Delta\hat{\boldsymbol{t}}|=0$ 求得：$\Delta t_1=-0.043\ 85$。用与工资率变动同样的求解方式可得

$$\Delta\boldsymbol{P}'=(-0.028\ 86\quad 0.121\ 69\quad 0.132\ 75\quad 0.136\ 27\quad 0.145\ 72\quad 0.146\ 30)$$

计算结果表明，当其他部门的生产税系数都增大10%时，农业部门的生产税系数要减小，幅度达141.6%。结果使得各非农部门的价格水平都提高12%以上，而农业部门的价格水平还要下降约3%。

对居民生活费的影响方面，生产税系数和价格水平变动后，农村居民的生活费提高了11.

① 当工资率发生变化后，首先求得价格变化，然后将变化后的价格乘以投入产出表中的农村居民消费列和城镇居民消费列，各列加总后即可得新价格体系下城乡居民二者的生活费及二者合计生活费，然后即可计算变化率。

2%,城镇居民的生活费提高了 12.4%,二者混合提高了 12.2%。显然,提高税率不利于居民生活福利。经计算可知,税率调整通过价格变动使公共消费增加了 14.4%(计算方法同 106 页页下注),所以,增税也增加了公共服务成本。

通过以上算例分析可知,价格体系各个分量(包括各类最初投入)的变动由于均衡约束的存在,并不是相互独立的。变动的结果经常是一些部门的价格提高了,同时另一些部门的产品价格水平必须上升。以上分析是基于严格假定的比较静态分析,不同时期的比较分析要更复杂。

习 题

1. 考虑一个经济系统中包含的各种价格,应用投入产出模型说明这些价格的相互依存性。

2. 根据表 5-1 进行以下分析:

(1) 如果各部门折旧系数都提高 10%(注意:不是折旧率),假定劳动报酬系数和生产税系数都固定,那么,计算对各部门价格水平和盈余系数的影响。

(2) 假定整个投入产出表的实物量都没有变化,而进口产品的价格统一都提高了 20%,在假设各部门名义增加值率不变的情况下,请分析各部门产品价格的均衡变化。[提示:分别从行向和列向建立方程,除进口产品(价格水平已知)外,其他使用的产品使用统一价格,总产出使用一个价格,联立方程求解。]

本章主要参考文献

1. 刘新建,刘海啸,房俊峰. 高等数量经济学[M]. 北京:科学出版社,2018.

2. 陈锡康,杨翠红. 投入产出技术[M]. 北京:科学出版社,2011.

3. 刘新建. 经济理论分析的投入占用产出模式[M]. 北京:科学出版社,2018.

第 6 章　地区间投入产出分析

研究不同地区间经济运动的相互影响是现代经济研究的重要领域,区域统一市场和全球化提高了对这种研究的需求,因此,空间计量经济学模型的研究和应用成为经济数量分析的热点。投入产出技术在这方面的应用研究起步较早,相关投入产出分析分支称为地区间或区域间投入产出分析。多地区间的经济关系分析涉及庞大的数据需求,实际研究工作获取数据困难,于是研究者们就基于一定假定建立模型。由于对地区间经济联系处理方式不同,在目前的文献中出现两种类型的地区间投入产出模型,分别叫作地区间投入产出模型(interregional input-output model,IRIO)和多地区投入产出模型(multi-regional input-output model,MRIO)①。二者其实都属于地区间投入产出分析,一个偏向于理论,一个偏向于应用建模。

与单个地区的投入产出模型相比,地区间投入产出模型不仅可以反映地区内部各产业之间的经济关联,还可以系统全面地反映不同地区及其不同产业之间的经济联系,比较不同地区之间产业结构和经济技术差异,分析地区间产业的相互关联与影响,研究资源在区域间的配置以及区域经济发展的带动作用和溢出、反馈效应等。我国已有多个机构在编制全国地区间投入产出表,如中国科学院地理科学与资源研究所、国家信息中心、国务院发展研究中心等。

6.1　地区间投入产出表与基本模型

1951 年,美国经济学家 Isard 提出 IRIO 模型②。此模型的实质就是一般的地区间投入产出模型。

6.1.1　地区间投入产出表

地区间投入产出表是把一个经济总体划分为若干个空间区域,每一个区域的经济系统再划分为若干个部门,在此基础上记录地区间和部门间投入产出交易的投入产出表。

与单地区投入产出分析相类,地区间投入产出表是建立地区间投入产出模型、进行地区间投入产出分析的基础。基于全球范围,世界经济是一个封闭经济,因此,全球规模的地区间投入产出表中没有明确的进出口项目,这种类型的表在表 3-7 中已经予以展示,这种表称为世界区域间投入产出表。其中的区域可以国家为地区单位,也可以多国组成的区域为地区单位。在一个国家内部,划分为若干地区,建立的地区间投入产出表包含明确的进出口项目,称为国家地区间投入产出表。如中国地区间投入产出表、中国省域间投入产出表。表 6-1 是一种类型的国家地区间投入产出表框架,设有 m 个地区,每个地区都有 n 个部门。本章的模型基于

① CHENERY H B . Inter-regional and international input-output analysis[M]//BARNA. The Structural Interdependence of the Economy. New York:John Wiley and Sons,1956: 341-356.

② ISARD W. Interregional and regional input-output analysis: a model of a space-economy[J]. Review of Economics & Statistics, 1951, 33: 318-328.

国家地区间投入产出表。

在国家地区间投入产出表中，因为相对于国家内单地区表，国家地区间表中的中间投入和最终使用都必须明确来源地，所以对进口产品投入的处理就必须采取 B 型表或 C 型表的形式。另外，不再有明确的输入输出项目。

在表 6-1 中，Q_i^{α} 表示地区 α 的部门 i 即产品 i 的总产出，$X_{ij}^{\alpha\beta}$ 表示地区 β 的部门 j 在生产中消耗的地区 α 的产品 i 的数量。$Y_i^{\alpha\nu}$ 表示地区 ν 的最终使用中使用地区 α 的产品 i 的数量，EX_i^{α} 表示地区 α 的产品 i 出口的数量，IM_{kj}^{β} 表示地区 β 的部门 j 生产中消耗的进口产品 k 的数量，IM_k 表示产品 k 的总进口量，$Z_{\mu j}^{\beta}$ 表示地区 β 的部门 j 生产中投入最初投入项 μ 的数量。

表 6-1　国家地区间投入产出表

<table>
<tr><td colspan="3" rowspan="3"></td><td colspan="3">中间使用</td><td colspan="10">最终使用</td><td rowspan="3">总产出</td></tr>
<tr><td>地区 1</td><td>…β…</td><td>地区 m</td><td colspan="4">地区 1</td><td>…ν…</td><td colspan="4">地区 m</td><td rowspan="2">出口</td></tr>
<tr><td>1 … n</td><td>…j…</td><td>1 … n</td><td>居民消费</td><td>公共消费</td><td>固定资产形成</td><td>库存增加</td><td>…</td><td>居民消费</td><td>公共消费</td><td>固定资产形成</td><td>库存增加</td></tr>
<tr><td rowspan="4">中间投入</td><td>地区 1</td><td>1 ⋮ n</td><td colspan="3" rowspan="3">$X_{ij}^{\alpha\beta}$</td><td colspan="9" rowspan="3">$Y_i^{\alpha\nu}$</td><td rowspan="3">EX_i^{α}</td><td rowspan="3">Q_i^{α}</td></tr>
<tr><td>⋮ α ⋮</td><td>⋮ i ⋮</td></tr>
<tr><td>地区 m</td><td>1 ⋮ n</td></tr>
<tr><td colspan="2">进口</td><td colspan="3">IM_{kj}^{β}</td><td colspan="9"></td><td>0</td><td>IM_k</td></tr>
<tr><td rowspan="4">最初投入</td><td colspan="2">折旧基金</td><td colspan="3" rowspan="4">$Z_{\mu j}^{\beta}$</td><td colspan="11" rowspan="5"></td></tr>
<tr><td colspan="2">劳动报酬</td></tr>
<tr><td colspan="2">生产税净额</td></tr>
<tr><td colspan="2">经营盈余</td></tr>
<tr><td colspan="3">总投入</td><td colspan="3"></td></tr>
</table>

6.1.2　地区间投入产出模型

相对于单地区投入产出模型，地区间投入产出模型要更复杂一些，不仅要表示出部门间的关联，而且要表示出地区间的关联。如果把每个地区的一个部门当作总体的一个部门，表 6-1 就是一个 $n\times m$ 部门的投入产出表。下面暂且不考虑最终使用的类别和地区结构。

设有下列矩阵：

$$\boldsymbol{X}=(X_{ij}^{\alpha\beta})_{nm\times nm},\boldsymbol{Y}=(Y_i^{\alpha})_{nm\times 1},\boldsymbol{Q}=(Q_i^{\alpha})_{nm\times 1} \tag{6-1}$$

其中,$\boldsymbol{X}$ 是中间流量矩阵,$\boldsymbol{Y}$ 是最终使用列向量(加上了出口),$\boldsymbol{Q}$ 是总产出列向量,则有与单地区形式上一样的投入产出模型:

$$(\boldsymbol{E}-\boldsymbol{A})\boldsymbol{Q}=\boldsymbol{Y} \tag{6-2}$$

其中,$\boldsymbol{A}$ 依然是直接消耗系数矩阵,$\boldsymbol{E}$ 还是单位矩阵。

6.1.2.1 两地区间投入产出模型

为了容易理解,从两地区模型开始分析。在两地区情况下,矩阵 $\boldsymbol{X}$ 和 $\boldsymbol{A}$ 分别可以划分为四块,向量 $\boldsymbol{Y}$ 和 $\boldsymbol{Q}$ 分别划分为上下两块,即

$$\boldsymbol{X}=\begin{pmatrix}\boldsymbol{X}^{11} & \boldsymbol{X}^{12}\\ \boldsymbol{X}^{21} & \boldsymbol{X}^{22}\end{pmatrix},\boldsymbol{A}=\begin{pmatrix}\boldsymbol{A}^{11} & \boldsymbol{A}^{12}\\ \boldsymbol{A}^{21} & \boldsymbol{A}^{22}\end{pmatrix},\boldsymbol{Y}=\begin{pmatrix}\boldsymbol{Y}^{1}\\ \boldsymbol{Y}^{2}\end{pmatrix},\boldsymbol{Q}=\begin{pmatrix}\boldsymbol{Q}^{1}\\ \boldsymbol{Q}^{2}\end{pmatrix}$$

在直接消耗系数矩阵的分块中,$\boldsymbol{A}^{11}$ 是地区 1 内各部门间的相互关联,$\boldsymbol{A}^{22}$ 是地区 2 内各部门间的相互关联,$\boldsymbol{A}^{12}$ 是地区 2 各部门生产中使用地区 1 各种产品的系数矩阵,$\boldsymbol{A}^{21}$ 是地区 1 各部门生产中使用地区 2 各种产品的系数矩阵。$\boldsymbol{A}^{12}$ 和 $\boldsymbol{A}^{21}$ 反映了两个地区之间的生产联系。

于是式(6-2)可以用分块矩阵写出:

$$\begin{pmatrix}\boldsymbol{A}^{11} & \boldsymbol{A}^{12}\\ \boldsymbol{A}^{21} & \boldsymbol{A}^{22}\end{pmatrix}\begin{pmatrix}\boldsymbol{Q}^{1}\\ \boldsymbol{Q}^{2}\end{pmatrix}+\begin{pmatrix}\boldsymbol{Y}^{1}\\ \boldsymbol{Y}^{2}\end{pmatrix}=\begin{pmatrix}\boldsymbol{Q}^{1}\\ \boldsymbol{Q}^{2}\end{pmatrix} \tag{6-3}$$

如果令

$$(\boldsymbol{E}-\boldsymbol{A})^{-1}=\boldsymbol{L}=\begin{pmatrix}\boldsymbol{L}^{11} & \boldsymbol{L}^{12}\\ \boldsymbol{L}^{21} & \boldsymbol{L}^{22}\end{pmatrix} \tag{6-4}$$

则由式(6-3)可以解得

$$\boldsymbol{Q}^{1}=\boldsymbol{L}^{11}\boldsymbol{Y}^{1}+\boldsymbol{L}^{12}\boldsymbol{Y}^{2} \tag{6-5}$$

$$\boldsymbol{Q}^{2}=\boldsymbol{L}^{21}\boldsymbol{Y}^{1}+\boldsymbol{L}^{22}\boldsymbol{Y}^{2} \tag{6-6}$$

如果用代入法求解,先将式(6-3)写成如下的分列式:

$$(\boldsymbol{E}-\boldsymbol{A}^{11})\boldsymbol{Q}^{E}-\boldsymbol{A}^{12}\boldsymbol{Q}^{2}=\boldsymbol{Y}^{1} \tag{6-7}$$

$$-\boldsymbol{A}^{21}\boldsymbol{Q}^{1}+(\boldsymbol{E}-\boldsymbol{A}^{22})\boldsymbol{Q}^{2}=\boldsymbol{Y}^{2} \tag{6-8}$$

在先解出 $\boldsymbol{Q}^1$ 的情况下,可以有以下的解:

$$\boldsymbol{Q}^{1}=[(\boldsymbol{E}-\boldsymbol{A}^{11})-\boldsymbol{A}^{12}(\boldsymbol{E}-\boldsymbol{A}^{22})^{-1}\boldsymbol{A}^{21}]^{-1}[\boldsymbol{Y}^{1}+\boldsymbol{A}^{12}(\boldsymbol{E}-\boldsymbol{A}^{22})^{-1}\boldsymbol{Y}^{2}] \tag{6-9}$$

$$\begin{aligned}\boldsymbol{Q}^{2}&=(\boldsymbol{E}-\boldsymbol{A}^{22})^{-1}\boldsymbol{Y}^{2}+(\boldsymbol{E}-\boldsymbol{A}^{22})^{-1}\boldsymbol{A}^{21}\boldsymbol{Q}^{1}\\&=(\boldsymbol{E}-\boldsymbol{A}^{22})^{-1}\boldsymbol{Y}^{2}+(\boldsymbol{E}-\boldsymbol{A}^{22})^{-1}\boldsymbol{A}^{21}[(\boldsymbol{E}-\boldsymbol{A}^{11})-\boldsymbol{A}^{12}(\boldsymbol{E}-\boldsymbol{A}^{22})^{-1}\boldsymbol{A}^{21}]^{-1}\boldsymbol{A}^{12}(\boldsymbol{E}-\boldsymbol{A}^{22})^{-1}\boldsymbol{Y}^{2}+\\&\quad(\boldsymbol{E}-\boldsymbol{A}^{22})^{-1}\boldsymbol{A}^{21}[(\boldsymbol{E}-\boldsymbol{A}^{11})-\boldsymbol{A}^{12}(\boldsymbol{E}-\boldsymbol{A}^{22})^{-1}\boldsymbol{A}^{21}]^{-1}\boldsymbol{Y}^{1}\end{aligned} \tag{6-10}$$

观察式(6-10),第二个等号右边第一项是地区 2 的最终使用通过自身内部部门间的关联对地区 2 的总产出的贡献;第二项是地区 2 的最终使用先通过内部部门间作用影响本地区的各部门总产出,再通过地区间的关联作用于地区 1 各部门,然后再反馈影响地区 2 各部门的总产出;第三项是地区 1 的最终使用通过一系列地区间的关联最终影响到地区 2 的各部门的总产出。称第一项为地区 2 的自乘效应,称第二项为地区 2 对自身的反馈效应,称第三项为地区 1 对地区 2 的溢出效应。

观察式(6-9)右边,可以分为两项,第一项是地区的最终使用对自身的影响,第二项是地区 2 的最终使用对地区 1 的溢出效应。区别于式(6-10)中的自乘效应,把式(6-9)中的第一项称为自我效应。

如果先解出 $\boldsymbol{Q}^2$,则有下面的解:

$$\boldsymbol{Q}^2=[(\boldsymbol{E}-\boldsymbol{A}^{22})-\boldsymbol{A}^{21}(\boldsymbol{E}-\boldsymbol{A}^{11})^{-1}\boldsymbol{A}^{12}]^{-1}[\boldsymbol{A}^{21}(\boldsymbol{E}-\boldsymbol{A}^{11})^{-1}\boldsymbol{Y}^1+\boldsymbol{Y}^2] \tag{6-11}$$

$$\begin{aligned}\boldsymbol{Q}^1=&(\boldsymbol{E}-\boldsymbol{A}^{11})^{-1}\boldsymbol{Y}^1+(\boldsymbol{E}-\boldsymbol{A}^{11})^{-1}\boldsymbol{A}^{12}[(\boldsymbol{E}-\boldsymbol{A}^{22})-\boldsymbol{A}^{21}(\boldsymbol{E}-\boldsymbol{A}^{11})^{-1}\boldsymbol{A}^{12}]^{-1}\boldsymbol{A}^{21}(\boldsymbol{E}-\boldsymbol{A}^{11})^{-1}\boldsymbol{Y}^1+\\&(\boldsymbol{E}-\boldsymbol{A}^{11})^{-1}\boldsymbol{A}^{12}[(\boldsymbol{E}-\boldsymbol{A}^{22})-\boldsymbol{A}^{21}(\boldsymbol{E}-\boldsymbol{A}^{11})^{-1}\boldsymbol{A}^{12}]^{-1}\boldsymbol{Y}^2\end{aligned} \tag{6-12}$$

从式(6-11)和(6-12)中同样分解出地区 1 的自乘效应和反馈效应,地区 2 的自我效应和对地区 1 的溢出效应。两种途径得到的解应该是相等的,所以,一个地区的自我效应应该等于其自乘效应和反馈效应之和。

将式(6-5)和(6-6)联合写成分块矩阵形式有:

$$\begin{pmatrix}\boldsymbol{Q}^1\\\boldsymbol{Q}^2\end{pmatrix}=\begin{pmatrix}\boldsymbol{L}^{11}&\boldsymbol{L}^{12}\\\boldsymbol{L}^{21}&\boldsymbol{L}^{22}\end{pmatrix}\begin{pmatrix}\boldsymbol{Y}^1\\\boldsymbol{Y}^2\end{pmatrix} \tag{6-13}$$

将式(6-9)和(6-10)也写成分块矩阵形式:

$$\begin{pmatrix}\boldsymbol{Q}^1\\\boldsymbol{Q}^2\end{pmatrix}=\begin{pmatrix}[(\boldsymbol{E}-\boldsymbol{A}^{11})-\boldsymbol{A}^{12}(\boldsymbol{E}-\boldsymbol{A}^{22})^{-1}\boldsymbol{A}^{21}]^{-1} & [(\boldsymbol{E}-\boldsymbol{A}^{11})-\boldsymbol{A}^{12}(\boldsymbol{E}-\boldsymbol{A}^{22})^{-1}\boldsymbol{A}^{21}]^{-1}\boldsymbol{A}^{12}(\boldsymbol{E}-\boldsymbol{A}^{22})^{-1}\\(\boldsymbol{E}-\boldsymbol{A}^{22})^{-1}\boldsymbol{A}^{21}[(\boldsymbol{E}-\boldsymbol{A}^{11})-\boldsymbol{A}^{12}(\boldsymbol{E}-\boldsymbol{A}^{22})^{-1}\boldsymbol{A}^{21}]^{-1} & (\boldsymbol{E}-\boldsymbol{A}^{22})^{-1}+(\boldsymbol{E}-\boldsymbol{A}^{22})^{-1}\boldsymbol{A}^{21}[(\boldsymbol{E}-\boldsymbol{A}^{11})-\boldsymbol{A}^{12}(\boldsymbol{E}-\boldsymbol{A}^{22})^{-1}\boldsymbol{A}^{21}]^{-1}\boldsymbol{A}^{12}(\boldsymbol{E}-\boldsymbol{A}^{22})^{-1}\end{pmatrix}\begin{pmatrix}\boldsymbol{Y}^1\\\boldsymbol{Y}^2\end{pmatrix} \tag{6-14}$$

对比式(6-13)和式(6-14),可以将 $\boldsymbol{L}^{11}$ 和 $\boldsymbol{L}^{22}$ 称为自我效应,其中包括自乘效应和反馈效应。$\boldsymbol{L}^{12}$ 是地区 2 对地区 1 的溢出效应,$\boldsymbol{L}^{21}$ 是地区 1 对地区 2 的溢出效应。

6.1.2.2　多地区间投入产出模型

基于对两地区间模型的认识,一般地区间的关联关系也可以分成三种类型。首先是地区内的自乘效应,即对一个地区产品的最终使用需求,通过该地区内部部门间的关联,对地区内各部门的总产出形成乘数效应;其次是反馈效应,即对一个地区产品的最终使用需求会先引起其他地区总产出的响应,再通过地区间的关联回馈到该地区,对地区内各部门总产出造成影响;再次是溢出效应,即对一个地区产品的最终使用需求通过地区间的关联,对其他地区各部门的总产出造成的影响。其中,自乘效应与反馈效应合在一起是自我效应。

对任意多地区间投入产出模型,设地区 q 的总产出是 $\boldsymbol{Q}^q$,其产品作最终使用的量是 $\boldsymbol{Y}^q$,地区内直接消耗系数矩阵是 $\boldsymbol{A}^{qq}$,由地区间投入产出表确定的完全需要系数矩阵即列昂惕夫逆的一般元素是 $\boldsymbol{L}^{pq}$,那么,地区 q 的自乘效应是 $(\boldsymbol{E}-\boldsymbol{A}^{qq})^{-1}\boldsymbol{Y}^q$,反馈效应是 $[\boldsymbol{L}^{qq}-(\boldsymbol{E}-\boldsymbol{A}^{qq})^{-1}]\boldsymbol{Y}^q$,地区 q 对地区 p 的溢出效应是 $\boldsymbol{L}^{pq}\boldsymbol{Y}^q(p\neq q)$。

实际上,无论哪种效应,其中都包含反馈效应,这是投入产出技术的基本特征。在自乘效应中,地区内各部门之间的关联形成内部反馈效应。相对于两地区间模型,多地区间模型的反馈效应更复杂,中间可能经历多个地区和多条反馈路径。地区间的溢出效应既包括两个地区部门之间的直接关联,也包括反馈关联。比如,对地区 q 的 j 部门产品的需求,首先影响到地区 p 的 i 部门总产出,地区 p 的 i 部门产品需求影响到对地区 s 的 k 部门的总产出,对地区 s 的 k 部门产品需求又会形成对地区 p 的 i 部门产品的需求或对地区 q 的 j 部门产品的需求,这就是反馈。

对于地区间投入产出分析也可以建立局部闭模型,然后分析某种外生最终使用变动对各地区各部门总产出以及增加值的影响。

在以上的模型中,只包含了国内地区间的关系,没有考虑进出口相关的影响。假如由基本模型解出总产出,那么,可以由中间消耗中的进口产品系数求出对进口产品的需求。在第 7 章应用地区间投入产出模型分析贸易对碳排放责任的影响。

6.2 基于简化假设的地区间投入产出模型

编制上一节提出的地区间投入产出模型需要的数据量和投入的资源都比较庞大,目前还没有国家像编制单地区投入产出表一样基于大规模专项调查编制地区间投入产出模型,基本上都是在单地区投入产出表的基础上根据一定的假设和部分统计数据编表。流行的编制技术有三种,分别是列系数假定技术、行系数假定技术和引力系数假定技术,在此基础上推导的地区间模型分别被称为行系数模型、列系数模型和引力系数模型。

6.2.1 地区间列系数投入产出模型

Chenery(1953)①和 Moses(1955)②先后独立提出列系数地区间投入产出模型,所以,这类模型也称为 Chenery-Moses 模型。

基于 B 型单地区投入产出表,从供给方考虑,一个地区的产品去向可分为三类:供包括本地区的各地区中间使用,供包括本地区的各地区最终使用,供应境外地区即出口,写出行平衡方程式即

$$Q_i^p = \sum_{q=1}^{m}\sum_{j=1}^{n} X_{ij}^{pq} + \sum_{q=1}^{m} Y_i^{pq} + EX_i^p = \sum_{q=1}^{m}\left(\sum_{j=1}^{n} X_{ij}^{pq} + Y_i^{pq}\right) + EX_i^p \tag{6-15}$$

式(6-15)右边括号内表达的是地区 p 供给地区 q 的产品 i 的量,记为 $\boldsymbol{r}_i^{pq}$,因此,式(6-15)可写成

$$Q_i^p = \sum_{q=1}^{m} r_i^{pq} + EX_i^p,\ r_i^{pq} = \sum_{j=1}^{n} X_{ij}^{pq} + Y_i^{pq} \tag{6-16}$$

从需求方考虑,地区 q 对产品 i 的总需求量是中间需求与最终需求之和,即

$$r_i^q = \sum_{j=1}^{n} X_{ij}^q + Y_i^q \tag{6-17}$$

6.2.1.1 基于 A 型投入产出表的列系数模型

今假设已知基础数据是各地区的 A 型投入产出表即竞争型投入产出表(这符合我国的情况,我国各地区编制的大多还是 A 型表),另外通过专门调查统计获得对每种产品的各地区贸易矩阵,即对于地区 q,已知下面的投入产出表和矩阵:

$$\begin{pmatrix} \boldsymbol{X}^q & \boldsymbol{Y}^q & \boldsymbol{EX}^q & \boldsymbol{IM}^q & \boldsymbol{Q}^q \\ \boldsymbol{Z}^q & & & & \end{pmatrix},\boldsymbol{C}^i = (C_{pq}^i)_{m\times m} \tag{6-18}$$

---

① CHENERY H B. Regional Analysis [R]// CHENERY H B, CLARK P G ,PINNA V C. The Structure and Growth of the Italian Economy. US Mutual Security Agency,1953:97-129.

② MOSES L N. The Stability of Interregional Trading Patterns and Input-Output Analysis [J]. American Economic Review, 1955, 45: 803-832.

其中，C_{pq}^{i} 表示地区 p 供应地区 q 的产品 i 的数量，$\boldsymbol{C}^{i}$ 即国内各地区间关于产品 i 的贸易矩阵。

列系数模型的基本假定是：对地区 q，不论是中间使用还是最终使用，其所有使用的产品 i 中来自地区 p 的比例都是相同的；同一类产品 i，不同来源（包括进口）都是同质的。将境外部门即进出口来源记为地区 $m+1$，应有

$$X_{ij}^{q} = \sum_{p=1}^{m+1} X_{ij}^{pq} = \sum_{p=1}^{m} X_{ij}^{pq} + IM_{ij}^{q},\ IM_{i}^{q} = \sum_{j=1}^{n} IM_{ij}^{q} \tag{6-19}$$

地区 q 使用的产品 i 的供应来源由两部分组成：国内各地区的数量和进口的数量，即

$$r_{i}^{q} = \sum_{p=1}^{m} C_{pq}^{i} + IM_{i}^{q} \tag{6-20}$$

式(6-20)两边同时除以 r_{i}^{q} 得

$$\sum_{p=1}^{m} c_{i}^{pq} + c_{i}^{(m+1)q} = 1 \tag{6-21}$$

其中，c_{i}^{pq} 称为地区 q 对地区 p 的产品 i 的需求系数，即地区 q 对产品 i 的单位需求由地区 p 供应的比例。① 于是，根据列系数假定有

$$X_{ij}^{pq} = c_{i}^{pq} X_{ij}^{q},\ Y_{i}^{pq} = c_{i}^{pq} Y_{i}^{q},\ IM_{ij}^{q} = c_{i}^{(m+1)q} X_{ij}^{q},\ c_{i}^{(m+1)q} = 1 - \sum_{p=1}^{m} c_{i}^{pq} \tag{6-22}$$

上式写成矩阵式可得

$$\boldsymbol{X}^{pq} = \hat{\boldsymbol{C}}^{pq}\boldsymbol{X}^{q},\ \boldsymbol{Y}^{pq} = \hat{\boldsymbol{C}}^{pq}\boldsymbol{Y}^{q},\ \boldsymbol{IM}^{q} = \hat{\boldsymbol{C}}^{(m+1)q}\boldsymbol{X}^{q},\ \boldsymbol{C}^{(m+1)q} = \boldsymbol{e} - \boldsymbol{C}^{q}\boldsymbol{e} \tag{6-23}$$

其中，

$$\hat{\boldsymbol{C}}^{pq} = \begin{pmatrix} c_{1}^{pq} & \cdots & 0 & \cdots & 0 \\ \vdots & & \vdots & & \vdots \\ 0 & \cdots & c_{i}^{pq} & \cdots & 0 \\ \vdots & & \vdots & & \vdots \\ 0 & \cdots & 0 & \cdots & c_{n}^{pq} \end{pmatrix},\boldsymbol{C}^{q} = \sum_{p=1}^{m} \hat{\boldsymbol{C}}^{pq}\boldsymbol{e}$$

将式(6-15)写成矩阵式并将式(6-23)代入得

$$\boldsymbol{Q}^{p} = \sum_{q=1}^{m} \boldsymbol{X}^{pq}\boldsymbol{e} + \sum_{q=1}^{m} \boldsymbol{Y}^{pq} + \boldsymbol{EX}^{p} = \sum_{q=1}^{m} \hat{\boldsymbol{C}}^{pq}\boldsymbol{X}^{q}\boldsymbol{e} + \sum_{q=1}^{m} \hat{\boldsymbol{C}}^{pq}\boldsymbol{Y}^{q} + \boldsymbol{EX}^{p} \tag{6-24}$$

设 $\boldsymbol{A}^{q}$ 是地区 q 基于 A 型表的直接消耗系数矩阵，则有 $\boldsymbol{X}^{q} = \boldsymbol{A}^{q}\hat{\boldsymbol{Q}}^{q}$，将此代入式(6-24)得

$$\boldsymbol{Q}^{p} = \sum_{q=1}^{m} \hat{\boldsymbol{C}}^{pq}\boldsymbol{A}^{q}\boldsymbol{Q}^{q} + \sum_{q=1}^{m} \hat{\boldsymbol{C}}^{pq}\boldsymbol{Y}^{q} + \boldsymbol{EX}^{p},p = 1,2,\cdots,m \tag{6-25}$$

令

① 在有的文献中将 C_{i}^{pq} 称为地区 p 对地区 q 的产品 i 的供应系数。这里认为，c_{i}^{pq} 以地区 q 为分母，反映地区 q 的需求。

$$C=\begin{pmatrix} \hat{C}^{11} & \cdots & \hat{C}^{1q} & \cdots & \hat{C}^{1m} \\ \vdots & & \vdots & & \vdots \\ \hat{C}^{p1} & \cdots & \hat{C}^{pq} & \cdots & \hat{C}^{pm} \\ \vdots & & \vdots & & \vdots \\ \hat{C}^{m1} & \cdots & \hat{C}^{mq} & \cdots & \hat{C}^{mm} \end{pmatrix}, A^D=\begin{pmatrix} A^1 & \cdots & 0 & \cdots & 0 \\ \vdots & & \vdots & & \vdots \\ 0 & \cdots & A^q & \cdots & 0 \\ \vdots & & \vdots & & \vdots \\ 0 & \cdots & 0 & \cdots & A^m \end{pmatrix} \tag{6-26}$$

因为 $Q=(Q_i^{\alpha})_{nm\times1}=(Q^p)_{nm\times1}$，$X=(X_{ij}^{pq})_{nm\times nm}=(X^{pq})_{nm\times nm}$，所以，式(6-25)可以进一步写成

$$Q=CA^DQ+CY+EX \tag{6-27}$$

由式(6-27)可以解出

$$Q=(E-CA^D)^{-1}(CY+EX) \tag{6-28}$$

从以上推导中可以看出，对每一个单地区 A 型投入产出表的中间流量矩阵和最终使用中除出口外的各列用同一个比例系数向量进行拆分，然后将各个地区组装在一起，就构成了地区间投入产出表，所以，这类模型称为列系数模型。每一个地区的 A 型投入产出表除最初投入外的每一列 n 行都被拆分成一列 $n(m+1)$ 行。出口部分不需要拆分。

6.2.1.2 基于 B 型投入产出表的列系数模型

如果是基于 B 型或 C 型投入产出表进行拆分，则每一个地区的 B 型或 C 型投入产出表除最初投入外的每列前 n 行都只需要拆分成一列 nm 行。同样，出口部分不需要拆分。数据基础也包括地区间贸易矩阵。

$$\begin{pmatrix} X^q & Y^q & EX^q & Q^q \\ IM^q & & & \\ Z^q & & & \end{pmatrix} \tag{6-29}$$

因为已知一个地区使用中来自境内的各类产品总量，而且表中的各类使用中境内产品和进口产品是分开的，所以在定义地区间贸易系数时，分母只考虑境内部分。因此，有

$$r_i^q=\sum_{p=1}^{m}C_{pq}^i, \sum_{p=1}^{m}c_i^{pq}=1 \tag{6-30}$$

在假定一个地区的各种使用的供应来源比例都相同时，

$$X_{ij}^{pq}=c_i^{pq}X_{ij}^q,\ Y_i^{pq}=c_i^{pq}Y_i^q \tag{6-31}$$

显然，这时不再对进口施加约束。由此也就可以构造出地区间投入产出表。这时位于中间投入下方的进口行可以直接从单地区表中转移过来，无须通过分解获得。

除以上区别外，基本模型从形式上都与(6-24)—(6-28)相同。

6.2.2 地区间行系数投入产出模型

地区间行系数投入产出模型的基本假定：一个地区的总产出按固定比例分配给各使用地区，包括出口。下面只介绍基于单地区 A 型投入产出表的内容，基于 B 型或 C 型投入产出表的模型推导，可以作为读者的练习题。

数据基础依然是式(6-18)。地区 p 的总供应，即总产出分别用于本地区的中间使用和最终使用、其他地区的中间使用和最终使用、出口。可以写出如下平衡关系式：

$$Q_i^p = \sum_{q=1}^{m} C_{pq}^i + EX_i^p \tag{6-32}$$

定义：

$$h_{pq}^i = \frac{C_{pq}^i}{Q_i^p},\ h_{p(m+1)}^i = \frac{EX_i^p}{Q_i^p} \tag{6-33}$$

称 h_{pq}^i 为地区 p 的产品 i 对地区 q 的供应系数，应有

$$\sum_{q=1}^{m} h_{pq}^i + h_{p(m+1)}^i = 1,\ p = 1,2,\cdots,m;i = 1,2,\cdots,n \tag{6-34}$$

考虑地区间投入产出表与单地区 A 型投入产出表的关系：供给=需求，有

$$\sum_{p=1}^{m} C_{pq}^i + IM_i^q = r_i^q = \sum_{j=1}^{n} X_{ij}^q + Y_i^q + EX_i^q \tag{6-35}$$

因为

$$C_{pq}^i = h_{pq}^i Q_i^p,\ X_{ij}^q = a_{ij}^q Q_j^q \tag{6-36}$$

所以，

$$\sum_{p=1}^{m} h_{pq}^i Q_i^p = \sum_{j=1}^{n} a_{ij}^q Q_j^q + Y_i^q + EX_i^q - IM_i^q \tag{6-37}$$

写出矩阵式即

$$\boldsymbol{H}'\boldsymbol{Q} = \boldsymbol{A}^D\boldsymbol{Q} + \boldsymbol{Y} + \boldsymbol{EX} - \boldsymbol{IM},\ (\boldsymbol{H}' - \boldsymbol{A}^D)\boldsymbol{Q} = \boldsymbol{Y} + \boldsymbol{EX} - \boldsymbol{IM} \tag{6-38}$$

其中，$\boldsymbol{A}^D$ 的定义同式(6-26)，$\boldsymbol{H}'$是 $\boldsymbol{H}$ 的转置，

$$\boldsymbol{H} = \begin{pmatrix} \hat{\boldsymbol{H}}^{11} & \cdots & \hat{\boldsymbol{H}}^{1q} & \cdots & \hat{\boldsymbol{H}}^{1m} \\ \vdots & & \vdots & & \vdots \\ \hat{\boldsymbol{H}}^{p1} & \cdots & \hat{\boldsymbol{H}}^{pq} & \cdots & \hat{\boldsymbol{H}}^{pm} \\ \vdots & & \vdots & & \vdots \\ \hat{\boldsymbol{H}}^{m1} & \cdots & \hat{\boldsymbol{H}}^{mq} & \cdots & \hat{\boldsymbol{H}}^{mm} \end{pmatrix}, \hat{\boldsymbol{H}}^{pq} = \begin{pmatrix} \boldsymbol{h}_1^{pq} & \cdots & 0 & \cdots & 0 \\ \vdots & & \vdots & & \vdots \\ 0 & \cdots & \boldsymbol{h}_i^{pq} & \cdots & 0 \\ \vdots & & \vdots & & \vdots \\ 0 & \cdots & 0 & \cdots & \boldsymbol{h}_n^{pq} \end{pmatrix} \tag{6-39}$$

令 $\boldsymbol{H}' - \boldsymbol{A}^D = \boldsymbol{E} - \boldsymbol{A}$，则可得

$$\boldsymbol{A} = \boldsymbol{E} - \boldsymbol{H}' + \boldsymbol{A}^D \tag{6-40}$$

令

$$\boldsymbol{X} = \boldsymbol{A}\hat{\boldsymbol{Q}} = (\boldsymbol{E} - \boldsymbol{H}' + \boldsymbol{A}^D)\hat{\boldsymbol{Q}},\ Y_i^{pq} = C_{pq}^i - \sum_{j=1}^{n} X_{ij}^{pq},\ IM_q^j = Q_j^q - \sum_{p=1}^{m}\sum_{i=1}^{n} X_{ij}^{pq} - Z_j^q \tag{6-41}$$

于是可得一个地区间投入产出表。至于 Y_i^{pq} 在各最终使用项目上的分配以及 IM_q^j(地区 q 生产产品 j 使用的进口产品总额)在各种产品上的分布由其他方法及辅助统计数据确定。

6.2.3　地区间引力系数投入产出模型

牛顿万有引力定律是物理学的理论模型，反映了两个物体间的由质量存在产生的相互作用力。不同地区之间的经济物质交流即贸易量可以设想是由一种经济吸引力造成的，其规律应该类似于万有引力定律。为了编制地区间投入产出模型，Leontief 和 Strout(1963)提出了地

区间投入产出引力系数模型①。

直接求取地区间投入产出表的地区间分部门生产交往数据 X_{ij}^{pq} 比较困难，退而求其次，目标设为求一种产品的地区间交流数据，即求产品 i 从地区 p 流通到地区 q 的数据：X_i^{pq}。在前面的列系数和行系数模型中都要已知国内地区间贸易矩阵 C^i，其元素 C_{pq}^i 也就是这里的 X_i^{pq}，统计起来也是困难的。引力系数的重要作用就是求得 X_i^{pq}，也就是 C_{pq}^i，然后在此基础上用列系数或行系数假定或其他方法编制地区间投入产出表。

令 $X_i^{oq}=\sum_{p=1}^{m+1}X_i^{pq}, X_i^{po}=\sum_{q=1}^{m+1}X_i^{pq}$，则 X_i^{oq} 表示产品 i 从各地区流到地区 q 的总量，是各地区对地区 q 的产品 i 的供给量，也是地区 q 对产品 i 的需求量；X_i^{po} 表示产品 i 从地区 p 流到各地区的总量(其中包括了在本地区循环的部分)，是地区 p 对产品 i 的供给量，也是各地区对地区 p 的产品 i 的需求量。地区 1 到地区 q 是境内各地区，地区 $m+1$ 是境外，$X_i^{(m+1)q}$ 是从境外进口到地区 q 的产品 i 的量；$X_i^{p(m+1)}$ 是从地区 p 出口到境外的产品 i 的量。如果不考虑产品的简单再流出，即不考虑一种产品流通到另一个地区不经过任何处理就又流通到下一个地区的情况，那么，一种产品从一个地区流到其他地区的总量加上留在本地区的量就等于该地区的总产出，即 $X_i^{po}=Q_i^p$。但是，$X_i^{oq}\neq Q_i^q$，因为 X_i^{oq} 中包括了输入或进口产品。

仿照万有引力定律，作出以下假定：

$$X_i^{pq}=\frac{X_i^{po}X_i^{oq}}{\sum_{r=1}^{m+1}X_i^{ro}}f_i^{pq}=\frac{Q_i^{p}X_i^{oq}}{\sum_{r=1}^{m+1}X_i^{or}}f_i^{pq} \tag{6-42}$$

其中，$\sum_{r=1}^{m+1}X_i^{ro}=\sum_{r=1}^{m+1}X_i^{or}$ 为境内对产品 i 的总供给，也是总需求；f_i^{pq} 称为地区 q 对地区 p 的产品 i 的引力系数，又称贸易参数或摩擦系数，其具体计算方法见式(6-43)。

应用引力模型的关键是估算引力系数 f_i^{pq}。Leontief 和 Strout(1963)提出了不同基础数据条件下摩擦系数的估算方法。

如果可以获得某一年完整的统计资料，包括地区间流量，比如获得地区 E 型投入产出表，则应用式(6-42)可以计算该年度的引力系数 f_i^{pq}。然后，假定相近年度的引力系数不变，即可直接用于计算未知的流量矩阵，这种方法被称为“单一点估计”(Leontief, Strout, 1963)。

实际上，许多产品的地区间流量统计难以得到。为了克服这个困难，设计下面的估计公式：

$$f_i^{pq}=(c_i^p+k_i^q)\delta_i^{pq}/d_i^{pq} \tag{6-43}$$

其中，d_i^{pq} 表示两地区间每单位产品运输成本，或者可用两地区间距离来代替。δ_i^{pq} 表示两地区在产品 i 上的关联性。当 $p=q$ 时，$\delta_i^{pp}=0$；当 $p\neq q$ 时，如果有产品 i 从地区 p 输出到地区 q，$\delta_i^{pq}=1$，否则，$\delta_i^{pq}=0$。c_i^p 和 k_i^q 分别反映地区 p 作为产品 i 的供给者对其他地区的相对地位和地区 q

① LEONTIEF W, STROUT A. Multiregional input-output analysis [M]//BARNA T. Structural interdependence and economic development: proceedings of an internatinal conference on input-output techniques. London: Palgrave Macmillan, 1963:119-149.

作为产品 i 的需求者对其他地区的相对地位。这两个参数一般需要通过间接计算求得。Leontief 和 Strout(1963)曾提出一些方法,包括精确解法、简单解法、最小二乘法以及点估计法等。比如,可以用地区 p 对其他地区的产品 i 的输出之和占全国产品 i 的总产出之比作为 c_i^p,用地区 q 对产品 i 的外需占全国对产品 i 的总使用之比作为 k_i^q。

在原理上,对引力系数的估计类似于用 RAS 法估计中间流量矩阵,已知数据量远小于估计所需要的实际信息量,所以,各种估计方法的结果都存在较大的不确定性,需要根据增加的信息约束和专业经验进行不断矫正和完善。RAS 法同样也可以用于地区间投入产出表的编制,与一定的重点调查数据相结合,可以提高编表的准确性。

习　题

1. 请分析一个国家境内各地区之间可能发生的经济影响及其与地理区位的关系。
2. 假设世界上只有两大地区,每个地区只有两大部门,请构造一个地区间投入(占用)产出表,建立基本投入产出模型,给出可能的应用。
3. 请建立一个三地区两部门地区间投入产出表,推导基本投入产出模型并求解。

本章主要参考文献

1. 刘新建,刘海啸,房俊峰. 高等数量经济学[M]. 北京:科学出版社,2018.
2. 陈锡康,杨翠红. 投入产出技术[M]. 北京:科学出版社,2011.
3. 刘起运,陈璋,苏汝劼. 投入产出分析[M]. 3 版. 北京:中国人民大学出版社,2020.
4. 张亚雄,赵坤. 区域间投入产出分析[M]. 北京:社会科学文献出版社,2006.

第7章　贸易投入产出分析

在相当长的时间内，以新古典模型为表达形式的要素禀赋理论在国际贸易理论中占据着绝对的统治地位。但是，这一理论在实证检验中遇到了挑战。1953年，列昂惕夫用美国1947年进出口行业所用的资本存量与工人人数数据检验赫俄理论①。结果发现，1947年美国向世界其他国家出口的是劳动密集型产品，而换取的是相对资本密集型产品。这就是著名的“列昂惕夫之谜”或“列昂惕夫悖论”。列昂惕夫的研究结果引发了持续一代人的争论，围绕“列昂惕夫之谜”的解释，产生了诸如要素密集度逆转说、人力资本说和贸易政策限制说等一系列贸易学说，促进了国际贸易理论的创新和发展。投入产出分析方法也被广泛应用到国际贸易研究领域，对一国贸易结构、进口品在生产中的作用以及对产出、就业和环境等的影响进行分析，特别是贸易增加值（或增加值贸易，trade in value added，TIVA）、全球价值链等研究成为热点。

7.1　基本贸易分析投入产出模型

国际贸易理论旨在说明贸易的起因、利益及贸易政策的影响与结果，涉及的内容主要包括贸易纯理论、贸易政策及贸易与经济增长之间的关系。大卫·李嘉图认为比较优势是国际贸易的基础，强调各国之间相对劳动生产率的差异是贸易的动机，确立了贸易纯理论的发展方向。瑞典经济学家赫克歇尔（1919年）和俄林（1933年）分别在他们的文章和著作中论述了各国资源要素禀赋的构成与贸易形态之间的关系，认为要素禀赋差别才是决定国际分工和交换的最重要的因素，由此形成的模型称为赫克歇尔-俄林模型（简称赫俄模型）。赫俄模型强调生产要素的相对丰裕程度（不同生产要素在国家资源中的相对比例）和要素密集度（产品生产中不同要素的相对使用程度）二者之间的相互作用会对一国的比较优势产生影响。不同的商品生产需要不同的生产要素配置，各国生产要素储备比例不同会造成各国产品成本的差异。劳动力相对充裕的国家，劳动密集型产品的生产成本会相对低一些。在资本相对充足的国家，资本的价格会相对较低，对生产资本密集型产品有利。因此，劳动力相对充裕的国家一般具有生产劳动密集型产品的比较优势，资本相对充裕的国家具有生产资本密集型产品的比较优势。根据赫俄贸易理论，各国应集中生产并出口能够充分利用本国充裕要素的产品，进口需要密集使用本国稀缺要素的产品。投入产出技术为验证贸易理论提供了重要方法。

7.1.1　非竞争型投入产出基本模型

非竞争型投入产出表（C型表和E型表）主要用于研究国家间的贸易关系。在编制该表

---

① LEONTIEF W. Domestic Production and Foreign Trade[J]. Proceedings of the American Philosophical Society, 1953, 97(4):332-349.

时,需要将中间投入区分为国内产品和进口产品两个部分,基本形式见表 7-1。

表 7-1　非竞争型投入产出表

	中间使用	最终使用	出口	总产出
国内品中间投入	$\boldsymbol{X}^D$	$\boldsymbol{Y}^D$	$\boldsymbol{EX}$	$\boldsymbol{Q}$
进口品中间投入	$\boldsymbol{X}^{IM}$	$\boldsymbol{Y}^{IM}$	0	$\boldsymbol{IM}$
最初投入	$\boldsymbol{Z}$			
总投入	$\boldsymbol{Q}'$			

表 7-1 中,$\boldsymbol{X}^D$ 为国内产品的中间产品流量矩阵,$\boldsymbol{Y}^D$ 为国内最终需求的列向量,$\boldsymbol{X}^{IM}$ 为进口产品的中间产品流量矩阵,$\boldsymbol{Y}^{IM}$ 为对进口品的国内最终需求列向量。在这种细分下,可以更为详细地测算进出口贸易对各部门投入产出的影响。由此,现在越来越多的学者偏向于使用非竞争型投入产出表,分离进口品对研究结果的影响。

非竞争型投入产出表可以清晰地反映生产和最终需求对进口产品的消耗,其基本平衡关系如下(其中 Y_i^D 包含了出口):

$$\sum_{j=1}^{n} X_{ij}^D + Y_i^D = Q_i \tag{7-1}$$

$$\sum_{j=1}^{n} X_{ij}^{IM} + Y_i^{IM} = IM_i \tag{7-2}$$

应用非竞争型投入产出表建立模型时,假定进口产品和国内产品不能互相替代,即具有非竞争性。令 $a_{ij}^D = X_{ij}^D / Q_j$ 表示对国内产品直接消耗系数,$a_{ij}^M = X_{ij}^{IM} / Q_j$ 表示对进口产品直接消耗系数,代入式(7-1)和(7-2),并用矩阵表示,有

$$\boldsymbol{A}^D\boldsymbol{Q} + \boldsymbol{Y}^D = \boldsymbol{Q} \tag{7-3}$$

$$\boldsymbol{A}^{IM}\boldsymbol{Q} + \boldsymbol{Y}^{IM} = \boldsymbol{IM} \tag{7-4}$$

从式(7-3)可得

$$\boldsymbol{Q} = (\boldsymbol{E} - \boldsymbol{A}^D)^{-1}\boldsymbol{Y}^D = \widetilde{\boldsymbol{B}}^D\boldsymbol{Y}^D \tag{7-5}$$

其中,$\widetilde{\boldsymbol{B}}^D = (\boldsymbol{E} - \boldsymbol{A}^D)^{-1}$ 为对国内产品的完全需要系数矩阵,矩阵 $\widetilde{\boldsymbol{B}}^D$ 的元素 $\tilde{b}_{ij}^D$ 表示生产 1 单位最终产品 j 需要的国内产品 i 的总产出。

7.1.2　出口对总产出和增加值的影响效应分析

直接增加值系数为 $a_{vj} = Z_j / Q_j$,记完全增加值系数向量为 $\boldsymbol{B}'_v = (b_{v1}, b_{v2}, \cdots, b_{vn})$,结合式(7-5)可得

$$\boldsymbol{B}'_v = \boldsymbol{A}'_v(\boldsymbol{E} - \boldsymbol{A}^D)^{-1} \tag{7-6}$$

由式(7-5)和(7-6),可得出口变动对总产出的影响:

$$\Delta\boldsymbol{Q} = (\boldsymbol{E} - \boldsymbol{A}^D)^{-1}\Delta\boldsymbol{EX} = \widetilde{\boldsymbol{B}}^D\Delta\boldsymbol{EX} \tag{7-7}$$

从而,出口变动对国内生产总值的影响为

$$\Delta\boldsymbol{GDP} = \boldsymbol{A}'_v\Delta\boldsymbol{Q} = \boldsymbol{A}'_v(\boldsymbol{E} - \boldsymbol{A}^D)^{-1}\Delta\boldsymbol{EX} = \boldsymbol{B}'_v\Delta\boldsymbol{EX} \tag{7-8}$$

对于 C 型投入产出表,完全增加值系数不等于 1,即 $\boldsymbol{B}'_v \neq \boldsymbol{e}$,这是因为存在进口行:

$$B'_v = A'_v(E - A^D)^{-1} = e(E - A^D - A^{IM})(E - A^D)^{-1} = e - eA^{IM}(E - A^D)^{-1} \quad (7\text{-}9)$$

7.1.3 进口品完全消耗系数分析

在产品的生产过程中,不仅直接消耗了进口的原料、能源等,而且生产过程中用作原材料的国内产品的生产也会消耗进口产品,从而形成了对进口产品的间接消耗。进口品的直接消耗和间接消耗之和构成对进口品的完全消耗。

若以 a_{ij}^M 表示部门 j 生产单位产品过程中直接消耗的进口产品 i 的数值,即进口品的直接消耗系数,则对进口品的完全消耗系数 b_{ij}^M 为

$$b_{ij}^M = a_{ij}^M + \sum_{k=1}^{n} b_{ij}^M a_{ij}^D, i,j = 1,2,\cdots,n \quad (7\text{-}10)$$

以矩阵形式表示,进口品完全消耗系数矩阵为

$$B^M = A^M(E - A^D)^{-1} = A^M \widetilde{B}^D \quad (7\text{-}11)$$

记部门 j 生产 1 单位产品所直接消耗的所有进口产品的总和为 a_{Mj},称为该部门的直接进口额系数,即

$$a_{Mj} = \sum_{k=1}^{n} a_{kj}^M, j = 1,2,\cdots,n \quad (7\text{-}12)$$

用矩阵表示为

$$A'_M = e'A^M \quad (7\text{-}13)$$

其中,$A'_M = (a_{M1}, a_{M2}, \cdots, a_{Mn})$,$e' = (1,1,\cdots,1)$为求和向量。于是,完全进口额系数向量为

$$B'_M = A'_M(E - A^D)^{-1} \quad (7\text{-}14)$$

根据式(7-6)和(7-14),可得

$$\begin{aligned} B'_V + B'_M &= A'_V(E - A^D)^{-1} + A'_M(\widetilde{E} - A^D)^{-1} \\ &= (A'_V + A'_M)(E - A^D)^{-1} \end{aligned} \quad (7\text{-}15)$$

对于任何一个部门,中间投入系数和增加值系数之和等于 1,即

$$e'A^D + e'A^M + A'_V = e' \quad (7\text{-}16)$$

由此可得,

$$\begin{aligned} B'_V + B'_M &= (A'_V + e'A^M)(E - A^D)^{-1} \\ &= (e' - e'A^D)(E - A^D)^{-1} \\ &= e'(E - A^D)(E - A^D)^{-1} \\ &= e' \end{aligned} \quad (7\text{-}17)$$

式(7-17)表明,各部门的完全国内增加值系数与完全进口额系数之和都等于 1。由此可得,一个部门的单位产出等于该部门的完全国内增加值系数加上完全进口额系数,即

$$b_{Vj} + b_{Mj} = 1, j = 1,2,\cdots,n \quad (7\text{-}18)$$

对于整个国家而言,一个国家的单位产出等于该国的完全国内增加值系数和完全进口额系数之和。

7.2 贸易的增加值效应

一些国家特别是美国长期处于贸易逆差,为了减轻国内的压力,不断要求别国增加从其国

进口。为了准确核算两国在贸易中的得失，刘遵义、陈锡康等构建了扩展的非竞争型投入占用产出模型，以研究出口对国内生产总值或增加值的影响效应①。在此基础上，目前国际上形成了全球价值链研究潮流。

7.2.1　增加值贸易核算体系

测度一跨国交易的进出口值，是测度其全部价值，即一个产品跨越各个关境（总贸易体系是国家，专门贸易体系是关境）时以总流量计入进出口贸易总额。如果商品的生产流程基本在各国国内完成，进口商品均被进口国作为最终消费品，则以全值作为统计口径的贸易核算可以反映一国的交换价值。但是，如果商品的生产由多个国家完成，或者是一个商品的生产流程多次跨越国境（关境），就形成了商品价值的全球关联，即全球价值链。在全球价值链中，商品的要素价值会出现重复迭代的过程，进而有可能虚增有些国家的进出口价值。

当今国际贸易大约有三分之二是中间品贸易。这种中间投入品的贸易对全值国际贸易核算方法提出了重大挑战。除了重复计算的问题，全值统计口径也难以区分贸易产品价值要素真正的原产地和最终消费地，从而难以计算各个国家在国际贸易中的真正贸易利得。

为了弥补全值统计口径的缺陷，学者们提出基于增加值贸易核算体系，即探究一国参与国际贸易中的增加值运动。将原始材料投入生产环节，然后通过一系列中间环节和中间产品，最后进入消费形成最终产成品。在这些过程中，产品的价值不断增加，即增加值运动。全球价值链下的增加值贸易核算方法是指用国际贸易中产品包含的各国国内增加值取代进出口贸易总价值作为国际贸易统计的新基准，是对传统基于国境（关境）进出口贸易统计的有益补充。

增加值贸易核算方法是以垂直专业化（vertical specialization，VS）理论为基础，通过对垂直专业化中不符合实际的假设条件不断修改和放松，最终形成一个全新的贸易统计框架。垂直专业化分工是指各国中间品贸易不断增加，跨越多个国家的垂直贸易链不断延长，每个国家只在商品生产的某个或某几个生产环节进行专业化生产的分工与贸易现象。Hummels 等（2001）将一国参与垂直专业化分工的方式分为两种：一是进口中间投入用于生产出口，即 VS；二是出口中间产品被他国用以生产出口，即 VSI。其文中使用垂直专业化率（vertical specialization share，VSS）测算了出口产品中源于境外投入品的份额。② 设国家 k 有 n 个部门，则国家 k 的垂直专业化指数可以依据国家 k 的投入产出表计算得出：

$$\boldsymbol{VSS}_k = \boldsymbol{VS}_k/\boldsymbol{EX}_k = \boldsymbol{eA}^M(\boldsymbol{E} - \boldsymbol{A}^D)^{-1}\boldsymbol{EX}^k/\boldsymbol{EX}_k \tag{7-19}$$

其中，$\boldsymbol{VS}_k$ 是国家 k 为出口 $\boldsymbol{EX}^k$ 从他国进口的中间投入品总值，$\boldsymbol{EX}_k$ 为国家 k 的出口总额，$\boldsymbol{e}$ 为元素均为 1 的 $1\times n$ 行向量，$\boldsymbol{A}^M$ 为 $n\times n$ 的进口系数矩阵，$(\boldsymbol{E}-\boldsymbol{A}^D)^{-1}$ 为 $n\times n$ 的国家 k 对国内产品的列昂惕夫逆矩阵，$\boldsymbol{EX}^k$ 为 $n\times 1$ 的出口列向量。这种计算垂直专业化率的方法称为 HIY 法。很显然，HIY 方法是建立在严格的假设基础之上的：一是国内消费品和出口品的进口中间品要素投入密集度一样；二是一切进口的中间产品的价值都不包含国内生产的价值，而是都来

① 刘遵义，陈锡康，杨翠红，等. 非竞争型投入占用产出模型及其应用：中美贸易顺差透视[J]. 中国社会科学，2007(5)：91-103.

② HUMMELS D，ISHII J，YI K. The nature and growth of vertical specialization in world trade[J]. Journal of International Economics，2001，54(1)：75-96.

源于国外。由于 VSI 的研究需要将双边贸易数据和投入产出表进行匹配,Hummels 文中没有给出 VSI 的计算公式。尽管用 HIY 方法对垂直专业化的测算并不准确,但是却提供了一种对价值增值分解的新思路,即通过投入产出表,将总出口中的国内增加值和国外增加值分离出来。沿着 Hummels 的研究思路,后续研究进一步构建了其他测度垂直化的指标,如:测度被他国加工生产成最终产品后又被本国进口回来进行最终消费的国内中间产品价值部分的 VSI*①,测度在本国生产但最终被他国消费(需求)所吸收的国内增加值的 VAX②。

Koopman 等(2010)将 HIY 方法进行拓展,提出了基于全球价值链和国民经济核算体系的 KPWW 法,首次将一国的总出口分解为 3 个部分,即直接价值增值出口、间接价值增值出口及国外价值增值③。在此基础上,Koopman 等(2014)进一步根据出口品最终价值去向将每部分细化为 3 个指标,最终共形成 9 个具体指标。这种分解法已经实现了对一国总出口的完全分解,并将增加值贸易分解方法与传统总值贸易核算体系进行了有效衔接,纳入统一框架,是增加值贸易核算的重要研究进展,称为 KWW 法④。

王直等(2015)构建了一国双边且分部门的总出口分解公式,进一步扩展 Koopman 等提出的分解法,将一国总出口的增加值分解从国家层面拓展到部门层面、从单边层面深化到双边层面,从而为传统官方贸易统计向增加值贸易核算(以增加值为标准的国民经济核算体系)的有效转换构建了一套操作规则⑤。

2011 年 6 月,时任世界贸易组织总干事 Pascal Lamy(帕斯卡尔·拉米)在日内瓦会议中提出建议:“应以进出口贸易中的各国国内增加值变化作为对外贸易统计的标准。”其后,世界贸易组织和经济合作与发展组织、欧盟都先后开展了增加值贸易统计的相关研究。

7.2.2 国家间投入产出模型

国家间投入产出表是地区间投入产出表的一种。国家间投入产出表深入反映了产品在国家间的生产投入和最终使用中的运动及初次收入分配,是计算产品价值运动的有效工具。

设全球或世界国家间投入产出表形式如表 7-2 所示,其中包括 G 个国家(地区),每个国家(地区)的生产部门数相同,都为 N 个⑥。X_{ij}^{sr} 为地区 r 的部门 j 对地区 s 的部门 i 的中间使用,Y_i^{sr} 是地区 r 的部门 j 对地区 s 的部门 i 的产品的最终需求,VA_j^r 是地区 r 部门 j 的增加值,Q_j^r 是地区 r 部门 j 的总产出。

---

① DAUDIN G, RIFFLART C, SCHWEISGUTH D . Who produces for whom in the world economy [J]. Canadian Journal of Economics, 2011,44(4):1403-1437.

② JOHNSON R C,NOGUERA G. Accounting for intermediates:production sharing and trade in value added[J]. Journal of International Economics,2012,86(2):224-236.

③ KOOPMAN R,POWERS W M,WANG Z. Give credit where credit is due:tracing value added in global production chains[R]. Cambridge,MA:National Bureau of Economic Research,2010.

④ KOOPMAN R, WANG Z, WEI S J. Tracing value-added and double counting in gross exports[J]. The American Economic Review,2014,104(2):459-494.

⑤ 王直,魏尚进,祝坤福. 总贸易核算法:官方贸易统计与全球价值链的度量[J]. 中国社会科学, 2015(9):108-127.

⑥ 为方便讨论和表示,这里假定各国部门数量相同。各国部门数量不相同并不影响模型的建立。

中间投入部分记录了各国各部门产品在本国或其他国家的生产投入使用情况，以按地区分组的子矩阵形式呈现。其中，对角线上的子矩阵分别表示本国各部门产品在本国的投入和使用情况，非对角线上的子矩阵表示任一国家的各部门产品在其他国（地区）各部门的投入和使用情况。最终使用部分由各国家的最终使用子矩阵组成。增加值部分相应由各国的增加值子矩阵组成。

表 7-2　国家间投入产出模型

		中间使用				最终使用				总产出
		国家 1	国家 2	…	国家 G	国家 1	国家 2	…	国家 G	
中间投入	国家 1	$\boldsymbol{X}^{11}$	$\boldsymbol{X}^{12}$	…	$\boldsymbol{X}^{1G}$	$\boldsymbol{Y}^{11}$	$\boldsymbol{Y}^{12}$	…	$\boldsymbol{Y}^{1G}$	$\boldsymbol{Q}^{1}$
	国家 2	$\boldsymbol{X}^{21}$	$\boldsymbol{X}^{22}$	…	$\boldsymbol{X}^{2G}$	$\boldsymbol{Y}^{21}$	$\boldsymbol{Y}^{22}$	…	$\boldsymbol{Y}^{2G}$	$\boldsymbol{Q}^{2}$
	⋮	⋮	⋮	⋮	⋮	⋮	⋮	…	⋮	⋮
	国家 G	$\boldsymbol{X}^{G1}$	$\boldsymbol{X}^{G2}$	…	$\boldsymbol{X}^{GG}$	$\boldsymbol{Y}^{G1}$	$\boldsymbol{Y}^{GG}$	…	$\boldsymbol{Y}^{GG}$	$\boldsymbol{Q}^{G}$
增加值		$\boldsymbol{Z}^{1}$	$\boldsymbol{Z}^{2}$	…	$\boldsymbol{Z}^{G}$					
总投入		$\boldsymbol{Q}^{1}$	$\boldsymbol{Q}^{2}$	…	$\boldsymbol{Q}^{G}$					

国家间投入产出模型行平衡关系可表示为

$$\begin{aligned} Q_i^s &= (X_{i1}^{s1} + \cdots + X_{iN}^{s1}) + (X_{i1}^{s2} + \cdots + X_{iN}^{s2}) + \cdots + (X_{i1}^{sG} + \cdots + X_{iN}^{sG}) + Y_i^{s1} + \cdots + Y_i^{sG} \\ &= \sum_r \sum_j X_{ij}^{sr} + \sum_r Y_i^{sr} \end{aligned} \tag{7-20}$$

列平衡关系可表示为

$$\begin{aligned} Q_j^r &= (X_{1j}^{1r} + \cdots + X_{Nj}^{1r}) + (X_{1j}^{2r} + \cdots + X_{Nj}^{2r}) + \cdots + (X_{1j}^{Gr} + \cdots + X_{Nj}^{Gr}) + Z_j^r \\ &= \sum_s \sum_i X_{ij}^{sr} + VA_j^r \end{aligned} \tag{7-21}$$

其中：$s,r=1,2,\cdots,\boldsymbol{G};i,j=1,2,\cdots,N$。

基于平衡关系的国家间投入产出模型以矩阵形式表示为

$$\boldsymbol{Q} = \boldsymbol{AQ} + \boldsymbol{Y} = (\boldsymbol{E} - \boldsymbol{A})^{-1}\boldsymbol{Y} = \boldsymbol{LY} \tag{7-22}$$

其中，矩阵 $\boldsymbol{A}$ 的子矩阵 $\boldsymbol{A}^{sr}$ 为地区 r 对地区 s 产品的直接消耗系数矩阵，维度为 $N\times N$；$\boldsymbol{Y}$ 和 $\boldsymbol{Q}$ 分别为各地区产品的最终使用合计和总产出向量，二者都是 GN 维列向量；$\boldsymbol{L}=(\boldsymbol{E}-\boldsymbol{A})^{-1}$ 是列昂惕夫逆矩阵。

7.2.3　出口的增加值效应

在投入产出模型中，最终使用和最初投入之间有一定的对应关系。通过投入产出系数，既可以将增加值用最终使用表示，也可以将最终使用用增加值表示。将增加值用最终使用表示，可以分析由各项最终使用给各个生产单位带来的增加值收入，由此基于国家间投入产出模型就可以计算各个国家从出口中获得的增加值。将最终使用用增加值表示，可以分析各项最终使用隐含的增加值来源，由此就可以基于国家间投入产出模型分析各个国家的出口中隐含的增加值来源。

7.2.3.1　增加值的最终使用来源分析

以 $\boldsymbol{Q}^r$ 表示国家 r 的总产出列向量，$\boldsymbol{Y}^r$ 表示国家 r 的产品作为最终使用的列向量，则式(7-

22)可以表示如下：

$$\begin{bmatrix} \boldsymbol{Q}^1 \\ \boldsymbol{Q}^2 \\ \vdots \\ \boldsymbol{Q}^G \end{bmatrix} = \begin{bmatrix} \boldsymbol{L}^{11} & \boldsymbol{L}^{12} & \cdots & \boldsymbol{L}^{1G} \\ \boldsymbol{L}^{21} & \boldsymbol{L}^{22} & \cdots & \boldsymbol{L}^{2G} \\ \vdots & \vdots & & \vdots \\ \boldsymbol{L}^{G1} & \boldsymbol{L}^{G2} & \cdots & \boldsymbol{L}^{GG} \end{bmatrix} \begin{bmatrix} \boldsymbol{Y}^1 \\ \boldsymbol{Y}^2 \\ \vdots \\ \boldsymbol{Y}^G \end{bmatrix} \tag{7-23}$$

基于国家间投入产出表可以获得每一个国家的最终使用列，其中，$\boldsymbol{Y}^{rs}$ 表示由国家 r 向国家 s 提供的最终使用(包括消费和资本形成)，整体最终使用矩阵以 $[\boldsymbol{Y}^{rs}]$ 表示，其维度为 $GN\times G$，有如下关系：

$$\boldsymbol{Y} = [\boldsymbol{Y}^{rs}]\boldsymbol{e}_{G\times 1}, \boldsymbol{Y}^r = \sum_{s=1}^{G} \boldsymbol{Y}^{rs} \tag{7-24}$$

其中，$\boldsymbol{e}_{G\times 1}$ 表示 G 维求和列向量。

以矩阵 $[\boldsymbol{Y}^{rs}]$ 去乘矩阵 $\boldsymbol{L}$ 有

$$[\boldsymbol{Q}^{rs}] = \boldsymbol{L}[\boldsymbol{Y}^{rs}], \boldsymbol{Q}^{rs} = \sum_{q=1}^{G} \boldsymbol{L}^{rq}\boldsymbol{Y}^{qs} \tag{7-25}$$

其中，$[\boldsymbol{Q}^{rs}]$ 是一个 $GN\times G$ 矩阵，其元素 $\boldsymbol{Q}^{rs}$ 的经济意义是为满足国家 s 的最终使用需要，国家 r 生产的总产出向量，其维度为 N。显然有 $\sum_{s=1}^{G} \boldsymbol{Q}^{rs} = \boldsymbol{Q}^r$。

基于国家间投入产出表，国家 r 的增加值系数 $\boldsymbol{V}^r = \boldsymbol{Z}^r/\boldsymbol{Q}^r$①，其中，$\boldsymbol{Z}^r$ 和 $\boldsymbol{Q}^r$ 分别是国家 r 的增加值行向量和总产出列向量，维度都为 N，$\boldsymbol{V}^r$ 是 N 维行向量。全系统的增加值系数矩阵 $\boldsymbol{V} = (\boldsymbol{V}^1, \boldsymbol{V}^2, \cdots, \boldsymbol{V}^G)$，是 GN 维行向量。于是有

$$\boldsymbol{Z}' = \hat{\boldsymbol{Q}}\boldsymbol{V}' = \hat{\boldsymbol{V}}\boldsymbol{Q} = \hat{\boldsymbol{V}}\boldsymbol{L}\boldsymbol{Y} \tag{7-26}$$

如果用 $[\boldsymbol{Q}^{rs}]$ 的每一列去乘 $\hat{\boldsymbol{V}}$，即用 $[\boldsymbol{Y}^{rs}]$ 的每一列去乘 $\hat{\boldsymbol{V}}\boldsymbol{L}$，就都可以得到一个 GN 维列向量，共有 $\boldsymbol{G}$ 个这样的列向量，将这些列向量构成一个 $GN\times G$ 矩阵，即

$$\begin{aligned} [\boldsymbol{Z}^{rs}] &= \begin{bmatrix} \hat{\boldsymbol{V}}^1 & 0 & \cdots & 0 \\ 0 & \hat{\boldsymbol{V}}^2 & \cdots & 0 \\ \vdots & \vdots & & \vdots \\ 0 & 0 & \cdots & \hat{\boldsymbol{V}}^G \end{bmatrix} \begin{bmatrix} \boldsymbol{L}^{11} & \boldsymbol{L}^{12} & \cdots & \boldsymbol{L}^{1G} \\ \boldsymbol{L}^{21} & \boldsymbol{L}^{22} & \cdots & \boldsymbol{L}^{2G} \\ \vdots & \vdots & & \vdots \\ \boldsymbol{L}^{G1} & \boldsymbol{L}^{G2} & \cdots & \boldsymbol{L}^{GG} \end{bmatrix} \begin{bmatrix} \boldsymbol{Y}^{11} & \boldsymbol{Y}^{12} & \cdots & \boldsymbol{Y}^{1G} \\ \boldsymbol{Y}^{21} & \boldsymbol{Y}^{22} & \cdots & \boldsymbol{Y}^{2G} \\ \vdots & \vdots & & \vdots \\ \boldsymbol{Y}^{G1} & \boldsymbol{Y}^{G2} & \cdots & \boldsymbol{Y}^{GG} \end{bmatrix} \\ &= \begin{bmatrix} \hat{\boldsymbol{V}}^1 \sum_{r=1}^{G} \boldsymbol{L}^{1r}\boldsymbol{Y}^{r1} & \hat{\boldsymbol{V}}^1 \sum_{r=1}^{G} \boldsymbol{L}^{1r}\boldsymbol{Y}^{r2} & \cdots & \hat{\boldsymbol{V}}^1 \sum_{r=1}^{G} \boldsymbol{L}^{1r}\boldsymbol{Y}^{rG} \\ \hat{\boldsymbol{V}}^2 \sum_{r=1}^{G} \boldsymbol{L}^{2r}\boldsymbol{Y}^{r1} & \hat{\boldsymbol{V}}^2 \sum_{r=1}^{G} \boldsymbol{L}^{2r}\boldsymbol{Y}^{r2} & \cdots & \hat{\boldsymbol{V}}^2 \sum_{r=1}^{G} \boldsymbol{L}^{2r}\boldsymbol{Y}^{rG} \\ \vdots & \vdots & & \vdots \\ \hat{\boldsymbol{V}}^G \sum_{r=1}^{G} \boldsymbol{L}^{Gr}\boldsymbol{Y}^{r1} & \hat{\boldsymbol{V}}^G \sum_{r=1}^{G} \boldsymbol{L}^{Gr}\boldsymbol{Y}^{r2} & \cdots & \hat{\boldsymbol{V}}^G \sum_{r=1}^{G} \boldsymbol{L}^{Gr}\boldsymbol{Y}^{rG} \end{bmatrix} \end{aligned} \tag{7-27}$$

① 对于两个同阶向量或矩阵 $\boldsymbol{A}$ 和 $\boldsymbol{B}$，$\boldsymbol{C}=\boldsymbol{A}/\boldsymbol{B}$ 表示用矩阵 $\boldsymbol{A}$ 的每一个元素除以矩阵 $\boldsymbol{B}$ 的对应元素。

其中,元素 $\boldsymbol{Z}^{rs}$ 是国家 s 的最终使用对国家 r 各生产部门带来的增加值,是一个 N 维列向量。$\boldsymbol{Z}^{ss}$ 是国家 s 的最终使用对本国各生产部门带来的增加值,而 $\boldsymbol{eZ}^{ss}$ 是对本国国内生产总值(GDP^s)的贡献, $\sum_{s=1}^{G}\boldsymbol{eZ}^{rs}=GDP^r$。$GDP^r-\boldsymbol{eZ}^{rr}=\sum_{s\neq r}\boldsymbol{eZ}^{rs}$ 是国家 r 通过出口最终产品(消费品和资本品)获得的收入,也称为增加值出口(称为收入更合理),其中 $\boldsymbol{eZ}^{rs}$ 为出口到了国家 $s(s\neq r)$。

$$\boldsymbol{eZ}^{rs}=\boldsymbol{e\hat{V}}^{r}\boldsymbol{Q}^{rs}=\boldsymbol{V}^{r}\boldsymbol{Q}^{rs}=\boldsymbol{V}^{r}\sum_{q=1}^{G}\boldsymbol{L}^{rq}\boldsymbol{Y}^{qs} \tag{7-28}$$

以 $\boldsymbol{VA}^{rs}=\boldsymbol{V}^{r}/\boldsymbol{Q}^{rs}$ 构造矩阵得

$$\boldsymbol{VA}=\begin{bmatrix}\boldsymbol{VA}^{11} & \boldsymbol{VA}^{12} & \cdots & \boldsymbol{VA}^{1G}\\ \boldsymbol{VA}^{21} & \boldsymbol{VA}^{22} & \cdots & \boldsymbol{VA}^{2G}\\ \vdots & \vdots & \cdots & \vdots\\ \boldsymbol{VA}^{G1} & \boldsymbol{VA}^{G2} & \cdots & \boldsymbol{VA}^{GG}\end{bmatrix}_{G\times GN} \tag{7-29}$$

其中,每一行元素表示一国 GDP 的来源构成,即一国的国内生产总值通过哪个国家的最终使用产生;每一列元素表示一国最终使用的增加值来源构成,即一国的最终使用是由哪些国家的增加值提供的,或各国家从这些消费或资本形成中获取了多少收入①。矩阵对角线上的元素表示一国生产总值中来源于本国最终使用(消费和资本形成)的部分,非对角线上的元素表示一国增加值为他国吸收的部分。

以增加值系数构造分块对角矩阵 $\overline{\boldsymbol{V}}$,是一个 $G\times GN$ 阶矩阵或 $G\times G$ 分块对角矩阵。作为分块对角矩阵,其主对角线上的子矩阵是 $\boldsymbol{V}^{r}(r=1,2,\cdots,G)$,则矩阵 $\boldsymbol{VA}$ 可以表示为

$$\boldsymbol{VA}=\overline{\boldsymbol{V}}[\boldsymbol{Q}^{rs}]=\overline{\boldsymbol{V}}\boldsymbol{B}[\boldsymbol{Y}^{rs}] \tag{7-30}$$

令 $GDP^r-\boldsymbol{eZ}^{rr}=\sum_{s\neq r}\boldsymbol{eZ}^{rs}=\boldsymbol{VT}^{r}$,于是

$$\boldsymbol{VT}^{r}=\sum_{s\neq r}\boldsymbol{eZ}^{rs}=\sum_{s\neq r}\boldsymbol{e\hat{V}}^{r}\sum_{q\neq 1}^{G}\boldsymbol{B}^{rq}\boldsymbol{Y}^{qs}=\boldsymbol{V}^{r}\sum_{s\neq r}\sum_{q=1}^{G}\boldsymbol{B}^{rq}\boldsymbol{Y}^{qs} \tag{7-31}$$

$\boldsymbol{VT}^{r}$ 可以被分解为三部分:

$$\boldsymbol{VT}^{r}=\boldsymbol{V}^{r}\sum_{s\neq r}\boldsymbol{B}^{rr}\boldsymbol{Y}^{rs}+\boldsymbol{V}^{r}\sum_{s\neq r}\boldsymbol{B}^{rs}\boldsymbol{Y}^{ss}+\boldsymbol{V}^{r}\sum_{s\neq r}\sum_{t\neq r,s}\boldsymbol{B}^{rs}\boldsymbol{Y}^{st} \tag{7-32}$$

式(7-32)称为国家 r 的出口增加值按照各国家最终使用的分解。其中,第一项是各国家直接使用国家 r 的产品作最终产品拉动的部分;第二项是各国家对本国产品的最终使用通过其国内生产使用国家 r 产品作中间产品拉动的部分,即各国最终使用虽然直接使用的是其本

① $\sum_{r=1}^{G}\boldsymbol{VA}^{rs}=\sum_{r=1}^{G}\boldsymbol{V}^{r}\boldsymbol{Q}^{rs}=\sum_{r=1}^{G}\boldsymbol{V}^{r}\sum_{q=1}^{G}\boldsymbol{B}^{rq}\boldsymbol{Y}^{qs}=\sum_{q=1}^{G}(\sum_{r=1}^{G}\boldsymbol{V}^{r}\boldsymbol{B}^{rq})\boldsymbol{Y}^{qs}$。因为,$\boldsymbol{e\hat{V}B}=(\sum_{r=1}^{G}\boldsymbol{V}^{r}\boldsymbol{B}^{rq})_{1\times GN}=\boldsymbol{e}_{1\times GN}$,所以,$\sum_{r=1}^{G}\boldsymbol{V}^{r}\boldsymbol{B}^{rq}=\boldsymbol{e}_{1\times N}$,所以,$\sum_{r=1}^{G}\boldsymbol{VA}^{rs}=\sum_{q=1}^{G}\boldsymbol{eY}^{es}$,这是国家 s 的最终使用(消费和资本形成)的总和。所以 $\boldsymbol{VA}^{rs}$ 是国家 r 从国家 s 的消费和资本形成中获取的收入,但是,国家 s 得到实物。贸易是一种交易,至于在交易中对谁更有利,一是看交易的公平性,一般垄断力越强越有利;二是看获取收入的一方能否最终将收入转化为消费品或资产。国家间投入产出分析的方法也可以移植到国家内地区间投入产出分析中,分析不同地区间的收入产出关系。

国产品,但其本国产品的生产过程使用国家 r 的产品作中间产品从而带来了国家 r 的生产总值;第三项是经过多国中间过程最终拉动国家 r 的 GDP,如国家 t 使用国家 s 的产品作最终产品,但国家 s 又使用国家 r 的产品作中间产品,从而拉动了国家 r 的生产总值。

7.2.3.2 出口额的增加值去向分析

用 $\boldsymbol{E}^s$ 表示一国各类产品的总出口,是一个 N 维列向量,用 $\boldsymbol{E}^{sr}$ 表示国家 s 对国家 r 的总出口,也是一个 N 维列向量,则

$$\boldsymbol{E}^s = \sum_{r\neq s}\boldsymbol{E}^{sr} = \sum_{r\neq s}(\boldsymbol{A}^{sr}\boldsymbol{Q}^r + \boldsymbol{Y}^{sr}) = \boldsymbol{Q}^s - (\boldsymbol{A}^{ss}\boldsymbol{Q}^s + \boldsymbol{Y}^{ss}) \tag{7-33}$$

因为(证明见 125 页页下注①)

$$\sum_{s=1}^{G}\boldsymbol{V}^s\boldsymbol{B}^{sr} = \boldsymbol{e}_{1\times N} \tag{7-34}$$

由此,s 国总出口可作如下分解:

$$\begin{aligned}\boldsymbol{eE}^s &= \left(\sum_{r=1}^{G}\boldsymbol{V}^r\boldsymbol{B}^{rs}\right)\boldsymbol{E}^s = \left(\sum_{k=1}^{G}\boldsymbol{V}^k\boldsymbol{B}^{ks}\right)\left(\sum_{r\neq s}^{G}(\boldsymbol{A}^{sr}\boldsymbol{Q}^r + \boldsymbol{Y}^{sr})\right)\\ &= \left(\boldsymbol{V}^s\boldsymbol{B}^{ss} + \sum_{k\neq s}\boldsymbol{V}^k\boldsymbol{B}^{ks}\right)\sum_{r\neq s}\boldsymbol{A}^{sr}\boldsymbol{Q}^r + \left(\boldsymbol{V}^s\boldsymbol{B}^{ss} + \sum_{k\neq s}\boldsymbol{V}^k\boldsymbol{B}^{ks}\right)\sum_{r\neq s}\boldsymbol{Y}^{sr}\end{aligned} \tag{7-35}$$

因为 $\boldsymbol{Q}^r = \sum_{s=1}^{G}\boldsymbol{Q}^{rs} = \sum_{s=1}^{G}\sum_{q=1}^{g}\boldsymbol{B}^{rq}\boldsymbol{Y}^{qs}$,所以,

$$\begin{aligned}\boldsymbol{eE}^s &= \left(\boldsymbol{V}^s\boldsymbol{B}^{ss} + \sum_{k\neq s}\boldsymbol{V}^k\boldsymbol{B}^{ks}\right)\sum_{r\neq s}\boldsymbol{A}^{sr}\boldsymbol{Q}^r + \left(\boldsymbol{V}^s\boldsymbol{B}^{ss} + \sum_{k\neq s}\boldsymbol{V}^k\boldsymbol{B}^{ks}\right)\sum_{r\neq s}\boldsymbol{Y}^{sr}\\ &= \left(\boldsymbol{V}^s\boldsymbol{B}^{ss} + \sum_{k\neq s}\boldsymbol{V}^k\boldsymbol{B}^{ks}\right)\sum_{r\neq s}\sum_{p=1}^{G}\sum_{q=1}^{G}\boldsymbol{A}^{sr}\boldsymbol{B}^{rp}\boldsymbol{Y}^{pq} + \left(\boldsymbol{V}^s\boldsymbol{B}^{ss} + \sum_{k\neq s}\boldsymbol{V}^k\boldsymbol{B}^{ks}\right)\sum_{r\neq s}\boldsymbol{Y}^{sr}\\ &= \boldsymbol{V}^s\boldsymbol{B}^{ss}\sum_{r\neq s}\sum_{p=1}^{G}\sum_{q=1}^{G}\boldsymbol{A}^{sr}\boldsymbol{B}^{rp}\boldsymbol{Y}^{pq} + \sum_{k\neq s}\boldsymbol{V}^k\boldsymbol{B}^{ks}\sum_{r\neq s}\sum_{p=1}^{G}\sum_{q=1}^{G}\boldsymbol{A}^{sr}\boldsymbol{B}^{rp}\boldsymbol{Y}^{pq} +\\ &\quad \boldsymbol{V}^s\boldsymbol{B}^{ss}\sum_{r\neq s}\boldsymbol{Y}^{sr} + \sum_{k\neq s}\boldsymbol{V}^k\boldsymbol{B}^{ks}\sum_{r\neq s}\boldsymbol{Y}^{sr}\end{aligned} \tag{7-36}$$

式(7-36)最后等式的第一项是各国的最终消费通过使用第三国产品,然后又通过各国的中间使用,最后使用国家 s 的产品拉动国家 s 的生产总值,成为国家 s 的增加值出口;第二项是满足各国最终使用的产品拉动国家 s 的出口,又通过完全消耗系数拉动的各国生产总值;第三项是国家 s 对各国的最终使用出口直接通过国家 s 的国内循环拉动国家 s 的生产总值;第四项是国家 s 对各国的最终使用出口通过国家间的循环拉动的各国生产总值。

利用完全增加值系数可以对出口作各种角度的增加值分解,从而获得不同意义的分量。在式(7-36)中,如果提取对国家 s 的生产总值拉动并求和,则就计算出国家 s 从出口中获取的国民收入;同样可以计算出国家 s 的出口对其他国家的生产总值拉动,如对国家 k 的生产总值拉动是

$$\boldsymbol{V}^k\boldsymbol{B}^{ks}\sum_{r\neq s}\sum_{p=1}^{G}\sum_{q=1}^{G}\boldsymbol{A}^{sr}\boldsymbol{B}^{rp}\boldsymbol{Y}^{pq} + \boldsymbol{V}^k\boldsymbol{B}^{ks}\sum_{r\neq s}\boldsymbol{Y}^{sr} \tag{7-37}$$

7.3 对外贸易与碳排放核算

贸易对环境的影响主要体现在贸易导致的碳排放、生态破坏和生态污染等,属于间接影

响,而直接影响主要是由运输引起的。同时,地理环境分布、净化能力、化石能源的存储和利用水平等方面的差异,都在一定程度上影响到一个国家的贸易优势,影响其参与国际贸易和国际分工内容。一些发达国家出于经济和本国环境的双重考量,将重污染产业或需要加工组装的产品转移、出口到其他发展中国家,发展中国家承接这些产业并将生产的产品销往境外时,贸易各国都赚取了贸易利益,但贸易背后包藏的环境污染却留在了生产国,没有给予足够的重视。

贸易与环境问题研究一般涉及贸易流向和碳排放责任两个角度。列昂惕夫最早采用投入产出技术研究环境问题。他认为污染是正常经济活动的不良副产品,可以作为系统的一个组成部分来描述和分析。[①] 目前研究的问题主要是贸易产品即进口和出口产品中隐含的碳排放及其责任确定。

7.3.1　贸易隐含碳与碳排放责任

Joseph M. Roop 最早提出了隐含碳概念。[②]《联合国气候变化框架公约》将隐含碳定义为商品从原料获取、制造加工和仓储运输到分销出售给消费者的整个过程中直接或间接排放的二氧化碳。根据贸易品的流向,贸易内涵碳排放又可以分成进口内涵碳排放(emissions embodied in import,EEI)和出口内涵碳排放(emissions embodied in export,EEX)。前者是指进口产品的生产在境外(即进口产品的生产国)造成的碳排放,而后者是指出口产品的生产在出口国所造成的碳排放。二者的差额称为贸易隐含碳排放余额(balance of emissions embodied in trade,BEET)。出口内涵碳排放和进口内涵碳排放是一个相对的概念,一国的出口内涵碳排放等于另外一些国家的进口内涵碳排放,世界总进口内涵碳排放等于出口内涵碳排放。通常用贸易内涵碳测度国际碳排放转移规模和模式。

谁来为环境污染负责这个问题对应的是贸易中的隐含碳排放是按照生产者准则核算还是按照消费者准则核算。《京都议定书》的签署,使得许多发达国家和发展中国家纷纷采取节能减排措施。对于碳核算问题,《京都议定书》中的碳排放采用属地原则,即每个国家为自己生产产品所产生的碳排放负责。这种基于生产者责任原则来划定环境责任极易导致生产国和消费国碳排放责任的失衡。在全球价值链生产背景下,产品生产地和消费地往往相互分离,排放监管严格的国家很容易将污染严重的企业或生产阶段转移到环境法律法规相对较宽松的国家,前者通过进口来继续消费高碳产品。通过贸易转移,部分国家(主要是发达国家)达到了《京都议定书》中规定的减排目标,但是全球总的碳排放量上升造成碳泄漏(carbon leakage)。碳泄漏是贸易隐含碳的主要诱因之一,会增加贸易隐含碳。

为此,许多学者提出后京都时代的全球气候治理应该改革当前以生产侧排放(production-based emission,PBE)为原则的碳排放核算体系,转向更加有效的基于消费侧排放(consump-

---

① LEONTIEF W. Environmental repercussions and the economic structure: an input-output approach[J]. The Review of Economics and Statistics, 1970(52): 262-271.

② WYCKOFF A W, ROOP J M. The embodiment of carbon in imports of manufactured products: implications for international agreements on greenhouse gas emissions[J]. Energy Policy, 1994, 22(3): 187-194.

tion-based emission,CBE)的核算体系①,或者是同时考虑生产者和消费者责任的综合性方案②。一国生产侧碳排放是指一国的生产活动引起的排放,一国消费侧碳排放是指为生产该国的最终需求产品引起的排放。前者把一国生产活动(不管为谁而生产)导致的资源环境负荷归为该国的环境责任,而后者把一国最终需求派生造成的所有资源环境负荷(不管发生在国内还是国外)归为该国的环境责任。从全球角度来看,各国生产侧资源环境负荷总和等于消费侧资源环境负荷总和,二者都等于世界经济总的资源环境负荷。

7.3.2 贸易隐含碳的核算工具

使用投入产出分析方法主要是从宏观上基于国家和部门层面对贸易隐含碳进行分析。工具有单区域投入产出模型和多区域投入产出模型。其中,单区域投入产出分析方法中,按照数据的可得性,有基于单一国家投入产出表的分析和基于多个国家的单国投入产出表的分析两种方法。总体上,从生产侧碳排放的角度看,无论是单地区(SRIO)模型还是多地区(MRIO)模型,一国的碳排放是相同的。但是从消费侧碳排放的角度看,不同的模型下测算的一国碳排放存在差异。产生这些差异的主要原因在于,不同模型采用的系统边界、技术假设和模型的复杂性不同。

由于缺乏数据,早期研究多采用 SRIO 模型研究一国的碳排放和贸易隐含碳。仅一个国家投入产出表可得的情况下,SRIO 模型将该国以外的其他所有国家都作为一个整体,不区分进口产品来源地,并假设不同来源产品采用相同的生产技术。在多国的单国投入产出表可得的情况下,区分进口产品的来源地,不同来源贸易产品采用不同的技术系数及排放因子。但在这种模型中,全部进口产品都被分配到最终消费中,在以中间品为主交易对象的贸易形态下,这种假定显然偏离实际较大。MRIO 模型利用地区间的商品和服务的流动,将各地区的投入产出表连接起来,在反映一国国民收入的产生和分配情况的同时,还考虑到各地区之间的产业结构和技术差异,可以全面反映各个地区各个产业之间的经济联系,比 SRIO 模型更能准确地反映贸易对环境的影响。

7.3.3 单区域投入产出模型下的贸易隐含碳核算

基于投入产出技术的碳核算基础是编制包括部门碳排放的环境经济投入产出表或碳排放经济投入产出表。为了区分国内产品和国外产品,使用 C 型投入产出表,见表 7-3。对于生产部门,产品计量单位可以是价值单位,也可以是实物单位,但对于污染物排放,计量单位只能取实物单位。若考虑不同时期的比较,则生产部门的产品总产出和使用流量应使用不变价格数据。

---

① MUNKSGAARD J, PEDERSEN K A. CO_2 accounts for open economies: producer or consumer responsibility [J]. Energy Policy, 2001, 29(4):327-334.

② FERNG J J. Allocating the responsibility of CO_2 over-emissions from the perspectives of benefit principle and ecological deficit[J]. Ecological Economics, 2003, 46(1):121-141.

表 7-3 扩展的包含碳排放的非竞争型投入产出表

	中间使用	国内最终使用	出口	总产出
国内品中间投入	X^D	F^D	EX	Q
进口品中间投入	X^M	F^M	0	IM
最初投入(增加值)	V'			
总投入	Q'			
碳排放	P'			

表 7-3 中,以 P' 表示碳排放量向量,维度为 $1\times n$,其元素 p_j 为部门 j 生产过程中二氧化碳的排放量。

在表 7-3 所示的非竞争型投入产出表形式下,基本的投入产出模型为

$$Q=(E-A^D)^{-1}(F^D+EX) \tag{7-38}$$

定义 C 为直接碳排放系数向量,维度为 $1\times n$,其元素 $c_j=p_j/Q_j$,则完全碳排放系数向量 B 可表示为

$$B'=C'(E-A^D)^{-1} \tag{7-39}$$

一国由生产出口产品产生的二氧化碳排放为

$$EEX=C'(E-A^D)^{-1}EX \tag{7-40}$$

在假定一类产品国内外生产技术和碳排放系数都相同时,一国进口隐含的二氧化碳排放为

$$EEI=C'(E-A^D)^{-1}IM \tag{7-41}$$

则该国的隐含碳排放余额为

$$BEET=C'(E-A^D)^{-1}EX-C'(E-A^D)^{-1}IM \tag{7-42}$$

式(7-42)是建立在一国单一的投入产出表基础上的,隐含的假设是进口品与国内使用同样的生产技术,但实际上这是个非常严苛的假设,其计算结果仅能作为粗略近似的估计。

若该国某一进口国 f 的投入产出表可得,考虑进口国生产技术系数的基础上,可将一国从贸易伙伴国进口引起的二氧化碳排放公式修正为

$$EEI^f=C^f(E-A^f)^{-1}M^f \tag{7-43}$$

其中,C^f 为进口来源国的直接碳排放系数矩阵,$(E-A^f)^{-1}$ 为进口来源国的列昂惕夫逆矩阵,M^f 为本国从 f 国的进口额向量。假定一个国家所有贸易伙伴国的碳排放系数及其投入产出表均可得,则该国进口产品的二氧化碳排放量可修正为

$$EEI=\sum_f C^{f\prime}(E-A^f)^{-1}M^f \tag{7-44}$$

则该国的隐含碳排放余额为

$$BEET=C'(E-A^D)^{-1}E-\sum_f C^{f\prime}(E-A^f)^{-1}M^f \tag{7-45}$$

式(7-45)相对于式(7-42)的修正考虑到了不同国家生产技术上的差异,但仍然是建立在各国独立投入产出表基础上的。实际上,式(7-41)计算的进口隐含碳排放也是有意义的,其表明,假如进口产品也由本国生产,将增加碳排放量,而式(7-42)计算的 $BEET$ 表明本国的碳排

放贸易净盈余,其相反数表示从贸易中得到的净环境好处。

【例】表 7-4 是某国的碳排放经济投入产出表。

表 7-4 某国的碳排放经济投入产出表

		国内中间使用			国内最终消费	资本形成	出口	总产出/总进口
		部门 1	部门 2	部门 3				
国内品中间投入	部门 1	90	50	32	90	20	18	300
	部门 2	75	175	64	40	120	26	500
	部门 3	15	75	88	170	30	22	400
进口品中间投入	部门 1	3	5	0	1	0	0	9
	部门 2	3	15	1	2	9	0	30
	部门 3	0	0	3	0	0	0	3
增加值		114	180	212				
总投入		300	500	400				
二氧化碳排放		20	50	10				

从表 7-4 可以计算出 3 个部门的排放系数为(0. 067, 0. 1, 0. 025),3 个部门的出口排放量和进口排放量分别是(3. 13, 5. 24, 2. 01)和(1. 56, 6. 05, 0. 27),隐含碳排放余额为(1. 56, −0. 81,1. 73)(见表 7-5)。因为生活消费也有碳排放,所以,更完整的碳排放应将居民消费及其碳排放考虑进来。考虑到不同国家间的相互影响,更准确的碳排放核算应使用多地区间或世界国家间投入产出表。

表 7-5 某国的贸易隐含碳排放余额表

	部门 1	部门 2	部门 3	总和
EEX	3. 13	5. 24	2. 01	10. 38
EEI	1. 56	6. 05	0. 27	7. 88
BEET	1. 56	−0. 81	1. 73	2. 48①

习 题

1. 2017 年起,我国开始公布 42 部门的非竞争型投入产出表,将进口产品按照使用去向详列成矩阵。试以 2017 年和 2020 年我国非竞争型投入产出表、竞争型投入产出表为数据基础,

(1) 分别测算我国各产业出口拉动的国内增加值、国外增加值及变动。

(2) 分别测算我国各产业在生产过程中对于进口品的依赖度及变动。

(提示:投入产出表请从国家统计局网站获取。)

2. 材料 1:据 WIOT 数据,2014 年中美出口贸易额为 3 473 亿美元,中美进口贸易额为 1 121 亿美元(原始数据来源与材料 2 相同,都是来自 https://www. rug. nl/ggdc/valuechain/

① 因为四舍五入的关系,行方向求和与列方向求和结果可能存在尾数差异。

wiod/，本处数据在原始数据的基础上简单计算而得）。

材料 2：下表是在 WIOT 2014 年国家间投入产出表基础上合并的三国家四部门世界投入产出表。表中包括 3 个国家：CHN（中国）、USA（美国）和 ROW（世界其他国家）；4 个部门：S1、S2、S3 和 S4。其中，fd 表示最终使用；VA 表示增加值，OUTPUT 表示总产出。（为了适应页面，表 7-6 相对于传统表式作了转置。）

2014 年国家间投入产出表　　单位：亿美元

	CHN. S1	CHN. S2	CHN. S3	CHN. S4	ROW. S1	ROW. S2	ROW. S3	ROW. S4	USA. S1	USA. S2	USA. S3	USA. S4	VA	Sum
CHN. S1	14 382	690	2 002	3 043	381	21	135	55	93	1	10	8	13 965	34 786
CHN. S2	205	12 814	3 594	3 206	6	1 830	295	243	1	14	12	10	9 208	31 437
CHN. S3	4 304	11 934	66 295	15 585	246	1 281	5 604	574	30	16	194	60	25 901	132 023
CHN. S4	4 158	4 279	24 742	28 485	102	138	1 364	807	15	4	51	147	54 914	119 206
USA. S1	8	1	38	3	298	54	211	86	5 319	367	993	2 577	4 636	14 591
USA. S2	0	3	25	3	3	2 130	204	156	11	4 362	459	2 456	9 214	19 026
USA. S3	2	8	609	12	78	256	3 543	414	422	1 186	12 096	8 333	17 315	44 273
USA. S4	4	10	522	55	97	701	2 246	2 121	1 937	4 993	8 981	67 148	143 004	231 820
ROW. S1	88	13	179	228	23 364	2 331	4 489	12 576	342	60	199	309	32 240	76 417
ROW. S2	1	93	382	211	223	42 170	6 285	13 898	4	531	241	299	40 307	104 645
ROW. S3	13	98	4 714	644	3 523	18 331	80 917	38 876	77	281	2 939	975	62 263	213 653
ROW. S4	45	111	2 437	1 562	8 745	18 160	44 459	165 382	96	527	1 640	3 424	341 507	588 095
CHN. fd1	9 541	1 062	4 925	32 900	387	68	782	608	32	2	71	58	0	0
CHN. fd2	1 514	213	11 343	31 979	5	22	2 148	207	0	0	291	1	0	0
USA. fd1	46	14	1 156	37	730	234	2 976	1 279	5 448	4 709	6 570	121 452	0	0
USA. fd2	0	3	914	0	2	11	2 602	140	153	1 682	6 716	22 068	0	0
ROW. fd1	471	76	5 055	1 155	36 207	14 215	30 253	268 138	610	282	1 276	2 225	0	0
ROW. fd2	2	13	3 092	98	2 020	2 692	25 137	82 536	2	8	1 534	269	0	0
OUTPUT	34 786	31 437	132 023	119 206	76 417	104 645	213 653	588 095	14 591	19 026	44 273	231 820	0	0

依据上述材料及本节所学内容，比较分析全值统计体系下和增加值统计体系下中美贸易差额的差异。

3. 比较生产侧碳排放和消费侧碳排放核算体系的区别。

本章主要参考文献

1. 刘遵义，陈锡康，杨翠红，等. 非竞争型投入占用产出模型及其应用：中美贸易顺差透视[J]. 中国社会科学，2007(5)：91-103.

2. WANG Z, WEI S J, YU X, et al. Characterizing global value chains：production length and upstreamness[R]. [S. l. ：s. n.], 2017.

3. WANG Z, WEI S J, YU X, et al. Global value chains over business cycles[J]. Journal of International Money and Finance, 2022, 126: 102643.

4. 陈锡康,杨翠红. 投入产出技术[M]. 北京:科学出版社,2011.

5. 祝坤福. 全球价值链中跨国公司活动测度及其增加值溯源[J]. 中国社会科学文摘, 2022(9):85-86.

6. 祝坤福,陈锡康,杨翠红. 中国出口的国内增加值及其影响因素分析[J]. 国际经济评论,2013(4):116-127.

7. 王直,魏尚进,祝坤福. 总贸易核算法:官方贸易统计与全球价值链的度量[J]. 中国社会科学,2015(9):108-127.

第 8 章　企业投入产出分析

企业投入产出分析是将投入产出技术用于企业管理问题的方法论，是中国投入产出研究的特色领域。企业投入产出技术是以企业投入产出表为基础建立数学模型、进行投入产出分析、辅助企业决策的管理科学技术。自 20 世纪 60 年代中国科学院研究员陈锡康、李秉全等在天津化工厂和鞍山钢铁公司开展企业投入产出研究开始，我国开启了企业投入产出分析的发展历程。

8.1　企业系统

投入产出技术的核心特征是：在将分析对象系统划分成若干构成单元的基础上，利用各单元间的投入产出关系建立基本模型。企业投入产出分析在继承这个核心特征的基础上，还有其独特的理论和技术性质。建立企业投入产出模型系统的前提是认识企业系统的结构和企业的管理需求。

8.1.1　企业系统的结构

一个企业决策支持系统是由多种类型的数据库、管理科学模型和信息分析子系统组成的，投入产出分析系统是总系统的一个部分。市场经济中，企业的最基础特性是对利润的追求，所以，企业投入产出技术作为一种管理分析工具，必须为企业决策提供有效的信息，帮助经营者改善管理状况，作出正确决策，提高收益，降低成本。

8.1.1.1　企业系统的基本结构

企业通过产品制造与供给满足社会的需求，实现自己的价值追求。在生产过程中，随着生产要素（劳动者、劳动对象、劳动手段）在各个阶段和各个部分的投入，产品成形，经过市场销售，最终实现产品的市场价值，使资本增值，即实现利润。

企业系统的基本组成有 4 个部门类别：管理部门、生产部门、市场营销部门和辅助服务部门。管理部门指企业的高层管理者及辅助人员（如总经理秘书）组成的系统，是企业的经营决策部门，包括总经理及其办公室、董事会及其办公室，国有企业包括党委会及党委办公室。生产部门通常是企业的一线部门，是从原材料开始被加工到产品成形的各个单位组成的部门，经常称为车间。市场营销部门是企业与客户和用户的连接部门，可以看作生产部门的延伸，通过此类部门，企业的产品从生产者传送到使用者或商业企业。辅助服务部门是除前述三类部门外的其他部门，包括财务部门、人力资源部门、法务部门、研发部门、售后服务部门、宣传推广部门、群团组织部门、后勤保障部门等等。生产维护部门和仓储部门可以归于生产部门，医务服务部门可以归于后勤保障部门。私营企业的党委会属于辅助服务部门。

一个系统与其环境的关系影响系统行为。关系越紧密，外部环境变化对系统的行为影响越大。在企业投入产出分析中，外部经济单位既包括企业投入的主要来源单位，也包括企业产品的去向单位。

作为社会经济系统的一个细胞,企业系统的结构与一般经济系统既类似,也不同。一般经济系统的消费系统在系统内部,企业系统的产品使用部门在系统的外部,属于外部经济系统。企业内部部门之间不再是市场交易关系,它们之间首先产生信息交流,其次其他部门都要服务于生产部门,关系变得比较简单。在图 8-1 中,将营销部门合并于生产部门。企业的总收益日常用于支付投入和投资,在一个时期结束时产生收入结余,这个结余是企业的金融资产。图中的虚线箭头表示资金或信息流动。

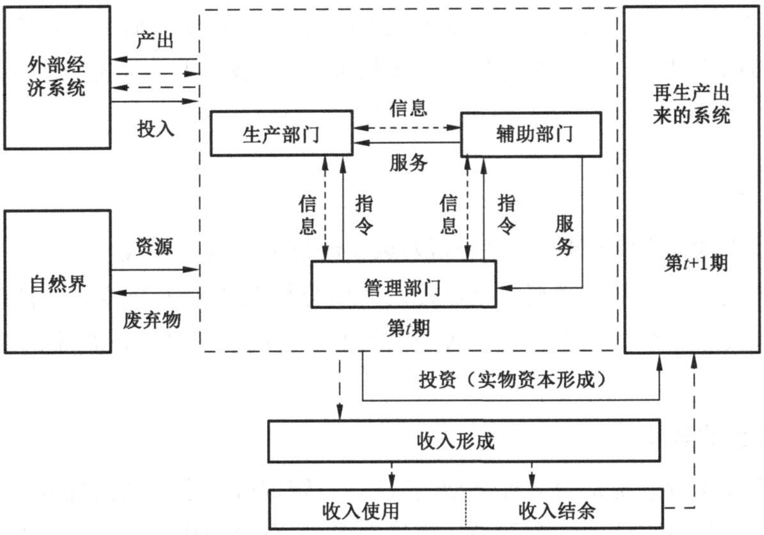

图 8-1　企业系统结构

图 8-1 的企业系统结构适用于单一法人企业。对于集团企业,其包含若干个独立的法人单位,不同法人单位之间的投入产出关系是市场交易,所以其更类似于一个经济系统。但是,其产品的最终消费者也属于外部经济系统,用户也在系统之外。

8.1.1.2　企业内部的投入产出关系

从理论上说,企业的非生产部门都是为生产部门服务的,但是,这种服务是没有任何结算的,有些服务是对于企业整体的,所以,部门之间的投入产出关系存在一个计量问题。实际上,在企业内部的大多数部门之间都没有货币结算,因此,编制企业投入产出表的基础资料首先是实物单位计量。

企业投入产出结构的特点之一就是外部输入产品占据投入要素的大部分,所以,要特别区分自产产品和外购产品。从前后向关系讲,从初始阶段单元开始,以最终产品为目标,企业投入产出分析的部门间主要是单向投入关联,也存在少数的双向投入关联(如钢铁企业会使用一些产品作为原材料投入,水生产企业会有一些水作为中间投入)。

管理部门所用投入几乎都是外购产品,某些类型企业也会有一些自产产品投入,如钢铁、煤炭、电力等类企业会使用自发电,印刷企业会使用自己的生产设备完成文件的印制,多数企业会使用自己的维修部门修理电器及其他办公器具等。管理部门的产出对内部来说是无法计量的,如果要编制价值表,可以如国民经济投入产出表那样,以投入成本作为总产出,设置一个公共部门作为产出的消耗使用部门。

生产部门是企业的主功能部门,其内部各子部门之间可以有投入产出关系,而其作为一个整体主要消耗的是外购产品;在实物计量上,则可以消耗内部其他生产部门的产品。生产部门对管理部门在物质上既没有投入也没有需求,只接受从管理部门发来的指挥指令,并把自己的运行信息发给管理部门。生产部门接受辅助服务部门的服务,但对后者一般没有投入。在一些特殊企业,如前指出,生产部门生产的一些产品也供给本企业内部使用,特别是动力和水生产部门。

营销部门虽然可以看作生产部门的延伸,但在企业内部,产品的流通库存属于仓储部门,营销部门实际上操作的是信息,所以,该部门在物质的投入产出关系上似乎非常独立。当然,营销部门同样接受管理部门的指令,其活动强度与生产部门的活动强度关联很大,也与企业外部市场环境关系很大。

企业内部的各种各类辅助服务单位从根本上说都是为生产部门提供服务的,其投入基本上是单向的,只是有些服务直接投向生产单位,有些直接投向管理单位,有些直接投向职工,各辅助服务单位之间还有些相互服务。

一个企业系统与外部经济单位之间通常是产品的供给和投入品的输入,这些交流一般是物和资金的双重相对运动,但是,有些物资和服务的流通是单向的,如提供和接受社会援助捐赠。

企业与自然系统之间的联系有些通过外部经济单位,这是市场行为;有些是在企业内部进行,如采掘类企业,矿石和自然生长物成为企业的投入,还有许多企业用自己的水井供水。企业与自然之间还有排废关系。但是,作为投入产出模型,通常是将环境作为外生因素,仅仅考虑其与本系统的直接输入输出关系。

8.1.1.3　企业系统的时间结构

在一个企业系统中存在不同的时间系统。首先,是自然日期时间系统,记录企业各种单元每日甚至每时每刻的活动轨迹。其次,是生产周期时间系统。不同企业的生产周期不同。比如:有以季节需求为转移的周期;有以季节生产条件(如气候)为转移的周期;有的产品(如大型轮船)的生产周期很长,甚至跨年度。最后,企业都有财务周期,一般都要进行月度、季度、半年度和年度核算。

8.1.2　产品概念

产品划分在企业投入产出分析中是非常基础的工作。企业投入产出表中的产品概念要尽可能具体且易区分,以满足企业管理需求为准则,照顾统计核算的方便性。以制造业为例,有四对半 9 种产品概念。

(1) 产成品和半成品

企业的最终产出是向外销售的产品,在最终形式产品形成之前,要经历一系列零部件和半成品阶段。产成品是指在本企业内经过全部加工过程,已制造完毕,经检验符合质量标准,可供销售的产品。半成品是指在企业内已经完成部分生产加工组装过程,经检验合格,尚待进入下一阶段继续加工或装配的产品。从统计和管理需求出发,半成品部门的划分一般以生产流程各个阶段相对独立的生产单元,即车间为界。

(2) 自产产品和外购产品

从经济学角度看,一切劳动成果都可以称为产品,包括有形和无形的物质形态以及服务形态。从企业角度考察,生产过程中所消耗的各种物料和动力都称为产品。企业各个部门投入的产品按照来源可分为自产产品和外购产品。

凡是由企业内部门生产的产品,无论是半成品还是产成品,也不管它具有何种功能,包括各个非生产部门的服务,统称为自产产品。凡是从企业外部购买的产品,包括原材料、动力、辅助材料、元器件、零件、部件、低值易耗品、劳保用品、办公用品、各种服务等,统称为外购产品。

在企业管理中,对外购产品,按照其在生产中的作用以及财务核算原则和办法作以下分类处理:①外购物料,包括主要原材料、元器件、外购零件部件,在核算中计入物料消耗;②外购动力按种类分为电、蒸汽等列出;③辅助材料、低值易耗品、劳保用品、办公用品等均作费用处理,分别列入各自的费用项目,而不再以物料消耗的形式出现,在投入产出表中可以采用与财务核算完全相同的原则和方式对这些费用作归集,方便编制价值表和进行成本效益分析。①

在企业生产中,存在一种特殊投入品,称为外协件,这是自产品和外购品之间的一个模糊类。一般情况下,由本企业向协作厂家提供主要原材料、同时支付加工费的外协件作为自产产品处理,但外购了加工服务费;由协作厂家自备主要原材料的外协件应视为外购零部件,作为外购产品处理。

(3) 中间产品和最终产品

在经济投入产出表中,中间产品和最终产品的划分是以同时考虑时空边界属性划分的。在企业投入产出表中,将自产产品按照其用途分为中间需求产品(以下简称为中间产品)和最终需求产品(以下简称为最终产品)。所谓中间产品是指在报告期内作为投入要素被继续投入生产过程进一步加工、制作的自产产品。因此,自制半成品是中间产品。最终产品是指退出报告期生产活动、本期没有继续被加工的产品。它包括外售产成品和用于库存、盘存、报废的产品等。最终产品中不仅有产成品,还包括半成品存货。

需要说明的是,报废产品并非指生产过程中因设备水平、操作技术、偶然事故等问题出现的质量不合格产品或废品,而是指那些因转产、产品改型已不合用或因库存时间过长而变质等长期在仓库内积压且又无法利用,并经主管部门批准后在报告期内报废处理的产品。

(4) 补充性外购产品和非补充性外购产品

企业购入的原材料、动力可分为两类。第一类称为非补充性外购产品,是本企业根本不生产,完全靠外购的原材料、辅助材料、动力。第二类称为补充性外购产品,是本企业也作为中间产品生产,但不能满足生产需要,缺口需要从外部购入。例如,一个钢铁企业有较强的轧钢能力,但炼钢能力不足,部分钢锭需从其他厂家购买,这购入的钢锭就是补充性外购产品。

(5) 在制品

尚在加工制作过程中,需经过进一步加工才能成为半成品或产成品(即投入产出表中所

---

① 传统企业投入产出分析对数据的处理也是以这种方式。在现代信息技术条件下,企业内各种活动及其投入产出关系都可以详细记录,形成数据库(参见 6.2—6.4 节的相关讨论)。

列出的产品）的被加工对象称为在制品。在制品在投入产出表中并无任何一种所列自产产品与之对应。一般情况下，在编制投入产出表时，需将它们还原为其加工制作过程中所投入的半成品、原材料和加工工时，作为期末盘存处理，而还原出的半成品、原材料在投入产出表中都已列名①。

8.2　实物型企业投入占用产出表与模型

企业系统运行是人、财、物和数据的协同运动，企业管理的对象内容就是人、财、物和数据，而最终目标是经济效益。经济效益的计算分析是市场价格和实物量的结合。马克思认为，资本的运动是从货币到商品再到货币，这也适合一般市场经济中的企业（见图 8-2）。在运动过程中，虽然开始和结束（即归宿）都是货币，但是，物在其中处于核心桥梁地位，物通过价格与货币联系起来，所以，实物型投入占用产出表在企业投入产出分析中占有非常基础的地位，是编制价值分析表的基础。

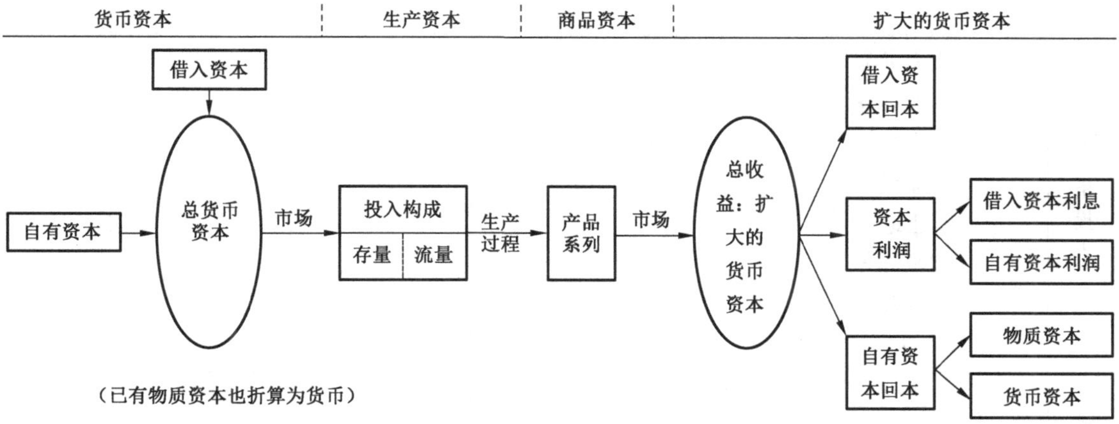

图 8-2　市场企业资本运动过程

8.2.1　实物型企业投入占用产出表的结构

企业投入产出表的结构基础是对企业系统结构的认识。根据图 8-1，企业投入产出表的大结构如表 8-1 所示。编表周期对企业非常关键，可根据不同类型企业的需求确定，这里假设是月度表。

在企业活动中，基建活动是一个重要的部分。对于经常性的维护修理、小型建筑安装，如果是企业内部部门承担，则视为辅助服务部门活动，其物资消耗和提供的服务都计入使用单元的投入；如果是外部单位承担，则是外购产品，其结果是存量的增加。大型基建活动，则应列为一个单独的活动单位，独立核算，独立于常规表，所以，在表 8-1 中不包括这部分②。

① 可考虑对每一个车间再附加一两个部门，专列其在制品的投入产出。

② 大型基建的产品是以后时期某个单元的占用投入。

表 8-1　实物型企业投入占用产出表大结构

<table>
<tr><td colspan="3" rowspan="2"></td><td colspan="4">中间使用</td><td colspan="5">最终使用</td><td rowspan="2">总使用</td></tr>
<tr><td>生产部门</td><td>辅助服务部门</td><td>管理部门</td><td>公共使用</td><td>库存增量</td><td>盘存增量</td><td>销售</td><td>报废</td><td>…</td></tr>
<tr><td rowspan="3">流量投入</td><td>自产产品</td><td>生产部门
辅助服务部门
管理部门</td><td></td><td></td><td></td><td></td><td></td><td></td><td></td><td></td><td></td><td></td></tr>
<tr><td>外购产品</td><td>外部经济部门</td><td></td><td></td><td></td><td></td><td></td><td></td><td></td><td></td><td></td><td></td></tr>
<tr><td>最初投入</td><td>劳动工时
设备工时
自然环境</td><td></td><td></td><td></td><td></td><td></td><td></td><td></td><td></td><td></td><td></td></tr>
<tr><td>存量投入</td><td colspan="2">人力资源
机器设备
库存
盘存
土地
建筑资产
金融资产
⋮</td><td></td><td></td><td></td><td></td><td></td><td></td><td></td><td></td><td></td><td></td></tr>
<tr><td>排放</td><td colspan="2">废气
废液
废渣</td><td></td><td></td><td></td><td></td><td></td><td></td><td></td><td></td><td></td><td></td></tr>
</table>

表 8-1 将企业内部的活动部门分成了四大类，即狭义生产部门①、辅助服务部门、管理部门和公共使用部门。生产部门是企业的核心部门，其最终产品是为了向企业外（主要是向市场）提供。生产部门的内部有多个阶段，分成了多个生产单元；除初始生产单元，即外购原材料最早被加工的单元外，其余每个生产单元都将其前位单元产品作为投入，直到最后一个单元生产出最终产品，提供给最终使用。② 在个别情况下，有生产单元之间相互提供投入品，但只有一个流向是主要的，与目标主产品流向一致。很明显，实物型企业投入产出表的广义生产部门数与投入产品部门数不相等，投入产品部门数一般远大于广义的生产部门数。投入产品按商品品种划分，生产部门按单元独立性划分。③

① 狭义生产部门即企业产品的核心生产部门，简称生产部门。广义生产部门包括辅助服务部门和管理部门。

② 建议在编表时，按工序排列各个生产单元。

③ 目前经济投入产出表编制技术提倡使用供给使用表法，企业投入产出表中间使用和中间投入栏部门的划分更体现了使用表的特征（参见 3.5.2 节）。

销售产品虽然一般直接来自库存,但其生产部门应是原车间。库存部门作为辅助服务部门,其产品是提供的库存服务,库存服务的使用部门是相应产品的生产部门。如果将库存部门看作生产部门,则对于自产品,它是半成品的最后生产环节,产品在这里最终完成,这时,对于不同的产品和半成品,可以设置不同的库存部门;对于原材料,库存部门功能相当于初始生产环节,所以,可以将产成品、半成品库存与原材料库存分别设为一个生产部门。因为一个仓库会存放不同的产品,所以,库存部门的处理像一个多产品生产部门,其处理方式参见 8.4.1 节。

除销售部门和仓储部门外,辅助服务部门的投入都是外购产品,来源于外部经济部门。各辅助服务部门根据各自的职能界定向企业不同系统部门提供服务产品。辅助服务部门相互之间也提供服务。

表 8-1 中的公共使用是一个虚拟部门,只有消耗没有产出。在实际分析应用时,公共使用的所有投入可以直接添加到最终产品生产部门的投入列中,从而公共使用这个虚拟部门可以不出现在表中。如果有多种用于销售的最终产品,则可以按照一定比例进行分摊(参见 8.1.2 自产产品和外购产品的讨论)。

管理部门的产品是各种决策指令,可以认为是公共产品。与一般经济投入产出分析不同,企业投入产出分析的公共产品不是最终产品,而是中间产品,最终形成了用于销售的最终产品生产的部分成本。

来自外部经济部门的外购产品是一般企业的主要投入来源。企业的社会职能就是将其中的原材料在辅助材料的辅助下,通过劳动和设备设施转化为满足最终需要的各种产品。对于复杂产品的生产,来自外部经济部门的产品是非常庞大的。在一般经济投入产出表中,部门可以根据需要进行合并和拆分,投入产出表的规模可大可小,但是,对于企业投入产出表,投入产出表的大小首先取决于企业的规模和产品的复杂程度。产品的结构越复杂,需要投入的外部产品就越多,投入产出表的规模也就越大。当然,当产品复杂时,企业内部的生产组织也会复杂,内部的生产部门也会更多。对于实物型企业投入产出表,部门合并是很困难的,合并之后会失去分析的意义,即制订企业生产与采购计划的意义就会变小。

劳动工时和设备工时是企业投入产出表相对于一般经济投入产出表的特殊投入项。对于企业的不同部门,这两项的表现不同。对于一些生产单元,这两项是直接与产量有关,产量大,对这两项的需求就大。而管理部门和不少辅助服务部门对这两项的需求则基本是固定的。如企业办公室人员的劳动工时较固定,安保部门人员的劳动工时也基本固定。

自然环境给企业生产的投入是原始状态的自然资源,如空气、水、动植物、矿物等。这些原始自然资源经过企业系统的一个生产单元后就成了人工产品,并且有的也已经与其他原材料混合在了一起。

存量投入或占用是企业生产的基本条件,决定一个企业的生产能力。存量资产有各种形式,企业对有的存量资产有所有权,对有的存量资产仅有使用权,即租赁或借用。存量资产在占用的过程中都形成了流量投入,如劳动工时、设备工时、维护材料等。金融资产对银行等金融类企业是基本的生产性资产,对以非金融产品为主要最终产品的企业,如果同时经营金融资产,则宜将金融业务单独处理,不在以主要最终产品为核心的企业投入产出表中体现。实际上,对于任何与主产品的生产没有直接关系的业务都应该分离处理,如集团企业中两个完全独立的工厂应分别处理。对于管理服务等公共产品,按照一定规则进行分摊。对所有存量都记录两行,即期初存量和期末存量。

企业投入产出表的最终使用是指退出本期生产活动的产品、物料和劳动工时①等,对不同类型的企业有较大差别。以有形物质产品的生产为例,最终使用包括销售、库存、盘存等。库存量与盘存量的区别在于:产品库存量所记录的是经过检验合格入库的产品数量,而产品盘存量所记录的是核算期末在工位旁等待加工的产品,正在加工的产品,虽然已经加工完毕但尚未检验入库的产品。原材料、能源的盘存量是指虽然已经出库,但尚未被消耗使用或尚处于加工制作的部分。

库存增量和盘存增量不都是核算期内的新生产产品,它们与存量的关系如下:

$$\begin{aligned}\text{库(盘)存增量}&=\text{期末库(盘)存}-\text{期初库(盘)存}\\&=\text{新入库(盘)量}-\text{库(盘)存产品报废量}-\text{出库量}\end{aligned}\tag{8-1}$$

废品是由于各种原因被检验不合格的产成品或半成品,它们是不计入各类产品产量的,但生产它们的投入是要计入相应投入列的。为了考核废品率情况,可以在企业投入产出表的下方增加一行废品量。公式(8-1)中的出库量或者到了生产车间成为中间使用或盘存量,或者到了销售渠道成为销售量。对于自产产品,新入库产品来自本企业生产部门,对于外购产品,新入库产品来自外部经济单位。

排放模块反映的是各种物质材料经过生产过程以后,不再具有经济价值,需要向自然环境中排放或倾倒的废弃物。根据物态形式,排放物有气废、液废和固废三种形式,根据物质的化学组成可以进一步细分为各种更具体的排放物。在环保要求越来越高的制度环境下,企业内部也有一定的三废处理部门,可以作为辅助服务部门。在循环经济和零排放的管理精神指引下,企业的排放量是趋于不断下降的。

在企业投入产出表的最右边一列数据中,除了主产品外,其余实际上都是投入,这与一般经济投入产出表有重要差别,所以可以称为总投入或总使用。对于外购产品,总投入实际就是当期购进的总入库量,即

$$\text{总入库量}=\text{中间消耗量}+\text{盘存增量}+\text{库存增量}+\text{报废量}+\text{再销售量}\tag{8-2}$$

式(8-2)中的再销售量即购进的物资没有自用而被再次转售。

8.2.2 实物型企业投入产出模型

宏观经济的实物型投入产出表中的产品集合一般是不完全的,甚至差得很多,其功能是对主要社会产品进行规划或计划。实物型企业投入产出模型主要用于生产计划安排和原材料采购安排,应尽可能详细完备,避免因计划不周导致生产过程的中断而造成企业利益的重大损失。但是,对企业经营核算,应当区分可变投入和固定投入。固定投入一般不随企业产品产量的变化而变化,仅与分析周期长短相关,如机关管理投入。

对于固定投入,根据企业发展需要进行安排。在特定安排下,根据企业投入产出表的相关列可以计算出对各种物质资料和服务的投入需求。固定投入虽然不与产量成比例变化,但是,

① 劳动工时和设备工时之所以能成为最终产品是因为在制品要还原为其原来的投入。

当企业生产任务增加较多时,有些固定投入会有一定程度的增长,如财会人员可能需要增加一些,或需要临时雇用一些人员;当市场暂时萧条时,可能需要临时裁减一些人员,同时一些正常生产下的管理费用会减少。

对于可变投入,需要区分自产产品和外购产品。自产产品之间会有相互需求,形成间接投入需求。对外购产品既有主产品的生产投入需求,还有作为中间产品的自产产品的生产投入需求。设自产产品对自产产品的中间消耗系数矩阵是 $\boldsymbol{A}$,对自产产品的最终使用需求向量是 $\boldsymbol{Y}$,则对自产产品的总需求向量是①

$$\boldsymbol{Q}=(1-\boldsymbol{A})^{-1}\boldsymbol{Y} \tag{8-3}$$

对于外购产品,设总使用向量是 $\boldsymbol{G}$,企业各部门对外购产品的消耗系数矩阵是 $\boldsymbol{A}^G$,最终使用对外购产品的需求量是 $\boldsymbol{Y}^G$,于是对外购产品的可变投入总需求是

$$\boldsymbol{G}=\boldsymbol{A}^G\boldsymbol{Q}+\boldsymbol{Y}^G=\boldsymbol{A}^G(1-\boldsymbol{A})^{-1}\boldsymbol{Y}+\boldsymbol{Y}^G \tag{8-4}$$

可变投入需求再加上固定投入需求就是对外购产品的总需求量了。

与对外购产品需求的计算同理,可以计算对各类劳动工时、设备工时及自然资源的总需求。同样,还可以计算由既定最终产品需求 $\boldsymbol{Y}$ 引起的三废排放情况,请读者自行推导相关计算公式。

不同的企业,生产计划的制订模式会不同。对于产品销路不是很畅通的企业,需要以销定产,因此应根据上述模型,在最终需求确定的情况下计算生产量;对于产品供不应求、不愁销路的企业,可以以产定销,则可以根据对企业生产能力的利用计划,基于自产产品产量计划计算可销售产品,然后安排销售活动计划。对于产量和订单都有要求的企业,可以综合利用投入占用产出模型进行求解分析,制订出一个平衡的产购销计划。②

投入产出表就是一个信息丰富的数据库,根据不同的分析和管理需求,可以构造多种多样的分析程序,算出多种多样的计划和需求数据。投入产出表的一个重要特性就是其系统性,如果纯粹用传统思维去计算一定产量计划下对各种自产和外购产品的总需求,就容易造成遗漏。只要构建了周密的投入产出表结构,对企业的系统管理就有了一个摸得着的观察和核算平台。一般情况下,根据系统平衡关系能构建一定数量的平衡方程,再加上必要的约束条件数,就可以计算相应数量的未知数。如果变量不是很多,在现代电子表格软件系统,如 WPS 和 Excel 上,就可以以既定投入占用产出表为框架,确定好可变单元格和目标单元格,然后就可以进行企业产购销计划的制订。对于企业较大、产品和约束较多的情况,可以用更高级的现代信息技术软件进行求解。

8.3　成本型企业投入产出表与模型

市场经济企业经营的基本目标是获取最大化的利润,利润核算的基础是投入成本核算和产出收益核算。在产品价格由市场决定的情况下,提高利润的基本途径就是降低成本。观察投入产出表的结构可以发现,表的主要内容是投入数据,只有少数的最终使用列是关于销售

---

① 此处假定每个生产单元只生产一种产品。

② 刘树,宋辉. 企业投入产出[M]. 北京:中国经济出版社,1990:50-67.

的,因此,价值型企业投入产出表又称为成本型投入产出表。如何应用投入产出技术实现成本核算及其管理的科学化和规范化是企业投入产出技术应用研究的重要内容。

8.3.1 成本型企业投入产出表

实物型投入产出表是价值型投入产出表的基础,除了税和经营盈余及一些金融交易外,成本型投入产出表的结构与实物型投入产出表是对应的①,如表 8-2 所示。成本型企业投入产出表编制的关键是确定价格核算准则。为了节省篇幅、简化讨论,在本节不讨论占用部分,所以在表 8-2 中将占用部分略去。

表 8-2 成本型企业投入占用产出表大结构

<table>
<tr><td colspan="4" rowspan="2"></td><td colspan="4">中间使用</td><td colspan="5">最终使用</td><td rowspan="2">总使用</td></tr>
<tr><td>生产部门</td><td>辅助服务部门</td><td>管理部门</td><td>公共使用</td><td>库存增量</td><td>盘存增量</td><td>销售</td><td>报废</td><td>…</td></tr>
<tr><td rowspan="3">流量投入</td><td>自产品</td><td>生产部门
辅助服务部门
管理部门</td><td>产品 1
产品 2
⋮
⋮
⋮</td><td></td><td></td><td></td><td></td><td></td><td></td><td></td><td></td><td></td><td></td></tr>
<tr><td>外购产品</td><td colspan="2">外购产品 1
外购产品 2
⋮</td><td></td><td></td><td></td><td></td><td></td><td></td><td></td><td></td><td></td><td></td></tr>
<tr><td>最初投入</td><td colspan="2">劳动报酬
折旧提取
税费
盈余</td><td></td><td></td><td></td><td></td><td></td><td></td><td></td><td></td><td></td><td></td></tr>
</table>

编制企业投入产出表的基本原则之一是尽量以原始数据入表,减少分摊操作,把分摊工作放到模型建立阶段,所以,自产产品和外购产品各行数据按理应以其购买时的价格计入。但是,由于企业购、产、销关系的复杂性,实际处理起来有不少麻烦。关于自产产品和外购产品的计量计价问题参见 8.4 节相关讨论。

在每一个员工都归属于企业一个单元的情况下,劳动报酬的计量和分配比较容易。如果出现拖欠工资的情况,按应付额计算。劳动报酬的编制可以反映更细的结构,如分成基本薪资、附加津贴和奖励工资等。员工持股分红部分暂时没有反映在表中,其数额计入盈余部分。

折旧基金是按占用的固定资产品种和价值确定的比例提取的。有的固定资产对生产单元的归属比较明确,相应折旧基金的归属也就比较明确,归到相应的列中。有的固定资产的归属不明确,如厂区道路和共用水电设施,可以单设一个公共部门,其只有物没有人,相应折旧基金也可以归属于这个公共部门。公共部门提供的服务属于公共使用,在成本核算中需要适当

① 佟仁城. 企业投入占用产出模型应用中的几个问题[J]. 数量经济技术经济研究,2002,19(10):91-93.

分摊。

税费是依据生产情况确定的企业对政府的支付，一般称为生产税。根据有关规定，生产税指企业由于在报告期内的经营活动而被征收的各项税金、附加费和规费，通常包括营业税、增值税、消费税、进口税、固定资产使用税、车船使用税、印花税、排污费、教育费附加、水电费附加等，但不包括所得税。政府为了鼓励某些生产活动或支持某些产业会给企业补贴，所以，在计算企业的生产投入时应将这部分补贴减掉。生产补贴包括政策亏损补贴、粮食价格补贴、企业出口退税收入等。当企业只有一种外售产品时，生产税可以记在外售最终产品的最后生产单元列里；当企业有多种产品销售时，企业支付的税费有些不能严格辨别是由哪种产品的生产引起的，这时可以暂且记在管理部门或公共使用的列中，在分析中需要分摊时再单独计算，所以，税费也适宜分类列出。

盈余是各内部生产单元产品的市场价值减去以上各项投入后的余额。对应外售产品，其价值等于产量乘以市场价格；如果是分批出售的，按理应对各批次使用各自的市场价格先分别计算总价值，再加总得到本期的总产值。由于生产和销售的错期性，这种核算需要制定准则，参见 8.4.2 节的讨论。

8.3.2　成本型企业投入产出模型

成本型投入产出表的重要应用是核算自产产品的生产成本。所谓成本就是生产过程投入物的货币价值。如果一个企业的生产过程完全不消耗自产产品，所有自产产品完全销售，那么，这个企业在一定时间内的生产成本就是消耗的全部外购产品的市场价值。在实践中，因为一个现代企业总是有相当规模的管理部门，企业必然要消耗自产产品。如果企业只生产一种外销产品，那么问题也好解决，因为不管内部如何复杂，九九归一，其所有投入都是为了这一种产品，所以在这种情况下，只要核算对外购产品包括劳动力投入的成本，也就可以核算出该产品的生产成本，用总成本除以总产量就得到单位成本。但是，如果有多种产品外售，它们的生产过程又相互关联，那么，核算每种自产产品的成本就没有那么直观了，这时就需要建立投入产出模型。

设想一种极端情况企业，其只生产一种产品，并在生产过程中使用此产品作为中间投入之一，比如电力企业。设在时期 t，总产量是 q，其中 βq 作中间消耗，另外消耗 f 单位的外购产品（包括劳动）。其中，q 是实物单位，f 是货币单位。设企业产品的本期价格是 p，盈余是 z，那么，存在以下价值均衡方程：

$$p\beta q+f+z=pq \tag{8-5}$$

由方程(8-5)可以解得

$$p=(f+z)(q-\beta q)^{-1}=(f+z)[(1-\beta)q]^{-1} \tag{8-6}$$

当利润即盈余 $z=0$ 时，由式(8-6)计算出的价格就是该企业本期的成本价格，即 $p=f(q-\beta q)^{-1}$。成本价格的意义：只有该批产品的平均市场售价大于此价格时，该企业才能有利润可赚。但是，当实际市场价格大于此价格，比如为 p^* 时，实际的总成本并不是 pq，而是 $(p^*\beta q+f)$，盈余是 $z^*=p^*q-(p^*\beta q+f)=p^*(1-\beta)q-f$。

在上面的特例中，虽然该企业的总产量是 q，但是，能够作为市场销售的只有 $(1-\beta)q$，从而

在市场价格为 p^* 时，实际获得的总收益是 $p^*(1-\beta)q$，实际支付的总成本是 f，获得的盈余是 $p^*(1-\beta)q-f=p^*q-(p^*\beta q+f)$。当市场价格等于成本价格时，$f=pq(1-\beta)$，即销售收益刚好补偿投入。

对于一般可能有多种自产产品的企业，式(8-5)中的各个量都是矩阵或向量，写为下式：

$$\boldsymbol{P}'\boldsymbol{A}\hat{\boldsymbol{Q}}+\boldsymbol{eF}+\boldsymbol{Z}=\boldsymbol{P}'\hat{\boldsymbol{Q}} \tag{8-7}$$

式(8-7)中，$\boldsymbol{A}$ 是对自产产品的直接消耗系数(以实物单位计量)，$\boldsymbol{Q}$ 是自产产品总产量，$\boldsymbol{F}$ 是对外部产品的消耗矩阵(包括劳动报酬和税费)，$\boldsymbol{Z}$ 是各自产产品生产单元的盈余额向量(包括折旧基金)，$\boldsymbol{P}$ 是均衡的价格向量，$\boldsymbol{e}$ 是求和向量。式(8-7)的形式实际上是假定了一个生产单元只生产一种自产产品。由式(8-7)可以导出：

$$\boldsymbol{P}'=(\boldsymbol{eF}+\boldsymbol{Z})(\hat{\boldsymbol{Q}}-\boldsymbol{A}\hat{\boldsymbol{Q}})^{-1}=(\boldsymbol{eF}+\boldsymbol{Z})(\hat{\boldsymbol{Q}}-\boldsymbol{X})^{-1}=(\boldsymbol{eF}+\boldsymbol{Z})\hat{\boldsymbol{Q}}^{-1}(1-\boldsymbol{A})^{-1} \tag{8-8}$$

当令 $\boldsymbol{Z}=0$ 时，这里计算出的就是成本价格向量。①

如果给定产品的生产即出厂价格，那么，由式(8-7)可以导出企业盈余的计算公式：

$$\boldsymbol{Z}=\boldsymbol{P}'\hat{\boldsymbol{Q}}-(\boldsymbol{P}'\boldsymbol{A}\hat{\boldsymbol{Q}}+\boldsymbol{eF})=\boldsymbol{P}'(1-\boldsymbol{A})\hat{\boldsymbol{Q}}-\boldsymbol{eF} \tag{8-9}$$

通过式(8-9)可以分析各种价格策略下企业的经营效益状况。

8.4 企业投入占用产出表的编制和应用问题

前面从理论上确立了投入占用产出表的结构和基本投入产出模型，看起来比较简洁易晓，但是，对于实际应用而言，有大量的编制技术和应用需求情况需要特定的处理方法。企业投入占用产出表的编制和应用应以反映实物运动的实物表为准则，价值表在实物表的基础上根据合适的价格标准编制。

8.4.1 生产单元的多产品问题

在前面两节，企业投入产出表的结构是按照生产单元进行部门划分的，但是，实际企业的一个车间可能会生产多种产品。这些产品既有可能是外销产品，也有可能是本企业其他生产单元的投入品。这些产品的生产方式可能是联产品，即在同一个流程中被生产出来的产品，也可能是独立分别生产的(虽然使用了相同的生产工具)，还可能是副产品。

对于联产品和副产品，由于属于同一个生产过程，所以建议：作为生产部门，一个这样的生产单元在主栏上只列一列，在宾栏的自产产品部分则列多行，以反映不同品种的产品。作为列，其反映的是生产活动的投入，其大小仅与活动的强度有关，所以，可以用该单元的某个主产品的产量代表其活动强度。这种思想与投入产出表的本质相符：一列表示一个生产部门，一行表示一种产品；仅在一个生产部门只生产一种产品、一种产品只被一个部门生产时，行数与列数才一一对应。

对于一个生产单元中独立生产的多个产品，如果生产过程是设备主导的，可以用设备工时表示生产强度，代表实物产出量；如果生产过程是劳动工时主导的，可以用劳动工时表示生产强度，代表实物产出量。列向只用一列反映本单元的投入情况。行向以每种产品占一行。如

① 对折旧基金，不能当作真实的固定资产消耗，其本质是一种收入。即使按一定折旧率有些固定资产已经折旧完，它可能还在使用；如果在期末处理卖掉，其收入也不宜计入企业的生产收益。

果该单元的某种产品只在本单元内作为投入,即是本单元内部的一个中间产品,则不在企业投入产出表中反映。在这样的规定下,对于自产产品的行向平衡关系可以表示如下：

$$\boldsymbol{Xe}+\boldsymbol{Y}=\boldsymbol{AW}+\boldsymbol{Y}=\boldsymbol{Q} \tag{8-10}$$

式(8-10)中,$\boldsymbol{A}$ 是各生产单元对自产产品的直接消耗系数矩阵,$\boldsymbol{W}$ 是各生产单元的活动强度向量。对于单产品生产单元,其活动强度以产品产量表示;对于联产品或副产品的生产单元,其活动强度以主产品产量表示;对于以设备工时主导的多产品生产单元,其活动强度以设备工时表示;对于以劳动工时主导的生产单元,其活动强度以劳动工时表示。因为 $\boldsymbol{X}$ 不是方阵,所以,$\boldsymbol{A}$ 也不是方阵,无法求逆,从而无法直接在最终需求确定的情况下计算对各种产品和各生产单元生产的需求。为此,设立一个产品活动强度分配矩阵,使得

$$\boldsymbol{CQ}=\boldsymbol{W} \tag{8-11}$$

其中,$\boldsymbol{C}$ 中的一行是一个生产单元各产品产量对活动强度的分配系数。对于单产品单元,其对应的产品分配系数是 1,即活动强度与生产的产品产量相等,非本生产单元产品,其对应的元素是 0;对于联产品或副产品, 其活动强度按照一个主产品的产量计算,将主产品分配系数设为 1,非本生产单元产品其对应元素是 0。对于以设备工时主导的生产单元的多元产品,其分配系数是单位产品所需设备工时,非本生产单元产品其对应元素是 0;对于以劳动工时主导的生产单元的多元产品,其分配系数是单位产品所需劳动工时,非本生产单元产品其对应元素是 0。

将式(8-11)代入式(8-10)可以推得

$$\boldsymbol{Q}=(1-\boldsymbol{AC})^{-1}\boldsymbol{Y} \tag{8-12}$$

根据式(8-12),在已知最终产品需求且消耗系数和分配系数稳定的情况下,可以安排自产产品的生产计划。

将式(8-12)计算出的自产产品需求量代入式(8-11),可以计算对各个生产单元生产强度的需求量。将各生产单元的强度需求量代入对外部产品的平衡方程式(8-4),可以计算对外部产品的需求量。同理可以计算对劳动工时的需求量。

在实物量计算完成后,对存在多元产品的情况同样也可以利用列向关系计算成本价格。列价值平衡关系如下：

$$\boldsymbol{P}'_q\boldsymbol{A}\hat{\boldsymbol{W}}+\boldsymbol{eF}+\boldsymbol{Z}=\boldsymbol{P}'_w\hat{\boldsymbol{W}} \tag{8-13}$$

其中,$\boldsymbol{P}_q$ 是自产产品的计算价格,$\boldsymbol{P}_w$ 是生产单元活动强度的计算价格。根据活动强度与自产产品产量的关系,可以建立 $\boldsymbol{P}_q$ 与 $\boldsymbol{P}_w$ 的对应关系[见式(8-16)]。

每一个生产单元的总产值是其所有产品价值之和。对于只有一种产品的生产单元,其活动强度以自产产品产量计量,所以产品价格与活动强度价格相同。对于生产联产品或副产品的生产单元,其活动强度的价格是单位活动强度生产的各种自产产品的价值之和。对于生产多个独立产品的生产单元,其活动强度的价格与计算期各种产品的产量结构有关。设 p_{kq} 是自产产品 k 的价格,p_{iw} 是生产单元 i 活动强度的价格,生产单元 i 共生产 n_i 种产品,则有如下关系式：

$$V_{iw}=p_{iw}W_i=\sum_{k=1}^{n_i}V_{kq}^i=\sum_{k=1}^{n_i}p_{kq}Q_k^i \tag{8-14}$$

由此可得

$$p_{iw} = \sum_{k=1}^{n_i} p_{kq} \frac{Q_{kq}^i}{W_i} = \sum_{k=1}^{n_i} \tilde{c}_{ik} p_{kq} \tag{8-15}$$

写成矩阵形式即

$$\boldsymbol{P}_w = \widetilde{\boldsymbol{C}} \boldsymbol{P}_q \tag{8-16}$$

其中,V_{iw} 是生产单元 i 生产的总产值,V_{kq}^i 是生产单元 i 生产的产品 k 的总产值,$\widetilde{\boldsymbol{C}}$ 称为生产单元的价格形成系数矩阵,定义如下①:

$$\widetilde{C}_{ik} = \begin{cases} 1 & \text{如果生产单元 } i \text{ 只生产一种产品 } k \\ c_{ik} & \text{如果生产单元 } i \text{ 生产联或副产品}, c_{ik} \text{ 等于联或副产品产量与主产品 } k \text{ 产量之比} \\ \theta_{ik} & \text{如果生产单元 } i \text{ 生产多元独立产品}, \theta_{ik} \text{ 等于产品 } k \text{ 占用单元活动强度的比例} \\ & \text{与单位产品 } k \text{ 使用工时之比} \\ 0 & \text{如果产品 } k \text{ 不是生产单元 } i \text{ 生产} \end{cases}$$

将式(8-16)代入式(8-13)可以推导出:

$$\boldsymbol{P'}_q \boldsymbol{A}\hat{\boldsymbol{W}} + \boldsymbol{eF} + \boldsymbol{Z} = \boldsymbol{P'}_q \widetilde{\boldsymbol{C}}' \hat{\boldsymbol{W}} \tag{8-17}$$

因为自产产品数和生产单元数不一定相等,且自产产品数不小于生产单元数,所以,式(8-17)中的 $\boldsymbol{A}\hat{\boldsymbol{W}}$ 和 $\widetilde{\boldsymbol{C}}'\hat{\boldsymbol{W}}$ 一般不是方阵,不能完全确定自产产品的价格,冗余维度的产品价格处于自由悬浮状态,在外生确定这些冗余维度的价格后可以计算出其他产品的价格。要完全且比较准确地确定所有自产产品的价格,必须对列向生产单元进行分解,使每一列仅生产一种产品。对于只生产一种产品的单元,不必讨论;对于生产联产品或副产品的生产单元,生产单元的投入列的拆分应按外销产品的市场价格计算每种产品的产值,按产值分解投入;对于生产独立多元产品的生产单元,首先,把能明确归属的投入划到相应产品的名下,把其余不能明确归属的共用投入按照设备或劳动工时消耗即活动强度占用进行分摊。分摊完毕后,列数与自产产品行数一致,从而式(8-17)变成下式:

$$\boldsymbol{P'}_q \boldsymbol{A}\hat{\boldsymbol{Q}} + \boldsymbol{eF} + \boldsymbol{Z} = \boldsymbol{P'}_q \hat{\boldsymbol{Q}} \tag{8-18}$$

$$\boldsymbol{P'}_q = (\boldsymbol{eF} + \boldsymbol{Z})(\hat{\boldsymbol{Q}} - \boldsymbol{A}\hat{\boldsymbol{Q}})^{-1} = (\boldsymbol{eF} + \boldsymbol{Z})(\hat{\boldsymbol{Q}} - \hat{\boldsymbol{X}})^{-1} = (\boldsymbol{eF} + \boldsymbol{Z})\hat{\boldsymbol{Q}}^{-1}(1 - \boldsymbol{A})^{-1} \tag{8-19}$$

这与式(8-8)是完全相同的。当假定 $Z=0$ 时,可以求得成本价格。从价值上说,自产产品的价格是在首先确定外购产品价值和盈余价值的情况下得以确定的,特别是不同自产产品的盈余水平反映了决策者的市场洞见和重视偏好。

8.4.2 产出与价值计量问题

编制实物型投入产出表的重要问题之一是各种各类单元产品的计量问题。对于物质产品和用于销售的产品,其计量一般不成问题,由技术或市场决定,但是对于自产服务产品,则计量

---

① 公式中 θ_{ik} 的意义可以这样理解:$\theta_{ik} = \frac{Q_{kq}^i}{W_i} = \frac{W_{ik}/W_i}{W_{ik}/Q_{kq}^i}$,其中 W_{ik} 是生产产品占用的单元活动强度,以设备或劳动工时计量。对于生产联产品或副产品的生产单元,其活动强度是用主产品的产量计量的。

困难些。比如维修保障部门的服务如何计量就比较困难,管理部门的服务计量也是问题。在传统企业投入产出分析中,这些部门都只在价值表中以总管理费用和车间经费的方式核算其中包含的折旧、材料费和工资等,然后分摊到各生产单元。

8.4.2.1 价格选择

编制成本型或价值型投入产出表的关键问题是确定各种消耗或产出的价格。因为在一个时期内,产、购、销的步调不一致,具有错期性,同一种产出可能以多种价格卖出或者还没有卖出,同一种投入品可能是不同批次进货、跨期使用,价格也可能不相同,那么,到底如何计算全部实物量的价值呢?

在计算成本价格的模型中,对外购产品就存在价值核算问题。按照经济学原理,所有投入都应该按照当期的市场价格计算以代表机会成本价格,即不是按照其具体购买时的价格计算。如果在核算期,市场价格也经历了变动,那么,应按照某种平均价格核算成本。

如果编制过去一个时期的价值表,那么,自产产品的价格也是需要斟酌的,因为本期生产的产品不一定都销售出去,本期销售的产品也不一定是本期生产的。为了编制价值表,就需要制定一个核算价格。同样根据机会成本原理,应以当期市场价格作为基准,考虑到产量结构,确定一个平均价格。在自产产品价格确定以后,就可以计算每个生产单元的总产值,然后,在总生产活动强度已知的情况下,可以计算平均单位活动强度的产值。

8.4.2.2 利润理论

很显然,按照以上原则核算出的企业利润与当期企业的会计利润一般是有差异的,但应该更能准确反映企业的生产经营效益。利润公式在理论上看比较简单:总利润=总收益-总成本,但是实际的核算问题很多。

根据马克思的资本理论,企业的利润即得到的剩余价值等于资本的增值,即在一定时期内,总利润=期初资本总值-期末资本总值。

在期初,存在一个初始投入总资本,包括已经存在的物质资本——各种原材料和固定资产,还包括未归到企业所有者或股东私人账户的货币资产,以及自产产品库存。企业的货币资产如果在既定时期内不转化为生产资本,那么在生产利润核算中就应不予考虑;如果在某个时间点转化为生产资本并投入生产,则应该根据生产使用的时间进行一定折算。对于物质资本,关键的是价格计量。因为物质资本的购买时间不同,则价格变化很大,还存在折旧问题。根据微观经济学理论,应该使用机会成本核算这些物质投入,但机会成本是个不确定变量,所以,应当制定一定的价格选取准则。

在期末,企业持有的总资本同样包括物质资本——库存原材料、未出售产品和固定资产,还有货币资产。期末的货币资产一般主要来源于产品销售,还可能来源于一些资产处置。如果在核算期对所有者或股东进行了分配,则这部分分配掉的资产应增加到期末总资产中。应从期末货币资产中扣除期初持有的货币资产。期末物质资本的核算同样存在价格选择问题。

在核算周期过程中,如果投入了新的资本,包括从其他处转移来的物资和用新增货币资本新购买的物资,则本期总投入等于初始资本加新增资本。新增资本作为本期投入应根据投入的时间作一定的折算。用本期收益在本期购买的物资不计入总投入资本。对于从他处转移来的物资也需要制定一个核算价格。

在资本核算中,要把握一个基本原则,即核算资本的范围应以生产过程为基准,参与生产过程则计算,不参与生产过程则应排除。比如,一台放在仓库里长期不用的机械设备就应排除在外。虽然这种物资占用企业的资源,甚至消耗一定的投入,但是与考察的生产过程无关,属于企业的总体经营问题。在企业投入产出核算中,应考虑适当的处理方式。

上述根据马克思资本理论核算的总利润可以作为当期企业利润的控制数,分配到一定的生产单元。总利润除以期初总资本就是当期资本利润率。

8.4.3 企业管理的信息需求和编表原则

投入产出技术的基本功能是提供信息。首先,投入占用产出表是一个数据库,将庞大的信息组织在一个结构清晰的表格中;其次,投入产出模型能够根据理论研究或应用研究的需要生成信息。企业对投入产出技术的需求就是对其能产生的信息的需求,以这些信息作为决策的依据。

对于企业管理,核心的信息是企业投入产出即成本效益信息,通过这些信息形成成本、收益和盈利信息。因为投入产出技术将企业系统分成了若干个相对独立的运营单元,所以,它可以提供企业的成本、收益和利润变动的影响因素信息,便于揭示变动的来源。

相对于宏观经济管理,企业管理对信息的质量水平要求更高。首先是准确,其次是及时。企业决策的时间特性是多层次的,有实时运行状态信息,有短期经营信息,还有多层次的战略决策信息。在传统手工编表的时代,编表周期比较长,所以,企业投入产出分析一般只能提供以一年为周期的长期战略决策信息,但在信息技术已经非常发达的今天,实际上可以实时获取企业的各种各类运行信息,因此可以快速编制适合各种决策信息需求的投入产出表,进行各种各样的模型分析。

不同类型行业的企业内部结构差异比较大,所以,实践中的企业投入产出模型体系需要结合企业的结构特征和决策需求,因企而建。通常认为,对企业投入产出表编制有 8 点原则要求①。

(1) 基于经营管理目标进行设计

企业投入占用产出技术虽然可以灵活用于企业管理的许多方面,但是,不同类型企业应用的关键目标不同,有的强调成本管理,有的强调生产计划控制,有的强调全面核算,有的注重关键过程,这些都会对表的结构和繁简提出不同要求。因此,编表之前应弄清使用要求,深入进行需求分析,并将其作为确定投入占用产出表结构、类型、产品分类的依据。

将基于投入产出技术的决策支持系统的建立、运用和维护作为一项系统工程,需求分析就是一项基础工作。

(2) 编表周期应与企业核算周期同步

企业的生产经营状态的核算以及计划的制订和实施,一般以周或月为基本周期。企业的财务有日清月结的说法。企业通过对连续核算期生产经营状况进行分析,及时发现存在的问题,作出调控决策,发出指挥指令,采取管理措施,以保证年度和中长期战略目标的实现。另

---

① 本节内容主要参考以下两文献,但作了修订,加入了本书作者的思想。
陈锡康,杨翠红. 投入产出技术[M]. 北京:科学出版社,2011:160-163.
佟仁城. 企业投入占用产出模型应用中的几个问题[J]. 数量经济技术经济研究,2002(10):91-93.

外,由于市场需求的变动,企业经常需要调整生产计划,更新产品。这些都对投入产出表的编制周期和质量提出了要求。不同类型和规模的企业,可以根据自身的管理需求确定合适的编表周期。编表周期可以根据实践应用经验进行适时调整。

从灵活调整的要求考虑,投入产出表和模型系统的设计应在不变性和敏捷性之间进行折中,尽可能避免“大拆大建”。这需要经验的积累。

(3) 表的内容应全面反映对资源的消耗构成

从投入占用产出表的结构看,它必须能清晰地描述从原材料到产成品的形态变化阶段和不断增值的过程。它不仅要反映各种自产产品间的技术经济联系,而且还应反映出各种产品对不同类型投入的消耗,如对原材料、设备工时、人工工时、费用等的消耗,即全面反映生产过程中劳动对象、劳动手段、劳动工时的投入和价值的形成。企业投入产出分析对产品同质性的要求是越高越好。为了成本核算分析的需要,应编制多层次综合性的投入产出表。一般是财务分析要求的综合性高,生产技术分析要求的同质性水平高。

因为企业部门之间的物质联系比较少,企业投入占用产出表的数据矩阵,特别是中间流量和存量矩阵就非常稀疏,所以,在现代信息技术的支持下,模型系统应灵活设计,便于可视化和节约资源。

(4) 数据处理方法应与各种企业管理制度相协调

现代企业的管理基础是一套成文的制度规则体系,投入产出决策支持系统的加入必须与这些制度,特别是统计核算制度、会计核算制度、业务核算制度等相兼容、相协调。一般来说,投入占用产出表所需资料与现行核算资料口径并不一致。业务核算、统计核算所提供的是原材料及其他物料的领用量、中间产品的交付量等，而投入占用产出表却要求各种产品的产出量、库存量、对各种投入的消耗量等。虽然不同，但大部分可以利用已有统计资料生成。通常，企业的统计制度、统计指标大都由行业主管部门制定，在行业内部具有统计口径的一致性和同类企业间的可比性，企业不能随意更改。对相当一部分企业来说，保证统计资料的质量并非易事。如果在此基础上再建立一套投入产出统计台账，不仅会增加企业的负担，提高运行成本，而且还会给企业的统计工作造成混乱。因此，应充分发挥现有统计资料的作用，充分利用计算机信息技术进行规范化转换，以满足编制投入占用产出表的需要。企业应建立基础数据库,应对各种统计与管理数据需求。

另一方面，在处理方法的选择上，要以企业现行核算制度为基础，尽量与其保持一致。例如，投入占用产出表中多产品的处理方法，应由企业采用的核算方法所决定，如果企业采用副产品倒扣法，则应采用与其相一致的负投入方法；如果企业采用联产品成本分摊法，则应采用与其相一致的分摊法。只有如此，投入占用产出分析的结果才能在企业经营管理中得到应用，并得到与现行管理口径相一致的结论，而不能凭臆断，脱离企业管理实际进行处理方法的选择，否则,在企业推行投入产出技术难以成功。

建议以企业的生产与运营单元为基准,建立每个单元的投入向量(矩阵)和产出向量(矩阵),从这些向量(矩阵)出发,用计算机软件产生满足各种要求的数据集合系统。

(5) 实现企业投入产出模型参数与定额的比照

在技术条件不变的情况下,各种产品间的投入占用产出关系通常都有标准或规定,这种标准或规定就是“定额”(如物耗定额、工时定额等)。企业的投入产出效率与效益评估,一个是进行历史时间序列分析，再一个就是与“定额”或先进水平进行比较，因此，在条件许可的情况下，可以同时编制定额投入占用产出表。我国的许多行业都开展了对标管理，进行与标准或先进水平的差距分析。

(6) 投入占用产出表的描述应准确反映企业的生产工艺特点

因为企业投入占用产出表以对各种产品间的消耗占用关系的描述为基础，并将这种描述和分析结果用于管理决策，因此，对生产过程中各种消耗占用关系的描述应力求准确，其中会存在一些特殊的生产工艺问题需要在投入产出技术中作特殊处理，比如在制品与库存品的区分、联产品和副产品问题等。这些问题在非企业投入产出技术中一般是不存在的。

要合理应对生产工艺过程的一些特殊情况。因为企业投入产出分析要求的细节特殊性以及企业生产工艺的多样性，在企业投入产出表和建模分析中有不少特殊情况，如同一部门的多种产出问题、可替代产品问题、配方问题、消耗量由多种因素决定问题等等。只有针对这些问题提出符合生产实际并适合企业管理特点的处理方法，才能使投入产出技术的描述做到准确、实用。

(7) 投入占用产出表应能跟踪企业技术进步与生产变动

现代市场经济的特点就是变化迅速，市场需求和生产技术都变化很快，有些企业的产品甚至每个月都发生变化。面对剧烈变化的市场和社会环境，现代企业的产品和投入都变动频繁。一方面，随着市场需求的变动，不同报告期产品的种类会有所不同；另一方面，随着技术进步、工艺改进，以及为了增加品种，提高质量及降低成本，产品的规格、牌号也经常出现新旧更替，原材料的品种也会有所变化。这些都对企业投入产出表的编制和应用分析提出了更高水平的要求。为了适应企业生产经营的这些变动，企业投入产出表最好设计成“积木”式，随时根据变化快速响应管理需求。

也许，企业投入产出分析才准确反映了“投入产出”一词的原本含义，如此，可以不必拘泥于传统投入产出表的结构形式。可以说，一个企业就是一个投入产出转换系统，各种投入通过生产“函数”转化为产品产出，通过市场转化为企业的收益。企业投入产出分析深入企业内部，考察各个环节和部门的运行情况，为管理决策提供信息支持。所以，为了企业投入产出分析的数据需要，可以将企业的外部购进按品种进行编号，编号的不同位反映投入品的不同属性，如产地、进货时间、材质、品名等。自产产品也进行同样的编号。在如此详细的数据情况下，表格形式的投入产出表有可能非常庞大，这时，利用数据库信息技术，形成一个虚拟的投入产出表。对于每一个部门都存在两个向量，一个列向量记录投入来源，一个行向量记录产出分配去向，而每一个数据都有至少两维编号以反映来源和去向。在需要编制投入产出模型时，在部门划分规则确定后，对每一个元记录进行部门合并。在合理的编号体系下，合并可以根据编号自动进行处理。

(8) 把握投入占用产出技术方法论思想以避免机械套用

在企业投入占用产出技术的应用中，人们往往习惯于套用现成的方法，既缺乏对应用对象具体特点的分析，又缺乏在应用对象特点分析基础上的方法创新。其问题在于过于看重投入产出模型的外在形式，而忽视了对其思想内涵的认识。从本质上讲，企业投入占用产出技术就是以各种产品之间的技术经济联系为基础，全面揭示在产品辗转加工过程中，伴随着产品形态的转化，价值凝结和不断增值的过程。然而，不同企业产品的加工和增值过程具有不同特点，使用不同的核算方法,这就决定了投入占用产出模型在方法上和结构上的差异。显然,使用一种固定的模式是难以反映不同企业加工方式和增值过程的差异的。为此,需要方法上的创新,以使投入占用产出技术适用于具有不同特点的生产过程的描述。

企业投入产出技术是现代化管理工具,具有大数据特性,其推广应用要适应现代化和信息化管理的需求,编制规范的应用软件系统,融入企业的信息管理系统和决策支持系统。对建成的信息系统应编制使用手册,使用手册要电子智能化,方便查询检索,并要制定相应的制度体系以保障系统的顺畅运行。但是,不能指望一个投入产出表和几个投入产出模型解决所有企业的决策信息需求问题。

习　题

1. 比较企业投入产出表和地区经济投入产出表的异同,逐条列出,并思考这些异同背后的原因。

2. 为什么企业投入产出分析要以实物型投入产出表为基础?在实物型投入产出表编制中,有哪些需要特别处理的问题?从实物型投入产出表转换成成本型投入产出表,有哪些问题需要处理?

3. 下面是某工厂的月度投入产出表,其中对自产产品是实物单位,对外购产品是价值单位。另外还已知工厂总部的管理费用为 70.3 万元,其中:折旧费 25.3 万元,材料费 21.3 万元,人工费 23.7 万元,年度利税总额 55.9 万元。

某工厂投入产出表

<table>
<tr><td colspan="3" rowspan="3"></td><td rowspan="3">计量单位</td><td colspan="6">中间使用</td><td colspan="2" rowspan="2">最终使用</td><td rowspan="3">总使用</td></tr>
<tr><td colspan="2">车间 1</td><td colspan="2">车间 2</td><td colspan="2">车间 3</td></tr>
<tr><td>1</td><td>2</td><td>3</td><td>4</td><td>5</td><td>6</td><td>库存增量</td><td>销售量</td></tr>
<tr><td rowspan="6">自产产品</td><td rowspan="2">车间 1</td><td>1</td><td>吨</td><td></td><td></td><td>79</td><td></td><td></td><td></td><td>1</td><td></td><td>80</td></tr>
<tr><td>2</td><td>吨</td><td></td><td></td><td></td><td>84</td><td></td><td></td><td>1</td><td></td><td>85</td></tr>
<tr><td rowspan="2">车间 2</td><td>3</td><td>千米</td><td></td><td></td><td></td><td></td><td>193</td><td></td><td>-3</td><td></td><td>190</td></tr>
<tr><td>4</td><td>千米</td><td></td><td></td><td></td><td></td><td></td><td>217</td><td>3</td><td></td><td>220</td></tr>
<tr><td rowspan="2">车间 3</td><td>5</td><td>千米</td><td></td><td></td><td></td><td></td><td></td><td></td><td>-5</td><td>185</td><td>180</td></tr>
<tr><td>6</td><td>千米</td><td></td><td></td><td></td><td></td><td></td><td></td><td>-10</td><td>210</td><td>200</td></tr>
<tr><td rowspan="3">外购产品</td><td colspan="2">原料</td><td>千元</td><td>4 288</td><td>2 988</td><td></td><td></td><td></td><td></td><td>4</td><td></td><td>7 280</td></tr>
<tr><td colspan="2">辅材</td><td>千元</td><td></td><td></td><td></td><td></td><td>23</td><td>22</td><td>1</td><td></td><td>47</td></tr>
<tr><td colspan="2">动力</td><td>千元</td><td>27</td><td>34</td><td>41</td><td>46</td><td>53</td><td>54</td><td></td><td></td><td>255</td></tr>
<tr><td colspan="3">工资</td><td>千元</td><td>74</td><td>78</td><td>75</td><td>80</td><td>43</td><td>44</td><td colspan="3" rowspan="4"></td></tr>
<tr><td rowspan="3">车间经费</td><td colspan="2">折旧</td><td>千元</td><td colspan="2">66</td><td colspan="2">91</td><td colspan="2">128</td></tr>
<tr><td colspan="2">材料费</td><td>千元</td><td colspan="2">33</td><td colspan="2">60</td><td colspan="2">55</td></tr>
<tr><td colspan="2">人工费</td><td>千元</td><td colspan="2">37</td><td colspan="2">41</td><td colspan="2">56</td></tr>
</table>

(1)观察上表,说明该工厂生产系统的一些特点;(2)计算该工厂对自产产品的完全消耗系数,说明其特点;(3)分析该工厂自产产品的成本价格和外销产品的工厂价格。(提示:注意应用假设。)

本章主要参考文献

1. 刘新建,刘海啸,房俊峰. 高等数量经济学[M]. 北京:科学出版社,2018.

2. 陈锡康,杨翠红. 投入产出技术[M]. 北京:科学出版社,2011.

3. 李秉全. 投入产出技术与企业管理现代化[M]. 北京:科学出版社,1988.

4. 宋辉. 投入产出技术及大数据分析:经济社会系统复杂联系的破解[M]. 北京:人民出版社,2019.

5. 刘树,宋辉. 企业投入产出[M]. 北京:中国经济出版社,1990.

第9章　投入产出分析发展史

投入产出分析学科的发展过程就是投入产出技术产生、积累和发展的历史过程，这一过程与世界经济和科技发展相联系，也与各个国家的社会经济发展相联系。

9.1　投入产出技术的产生和列昂惕夫的贡献

任何科学思想和方法的产生都有其历史渊源，投入产出技术也是如此。投入产出技术之所以能提出是与创建人的个人经历、知识构成和时代环境分不开的。

9.1.1　投入产出技术的诞生及其时代背景

1929—1933年，资本主义世界发生了空前严重、空前广泛、破坏性巨大的经济危机，经济总产出指标下跌严重，引起了严重的社会问题。为了应对危机，美国推出了罗斯福新政，主要经济学家都提出了自己的思想，基于数量模型的经济实证研究开始流行。英国经济学家凯恩斯于1936年发表著作《就业、利息和货币通论》，其否定了传统西方古典经济学理论，认为资本主义经济不会依靠市场自动实现充分就业的均衡，而且由于有效需求不足，通常都是非充分就业，因此，他积极主张，应通过政府对经济的干预，即通过增加政府开支、减少税收、调节利率和控制货币发行量等手段，影响投资和消费等需求，从而促进充分就业。凯恩斯的主张严重背离自由主义经济学，在西方经济学界引起了一场"革命"，催生了现代宏观经济学。

与此同时，受启发于近代科学技术的发展，一批经济学者从变量数量关系上建立数学模型研究经济问题，形成了若干数量经济学分支，其中最突出的就是经济计量学、数理经济学和投入产出分析三大学科。

投入产出分析是由列昂惕夫创立的。从1931年起，列昂惕夫着手编制美国经济投入产出表，并于1936年发表了《美国经济系统中的投入与产出数量关系》①，阐述了有关美国1919年投入产出表的编制工作、投入产出理论和相应的数学模型，以及资料来源和计算方法等内容，这篇论文被公认为投入产出分析和投入产出技术产生的标志。

列昂惕夫认为，投入产出技术将"经济理论的空盒子"充填进经验数据，使经济理论与经济事实紧密结合起来。列昂惕夫不仅是投入产出分析的创始人，而且之后还提出了一系列实际应用的投入产出模型，积极拓展投入产出技术在各类经济问题研究上的应用。

列昂惕夫原籍苏联，1905年生于德国慕尼黑。1921年，考入圣彼得堡大学（1924年改称列宁格勒大学，1991年改回原名），专修社会学，1925年取得了社会学硕士学位，毕业后被校方留任为助教。列昂惕夫的父亲是一位经济学教授，参加了编制1923—1924年苏联国民经济平

---

① LEONTIEF W. Quantitative input and output relations in the economic system of the United States[J]. The Review of Economics and Statistics, 1936, 18 (3):105-125.

衡表的工作。社会与家庭各方面的影响和时代的需要,使还在攻读硕士学位的列昂惕夫对经济学问题产生了浓厚的兴趣,开始这方面的探索。不过,在 1925 年 4 月,列昂惕夫就到了德国,进入柏林大学(当时叫 Friedrich Wilhelms University)博士研究生班继续深造,于 1928 年取得柏林大学的博士学位。1927—1930 年,列昂惕夫在德国基尔大学世界经济研究所工作①。

列昂惕夫熟悉并研究过苏联的计划统计工作,马克思主义经济理论在这一过程中对其学术思想产生了重要影响。正是在马克思再生产理论和苏联国民经济综合平衡思想的指导下,列昂惕夫才能对社会总产品的内涵有一个完整的认识:社会总产品中不能忽略转移价值部分,包括作为物质消耗的劳动对象部分,这些被称为中间产品。正是这一认识为列昂惕夫后来提出投入产出技术奠定了理论基础,因为中间投入是投入产出分析模型结构的核心。不论是微观经济学还是宏观经济学,西方经济学将社会总产品与增加值混为一谈,不考虑中间产品,被这一思想束缚的人们是不会首先提出投入产出技术的②。1925 年,列昂惕夫发表了《苏联经济的平衡:一个方法论研究》③,这可以看作投入产出技术理论思想的萌芽。

除了马克思提出的两部门(两大部类)再生产模型理论,1758 年法国经济学家魁奈的《经济表》、1874 年瓦尔拉斯(Leon Walras)构造的多个生产部门一般均衡模型,都对投入产出技术的产生有重要影响。魁奈的《经济表》以图表形式从数量上描述生产者与消费者之间在商品和劳动上的流通情况,而马克思发展出了简单再生产和扩大再生产下的一般均衡理论。瓦尔拉斯是经济史上第一个提出一般均衡模型并试图解决一般均衡的存在性问题的学者④。

不可否认,苏联国民经济平衡表思想对列昂惕夫提出投入产出分析产生了重要的影响。20 世纪 20 年代,苏联中央统计局编制了“1923—1924 年国民经济平衡表”,这是一张包括众多产品生产与分配的平衡表。表的设计者们指出:“国民经济各部门之间存在着连锁联系。”列昂惕夫对其大加赞赏:“当我们把这张平衡表同一般的经济统计表相比时,例如同英美的国情调查表相比就会发现,其中原则上的新东西,是希冀利用数据不仅概括社会产品的生产,而且也用来概括社会产品的分配,以便通过这种途径获得以某种经济表形式表现出来的整个社会再生产过程的总体面貌。”当然,从技术角度看,苏联的这些平衡表与投入产出技术还存在很大差别,其没有提出和计算直接消耗系数和完全消耗系数⑤。

1931 年,列昂惕夫移居美国,先在美国国家经济研究局工作,1932 年以后,在哈佛大学经济系任教,1974 年退休后,1975 年又到纽约大学创建了经济分析研究所。

列昂惕夫是 1970 年度的美国经济学会会长,1973 年获得诺贝尔经济科学奖,1999 年去世。

9.1.2 列昂惕夫的投入产出研究简历

投入产出分析或投入产出技术是现在对这一领域的最通用称呼,但列昂惕夫显然偏好称

① HAGEMANN H. Leontief and his German period[J]. Russian Journal of Economics, 2021, 7 (1):67-90.

② 刘起运,陈璋,苏汝劼. 投入产出分析[M]. 3 版. 北京:中国人民大学出版社,2020:10.

③ LEONTIEF W. Die Bilanz der russischen Volkswirtschaft: Eine methodologische Untersuchung [J]. Weltwirtschaftliches Archiv, 1925,22(2):338-344. (此文后收录在:NICHOLAS S. Foundations of the soviet strategy for economic growth:selected soviet essays,1924—1930[M]. Bloomington:Indiana University Press,1964:88-94.)

④ 陈锡康,杨翠红. 投入产出技术[M]. 北京:科学出版社,2011.

⑤ 刘起运, 陈璋, 苏汝劼. 投入产出分析[M]. 3 版. 北京:中国人民大学出版社,2020:4-5.

之为“投入产出经济学”。1951 年,列昂惕夫在《科学美国人》上介绍这一领域时首先使用“投入产出经济学”作为文章标题,1966 年出版总结性论文集时,将此文作为第 2 章,并以“投入产出经济学”作为书名;1986 年再版时,仍然以此作为书名,并将 1951 年的文章作为第 1 章。

表 9-1 1931—1953 年列昂惕夫投入产出技术研究历程

时间	事迹
1931 年	在美国着手研究投入产出表的编制工作
1932 年	开始收集资料,编制美国 1919 年的投入产出表
1936 年	发表著名论文《美国经济系统中的投入与产出数量关系》
1941 年	出版专著《1919—1929 年美国经济结构:均衡分析和经验应用》,正式公布了美国 1919 年和 1929 年投入产出表
1951 年	再版 1941 年的书,增添了 1939 年投入产出表,更名为《1919—1939 年美国经济结构:均衡分析的经验应用》
1953 年	与他人合作出版了《美国经济结构研究》,全面系统地论述了投入产出分析的原理

纵观列昂惕夫的研究历程,大致可以分为三个阶段①。

第一阶段:20 世纪 30—40 年代。在这十余年间,列昂惕夫克服重重困难,在浩如烟海的商业杂志和原始资料中搜集数据, 接着又用大量的矩阵求逆运算来处理数据。当时计算机虽然已经面世,但只能进行最简单的加减乘运算,根本无法解决列昂惕夫的运算难题。1936 年,麻省理工学院的威尔伯教授研制了一种能解 9 阶联立线性方程组的模拟计算机,列昂惕夫向威尔伯教授求助,将 41 个部门合并为 10 个部门,利用这一当时具有最优性能的计算机进行求逆矩阵的计算②。这是列昂惕夫第一次使用计算机进行矩阵求逆计算,也可能是大规模计算在经济学或其他社会科学中的第一次应用③。列昂惕夫编制出一份美国 1919 年 41 个生产部门的投入产出表,该表包含了大约 2 000 个系数。其中的研究成果,出现在他陆续发表的论文和著作中。1936 年,列昂惕夫发表了《美国经济系统中的投入与产出数量关系》一文,文中阐述了有关第一张美国 1919 年投入产出表的编制工作和投入产出理论及相应模型的初次表述。接着又编制出 1929 年美国投入产出表。1941 年,列昂惕夫出版了投入产出分析的第一本专著《1919—1929 年美国经济结构:均衡分析和经验应用》。这本著作除收录了投入产出表外,还详细全面地介绍了研究成果,并形成了投入产出技术的理论体系。1951 年,列昂惕夫增加关于 1939 年投入产出表的研究内容,出版了《1919—1939 年美国经济结构:均衡分析的经验应用》。

第二阶段:20 世纪 50—60 年代。列昂惕夫的工作得到实际工作部门的认可,其研究活动获得了美国军事部门和劳工统计局的大力支持。基于列昂惕夫编制的投入产出表,美国劳工部预测了美国的就业情况,对 1950 年美国充分就业情况下各经济部门的产出作了预计,后来美国的经济发展情况证实了其预测的准确性。此后,美国政府定期编制全国投入产出表,作为

---

① 沃西里·里昂惕夫. 投入产出经济学[M]. 崔书香,潘省初,谢鸿光,译. 北京:中国统计出版社,1990:Ⅱ-Ⅲ.

② 沃西里·里昂惕夫. 1919—1939 年美国经济结构:均衡分析的经验应用[M]. 王炎庠,邹艺相,等译. 北京:商务印书馆,1993:79.

③ 约瀚·伊特韦尔,默里·米尔盖特,皮特·纽曼. 新帕尔格雷夫经济学大辞典:第三卷:K—P [M]. 北京:经济科学出版社,1996:178.

国民经济核算和决定经济政策的依据。1953 年,列昂惕夫发表了《国内生产与对外贸易:美国资本状况的再审查》①,提出了以后在国际贸易理论中非常著名的列昂惕夫悖论(或称列昂惕夫之谜),基于美国的经济数据对比较优势理论提出了疑问。

列昂惕夫在这一阶段的重要工作包含在 1966 年出版的《投入产出经济学》一书中。该书由 11 篇不同时期的论文组成,其中 1947 年 1 篇:《工资、利润、物价和税》,20 世纪 50 年代 3 篇,其余 7 篇是 20 世纪 60 年代的。50 年代和 60 年代的内容有:关于经济预测的 1 篇(1964 年);关于投入产出分析总体阐述的有 2 篇,分别发表于 1951 年和 1965 年;关于经济结构的有 2 篇,分别发表于 1963 年和 1965 年,分别是关于以色列和美国的;关于贸易的有 2 篇,分别发表于 1953 年和 1965 年;关于国防军事的有 2 篇,分别发表于 1961 年和 1965 年;最后 1 篇是关于地区间投入产出分析的经典文章,提出了引力模型,发表于 1963 年。

第三阶段:20 世纪 70—90 年代。在这一时期,投入产出技术有了更大的发展和更广泛的应用。据 1979 年联合国统计,世界上那时已有 89 个国家和地区广泛采用这一经济分析技术。20 世纪 70 年代中期以后,列昂惕夫主张政府调控市场,以促进经济的有效增长和结构调整,但他并未因此而否定市场经济。在实践中,他主张成立经济计划局,运用投入产出技术进行经济预测,为政府干预经济提供依据。这些思想集中体现在他 1976 年出版的专著——《突变时期的经济制度》一书中。同时,列昂惕夫集中研究世界范围的经济问题,特别是发达国家与发展中国家之间的经济关系,以及环境污染问题。1973 年,列昂惕夫的诺贝尔经济科学奖学术报告——《世界经济结构:一个简单的投入产出表述》和 1977 年发表的《世界经济的未来》一书,都是探讨下一世纪即 21 世纪世界经济变化的著作,特别是讨论了环境污染问题。

1986 年,列昂惕夫的《投入产出经济学》再版,作了比较大的扩充和篇目替换,共 20 篇文章,其中,1947 年 1 篇,20 世纪 50 年代 3 篇,20 世纪 60 年代 5 篇,20 世纪 70 年代 8 篇,20 世纪 80 年代 3 篇,保留了第一版的 8 篇。这一版中,特别关注了环境保护问题和世界经济问题,其中 3 篇直接以环境为主题,2 篇以世界经济为主题,另外,还特别关注了人口、科技进步与收入分配问题。列昂惕夫不仅把《投入产出经济学》作为其工作的总结,而且建议作为学习投入产出分析的读本,他认为:“相对于学习一本逻辑平顺的教科书,按篇章顺序读这本书对这个领域能获得更深刻的理解,不仅是作为形式化理论,而且作为一种研究策略。”②

鉴于对经济科学的突出贡献,列昂惕夫获得 1973 年度诺贝尔经济科学奖。瑞典皇家科学院发布的新闻稿中称列昂惕夫是“唯一的和无可争辩的投入产出技术创始人”,是“投入产出分析之父”。

9.1.3 列昂惕夫的典型研究工作

如列昂惕夫所说,学习了解一些研究案例对学好投入产出分析是非常有效的,下面就是列昂惕夫做过的典型研究工作③。

---

① LEONTIEF W. Domestic production and foreign trade[J]. Proceedings of the American Philosophical Society, 1953, 97(4):332-349.

② LEONTIEF W. Input-Output Economics[M]. New York:Oxford University Press, 1986:Ⅶ-Ⅸ.

③ 陈锡康,杨翠红. 投入产出技术[M]. 北京:科学出版社,2011:9-12.

（1）利用投入产出技术预测“二战”结束后美国的就业状况

1944 年夏天，第二次世界大战的结局已很明显。当时美国当局预计德国、意大利和日本只能再支撑一年左右。战争结束后，军工生产将急剧下降，大批与战争直接有关的人员将离开军事岗位，而民用经济的产值上升又将增加部分就业岗位。在列昂惕夫的帮助下，美国劳动统计局曾经利用投入产出技术计算和预测战争结束后美国的就业状况。

（2）利用投入产出技术预测“二战”结束后对钢的需求量

在第二次世界大战期间，由于战争的需要，美国的钢铁生产获得高速发展。战争结束后，很多钢铁企业负责人认为钢产量将急剧下降，美国钢铁工业将在较长时期内产能过剩。列昂惕夫利用美国 1939 年投入产出表，对美国各部门每 1 000 美元产值对钢的直接和间接需求量进行了计算，结果如表 9-2 所示。

表 9-2　美国若干生产部门单位产出对钢的完全需要量

部门	每 1 000 美元产值所需钢的吨数	部门	每 1 000 美元产值所需钢的吨数
建筑业	1.65	食品加工业	0.26
金属制造业	2.90	燃料和动力	0.22
机动车辆和工业设备制造业	2.50	木材、造纸、印刷和家具等	0.46
商业和饮食业	0.23	农业	0.15
化学工业	0.30	运输业	0.28
橡胶产品业	0.20	其他	0.66

表 9-2 显示，建筑业、金属制造业、机动车辆和工业设备制造业每 1 000 美元产值所需钢的数量最大，分别为 1.65、2.90 和 2.50 吨。这三个部门在第二次世界大战结束后必然会快速发展。列昂惕夫利用投入产出技术进行计算，预测 1950 年美国经济对钢的需求量将达到 9 800 万吨水平。据此，美国劳动统计局在 1945 年宣称，战后美国对钢的需求可能短期下降，但终将恢复和超过第二次世界大战期间的最高水平。这些意见当时没有被一些大企业所接受。但随后的事实说明，美国 1950 年的钢产量就已经超过战时最高水平，在设备全部开工的情况下达到了 9 680 万吨。如果钢铁企业在前几年扩大生产能力，1950 年钢的产量就可能达到预测的水平。

（3）工资、利润和税对物价上涨的影响研究①

工资是构成产品成本的主要要素之一。在其他条件不变的情况下，提高工资必然会引起物价上涨。工资变动对各部门价格变动的影响包括直接影响和间接影响两部分。直接影响是指一个部门雇员工资提高对本部门产品价格的影响。间接影响是指由于一个部门的生产消耗其他部门的产品以及劳动，当该部门工资提高时，会影响其他部门的产品价格，并再反作用于本部门产品价格。列昂惕夫等利用美国 1939 年投入产出表进行计算，分别分析非农业部门工

① LEONTIEF W. Wages, profits, prices, and taxes [M]//LEONTIEF W. Input-output economics. New York: Oxford University Press, 1986:55-64.

资上涨 10%、非农部门利润额提高 10%、农业的工资和非工资收入同时增加 10%、全部营业税额和消费税额提高 10%等 4 种情况对各部门产品价格和生活费的影响,通过这些分析说明各部门价格之间的相互影响。列昂惕夫特别指出,分析必须是在假定一些参数不变的情况下,将主观判断用于仅限于那些因为缺少资料不加推测就无法回答的问题。面对于一个复杂的系统,对"如果工资增加 10%,价格会如何"之类的问题,想无条件获得完全符合实际的答案是不可能的,一系列假定是不可避免的。

(4) 军备削减对美国经济的影响研究

将投入产出技术用于研究与经济相关的军事问题曾是列昂惕夫的重要研究领域,得到了美国军方的大力支持,可以看作投入产出技术在军事经济学上的应用。1965 年,列昂惕夫与其他 4 位合作者(Alison Morgan, Karen Polenske, David Simpson, Edward Tower)曾利用美国 1958 年投入产出表研究军备削减对美国经济的影响①。在研究中,假定军备减少 20%,对应的消耗削减量将转为民用,称为补偿。补偿的标准是使得美国经济的总就业水平(以劳动报酬总额度量)保持不变。研究的目标是弄清楚军备削减对各部门总产出、就业及其分地区的影响。该项研究有一些创新性的做法。首先,以美国 1958 年既有投入产出表作为一个总体,实行总量控制。其次,以就业总数作为控制标准,具有合理性,因为劳动力总数比较固定。再次,为了研究分地区的情况,将所有产品部门分成了全国性部门(如钢铁、化学产品)和地方性部门(如商业、零售业)②,其中全国性部门的产品可以通过运输在各个地区以及国外使用,而地方性部门的产品仅在一个地区使用。另外,在研究中使用了局部闭模型,也就是将居民部门作为一个地方性部门纳入内生部门。这项研究的投入产出表包含 58 个生产部门,并将美国分成 19 个区域。

(5) 技术变动与价格、工资和资本回报率的关系③

技术进步对经济的各种影响是当代经济分析关注的重要研究领域。列昂惕夫研究团队 1985 年的文章研究了美国经济中技术变动、价格、工资和资本回报率之间的关系。文章以 1979 年美国 85 部门投入产出表代表的美国经济为基准,其对应的直接投入系数、资本-产出系数、劳动生产率等技术系数代表老技术,对每个部门提出一个以新的技术系数代表的 2000 年可能出现的技术进步。列昂惕夫首先分别研究了新老技术条件下资本回报率和价格、工资率的关系,然后考虑新老技术的混合,以部门价格指数为决策变量、投入产出价格关系为约束条件、以生活费用指数最低(从而实际工资最大)为目标构建一个线性规划模型,或者建立以部门总产出为决策变量、以工资总额最小化构建对偶规划模型。在模型求解中,给定一个统一的利息率作为资本报酬率,维持各种劳动的货币工资率不变。

---

① Leontief W. The economic impact: industrial and regional: of an arms cut [M]//LEONTIEF W. Input-output economics. New York: Oxford University Press, 1986: 204-240.

② 此项研究使用了二分法,具有武断性,即按照每种产品在全国和地方使用的比例主观确定分界线,文章最后建议可以分成一定级别,给出亚地方性部门。所谓亚地方性部门,是指在进一步将一个大地区拆分成较小地区之后确定的地方性部门。

③ LEONTIEF W. Technological change, prices, wages, and rates of return on capital in the U. S. economy [M]//LEONTIEF W. Input-output economics. New York: Oxford University Press, 1986: 392-417.

列昂惕夫对美国经济的研究表明,资本报酬率和工资率具有逆相关性;根据帕累托最优评价,对资本报酬率和工资率组合,有的适合用新技术替代老技术,有的适合使用老技术;对具有公益性的部门,如医疗卫生部门、教育部门,如果不考虑形成的新产品质量更好——使居民生活质量提高,新技术替代老技术将不利于提高国民收入。在混合方案下,资本报酬率越高,越不适合引入新技术;在设定的最高资本报酬率 40%的水平下,只有像计算机和半导体的高技术产业及政府企业才适合引入新技术;随着资本报酬率的降低,越来越多的产业可以引入新技术;存在一些产业,即使资本报酬率是 0,即免费使用资本,也是使用老技术最好,除公益性部门外,这些部门大多数是居民服务业,如餐饮、娱乐、旅馆等。

9.2　投入产出分析的兴衰发展

投入产出分析从诞生到现在历经近 90 年,在基本理论和基本模型稳定的基础上,相关研究涉及的经济问题领域不断扩展,研究框架不断扩展,与模型相关的数学研究不断丰富,与主流经济学的结合日益深入。虽然中间也曾经历低谷,但面对人类日益复杂紧迫的社会经济问题,投入产出技术的应用日益广泛。

9.2.1　投入产出技术在世界各国的应用发展

列昂惕夫提出投入产出技术并发表和出版其初始著作以后,最初并没有得到美国经济学界和美国政府的重视①。第二次世界大战开始,美国政府订购了 5 万架军用飞机,有关部门虽然考虑了对铝的消耗,从而增加铝的生产,但未考虑到飞机会消耗大量铜(完全消耗),因此导致铜严重短缺,最后被迫向国库借白银作为产铝过程输电等之用。负责军工的管理人员由此深感为取得战争胜利不仅需要新的武器和装备,而且需要有科学的管理方法来安排和计划生产,进行军事调度等。

1944 年,美国劳动统计局在列昂惕夫的指导下编制的 1939 年美国投入产出表(包括 96 个生产部门)问世,得到美国军事部门和其他一些政府部门的重视。美国劳动统计局利用 1939 年投入产出表计算了美国 1945 年底的就业状况。

第二次世界大战后,美国劳动统计局与空军合作编制了 1947 年投入产出表。这是美国官方编制的第一个大型投入产出表,耗费高达 150 万美元,共有 500 多个生产部门,并根据需要编制了两个少部门表,即 190 个部门表和 44 个部门表,之后,美国又编制了 1958、1963、1966、1972 等年份的投入产出表。20 世纪 50 年代,美国政府在经济分析方面花钱最多的就是投入产出表。此外,美国很多州、市也编制了投入产出表,用来分析地区及地区间的经济联系。1948 年,列昂惕夫在哈佛大学建立哈佛经济研究项目组,对推动投入产出研究工作和培养投入产出技术专业人才发挥了重要作用。

西欧国家和日本于 20 世纪 50 年代前后开始编制投入产出表,接着很多发展中国家也着手编制投入产出表。据不完全统计,在 20 世纪 50 年代以前,编制投入产出表的有美国、英国、丹麦、荷兰、挪威、加拿大和澳大利亚等,20 世纪 50 年代以后,很多发展中国家,如埃及、马来

① 陈锡康,杨翠红. 投入产出技术[M]. 北京:科学出版社,2011:6-7.

西亚、赞比亚等，以及苏联和很多东欧国家都开始编制投入产出表。

20 世纪 50 年代末，苏联和东欧国家对于在经济研究和计划工作中应用数学方法和计算机短暂出现批判反对态度，但很快由于国内经济发展的需要，以及美国、英国、日本等国应用投入产出技术的影响而发生转变。苏联在涅姆钦诺夫院士的带领下，开展了应用数学方法和编制投入产出表的工作。1961 年前，苏联中央统计局编制了价值型和实物型投入产出表。价值型投入产出表分为 83 个生产部门，实物型投入产出表则按 157 种有重要国民经济意义的主要产品编制，以后又编制了 1966 年和 1972 年投入产出表。这些投入产出表曾经广泛地用于分析各经济部门之间的联系，为编制年度计划和五年计划服务，以及研究产品的价格形成和计算产品的理论价格等。

1968 年，联合国统计委员会出版的《国民核算体系》一书已把投入产出表作为新的国民经济核算体系中的一个重要组成部分。1973 年，联合国统计委员会出版了《投入产出表和分析》，介绍和推荐了根据英国经验发展起来的编制投入产出表的 UV 表推导法，以及修订和更新投入产出表的 RAS 法。

1979 年，世界上有 90 多个国家曾编制投入产出表，2000 年以后有 100 多个国家编制和应用投入产出表。目前世界上只有一些小国没有编制过投入产出表。

现在，投入产出技术应用研究可以使用的投入产出表表式越来越丰富，不仅有大量的国家和地区投入产出表，而且有越来越多的地区间投入产出表，多个国际组织还编制了世界国家间投入产出表。另外，编表的周期已经大大缩短，不少组织机构编制连续年份序列投入产出表。这里需要提醒一点，缩短编表周期，可能难以保证数据的质量，特别是地区或国家间的关联数据都只能通过比例推算的方式获取。

9.2.2 投入产出分析的学术发展

从经济学理论角度看，投入产出经济学的基本范畴与主流西方经济学有着显著的差别。前者以总产出为核心范畴，后者以源于增加值的国内生产总值为核心范畴。另外，投入产出经济学以中间产品流量为核心建立模型，而主流西方经济学模型完全不考虑中间产品。所以，在经济学基本理论中，没有投入产出经济学的空间。虽然，主流经济学不待见投入产出经济学，但是，因为投入产出技术能更好地分析现实世界的经济问题，所以，投入产出分析学科还是获得了长足的发展，并被广泛应用。

9.2.2.1 由静态模型向动态模型发展

从经济系统理论角度看，从静态模型向动态模型发展是一个必然趋势。在静态模型中，投资（资本形成）作为最终需求的一项，是外生变量，即投资同生产指标、生产能力相互独立，这是不符合实际经济机制的，不能确切反映社会扩大再生产过程的实际情况。动态投入产出模型，可以再现投资与生产之间相互联系、相互制约的循环往复的发展过程，将投资由静态的外生变为动态的内生，即由模型本身对产出和投资进行同步计算。

动态投入产出技术的发展比较缓慢①。戴维・哈京斯等人于 1948 年提出以微分方程组

① 刘新建. 国民经济动态投入占用产出分析的理论与方法研究及其他[D]. 北京：中国科学院系统科学研究所，1995.

的形式表示动态投入产出模型①。有文章认为②,列昂惕夫于 1949 年提出了连续动态模型③,1970 年提出了以差分方程表达的离散动态模型,并提出了著名的"动态求逆模型"④,但是,在 1965 年的一篇文章中,列昂惕夫就已经给出了离散型动态投入产出模型⑤。在 1986 年的第 8 届和 1989 年的第 9 届国际投入产出技术会议上,有关动态投入产出理论与应用研究的论文占有较大比重,说明动态投入产出学研究此时达到一个小高潮。在会议论文中,联邦德国学者 Peter Kalmbach 和奥地利学者 Heinz D. Kurz 提出了变系数动态投入产出模型,芬兰学者 Pirkko Aulin-Ahmavarra 提出了包括人力资本的动态投入产出模型。

9.2.2.2 投入产出模型与最优化模型结合

与线性规划、非线性规划、动态规划、模型等结合,可建立投入产出最优规划模型。美国经济学家多夫曼、萨缪尔森、索洛等学者将线性规划模型与投入产出模型结合起来分析经济活动,提出动态最优投入产出模型,得到著名的大道定理⑥。

利用数学规划模型修订和更新投入产出系数是许多人在做的研究,如第 3 章讨论的最小交叉熵法是一种。Robert Koopman 和 Zhi Wang 应用数学规划方法基于一个标准的投入产出表,在具有若干进出口贸易统计的条件下编制了一个区分加工出口的扩展的投入产出表⑦。Miguel Angel Tarancon 和 Padlo del Rio 提出的 ANAIS 模型同时修订三个象限的数据,目标函数是三个象限的误差最小化⑧。

受列昂惕夫发展投入产出技术的启发,后人将瓦尔拉一般均衡模型变为可计算经济模型(简称 CGE 模型),其中嵌入了投入产出模型。CGE 将投入产出模型与线性规划模型结合起来,用供给函数描述生产者追求最大利润规律,价格不同,生产者的最优产出亦随之而变;用需求函数描述消费者在预算约束下追求最大满足的规律,价格不同,消费者对不同商品的需求量也不同。通过 CGE 模型解出最优规划指标的同时也解出了一组最优价格,模拟了市场运行机制。

中国也一直有学者在做投入产出模型与最优化相结合方面的研究。

---

① 钟契夫, 陈锡康. 投入产出分析[M].北京:中国财政经济出版社, 1987:5-6.

② DUCHIN F, SZYLD D B. A dynamic input-output model with assured positive output [J]. Metroeconomica, 2006, 37(3): 269-282.

③ LEONTIEF W. Dynamic Analysis[M] // LEONTIEF W, et al. Studies in the Structure of the American Economy. New York: Oxford University Press, 1953:53-90.

④ LEONTIEF W. The dynamic inverse[M]//CARTER A P, BRODY A. Contributions to input-output analysis. Amsterdam: North Holland Publishing Co. , 1970:17-43.

⑤ 沃西里 · 里昂惕夫. 投入产出经济学[M]. 崔书香,译. 北京:商务印书馆,1980:153-158.

⑥ DORFMAN R, SAMUELSON P A, SOLOW R M. Linear programming and economic analysis[M]. New York: Dover Publications INC, 1958.

⑦ KOOPMAN R, WANG Z,WEI S. How much of Chinese exports is really made in China? Assessing domestic value-added when processing trade is pervasive[R/OL]. [2025-05-26]. http://www. nber. org/papers/w14109.

⑧ TARANCON M A, RIO P D. Projection of input-output tables by means of mathematical programming based on the hypothesis of stable structural evolution[J]. Economic Systems Research, 2005, 17(1):1-24.

9.2.2.3 投入产出技术的应用范围日益广泛

自列昂惕夫开创投入产出分析事业以来,投入产出技术已经被应用于非常广泛的经济问题分析领域,从基本经济结构到就业、收入分配、税负、工资调整、价格、经济增长等一系列宏观经济分析,到贸易、军事、环保、灾害、金融、资源、分配不平等、性别歧视等各个人类社会领域。随着全球经济联系越来越紧密和复杂,可持续发展成为人类社会生活的主题,现代经济分析越来越离不开投入产出技术。

从 2022 到 2024 年三届国际投入产出协会大会主题来看,有三个热点。首先,能源、温室气体排放和其他环境问题的研究最多,涉及碳排放问题的论文数量占论文总数的六分之一多。其次,贸易问题研究比较多,特别是增加值贸易和全球价值链的研究一直是近年来的热点。环境影响和碳排放责任分析也是研究的重点。再次,将后凯恩斯主义的存量-流量一致性(stock-flow consistent,SFC)模型与投入产出模型相结合,用于研究经济政策、生态经济问题等。存量-流量一致性模型是由 James Tobin[①] 和 Wynne Godley[②]在 20 世纪 70—80 年代首先发展起来的,其从整体考察经济系统的运行,将经济系统分成家庭、厂商、私人银行、政府、中央银行等多个机构部门,建立资产负债表和交易矩阵表,研究各个部门之间的存量流量关系。每个部门拥有现金、期票、债券、股票、贷款等资产和负债,一个部门任何项目的变化会使得该部门其他项目发生变动,同时其他部门的资产负债结构出现相应的变化,由此形成经济系统的一致性[③],这与投入产出模型从产品和价值生产上保证经济系统的一致性形成互补。

9.3 投入产出技术在中国的应用与发展

投入产出分析在我国的发展与我国的经济社会发展联系密切。1929 年 4 月到 1930 年 3 月,列昂惕夫曾受派遣来中国担任南京国民政府铁道部顾问[④]。1974 年夏,作为美国经济学会会长访华团的成员,列昂惕夫同哈佛大学教授加尔布雷思、耶鲁大学教授托宾来我国访问,并且回国以后发表文章介绍新中国成立以来我国的经济成就。1984 年 3 月 19 日至 26 日,应中国社会科学院数量经济与技术经济研究所邀请,列昂惕夫对我国进行了为期一周的学术访问,作了多场学术报告[⑤]。

9.3.1 投入产出技术在中国的引入与中国投入产出表的编制发展[⑥]

投入产出技术在中国的研究和应用始于 20 世纪 50 年代末。1959 年初,孙冶方等在莫斯

---

① TOBIN J. Money and finance in the macroeconomic process[J]. Journal of Money, Credit, and Banking,1982, 14(2):171-204.

② GODLEY W, CRIPPS F T. Demand, inflation and economic policy[J]. London and Cambridge Economic Bulletin, 1974,84 (1):22-23.

③ 陈达飞, 邵宇. 货币与经济周期分析的存量-流量一致模型:一个基于国民账户体系的宏观建模方法[J]. 政治经济学报, 2020,19(3):70-94.

④ HAGEMANN H. Leontief and his German period [J]. Russian Journal of Economics, 2021, 7 (1): 67-90.

⑤ 晓梦. 列昂惕夫教授访华[J]. 数量经济技术经济研究,1984(6):10,59.

⑥ 本节主要内容参考了陈锡康、杨翠红的《投入产出技术》(北京:科学出版社,2011),本书作者作了修订、更新和补充。

科听了列昂惕夫的演讲报告,与苏联统计学家进行了交流,归国后积极倡导投入产出分析和经济计量学等经济数量分析学科的发展[①]。在钱学森和华罗庚的积极倡导下,中国科学院数学研究所运筹室于 1959 年成立经济组,并开始了对投入产出技术的研究。与此同时,中国科学院经济研究所也成立了一个投入产出技术研究小组。上述两个研究小组的成员中包括李秉全、陈锡康、乌家培、张守一等人,他们是最早把投入产出技术引入我国的学者。

在高校中,中国人民大学计划经济系在钟契夫教授的主持下,最早进行了投入产出技术的研究,探讨在计划统计工作中应用现代科学方法和数量经济分析技术[②]。除了以上提到的各位学者,早期参与投入产出分析研究和推广的还有钟契夫、邵汉青、周逸江、崔书香等一批学者[③]。

9.3.1.1　中国早期全国投入产出表的编制

20 世纪 70 年代初,在陈锡康等人的建议下,国家计委组织中国科学院与北京大学经济学院、中国人民大学和国家计委计算中心等单位合作,经过 1974 至 1976 年两年的努力,编制成功"中国 1973 年 61 类主要产品投入产出表",陈锡康、李秉全等编著了《部门间综合平衡方法》。1973 年投入产出表为实物型表,由国家计委计算中心于 1979 年印刷成内部交流资料,是我国编制的第一个全国投入产出表[④]。中国科学院系统科学研究所在 1973 年投入产出表的基础上,编制了 1979 年投入产出延长表,而当时的中国社会科学院工业经济研究所则采用了生产者价格,同时编制了 1979 年全国价值型投入产出表,使 1979 年全国投入产出表有了两个版本。

1980 年 6 月,中国科学院关肇直、吴文俊、陈锡康等专家向国务院建议编制新的全国投入产出表,并在计划工作中予以应用。此建议被国务院采纳,并决定由国家计委预测中心、国家统计局等部门编制 1981 年投入产出表。该表从 1982 年春开始至 1983 年末编制完成。在 1981 年投入产出表的基础上,国家统计局编制了 1983 年投入产出延长表。

9.3.1.2　全国投入产出表编制制度形成及其发展

在国务院发展研究中心马宾和中国科学院专家的多次建议和推动下,1987 年 3 月,《国务院办公厅关于进行全国投入产出调查的通知》(国办发〔1987〕18 号)发布,决定在全国范围内进行第一次投入产出专项调查,编制 1987 年全国投入产出表,并确定以后每五年进行一次。为了组织协调各相关部门,成立了国务院全国投入产出调查协调小组。在协调小组的领导下,在国家统计局的组织实施下,采用"条块"结合的方式,1988 年上半年完成了 1987 年全国投入产出专项调查任务,并于 1989 年初顺利完成了 1987 年全国投入产出表的编制工作。1991 年 4 月,《1987 年中国投入产出表》正式出版发行。中国 1987 年投入产出表的生产部门不仅包括物质生产部门,还包括非物质生产部门,同时也考虑到了传统计划经济物质产品平衡表体系(System of material product balance,MPS)的要求。这为编制符合 SNA 标准的市场经济投入产

---

① 许涤新,孙冶方,于光远,等. 在全国数量经济学第一次讨论会上的发言[J]. 经济研究,1982(4):3-12.

② 钟契夫. 钟契夫自选集[M]. 北京:中国人民大学出版社,2007.

③ 中国投入产出学会成立大会暨常务理事会首次会议纪要[J]. 数量经济技术经济研究,1987(10):70-71.

④ 陈锡康,杨翠红. 投入产出技术[M]. 北京:科学出版社,2011.

出表进行了有益的探索，积累了宝贵经验。

为适应中国特色社会主义市场经济新形势下国民经济核算的需要，实现 GDP 核算多种统计途径的统一，2023 年将全国投入产出调查纳入全国经济普查中。此后，不再单独进行投入产出调查，编表年调整为逢 3 逢 8 的年份，编表方法也进行了重大改革（参见第 3 章）。

从 1987 年表开始，到 2024 年为止，国家统计局除了编制逢 2 逢 7 年份的专项调查表和逢 0 逢 5 年份的延长表外，还编制了 2018 年和 2020 年包括 153 个部门的大表，包括相应的供给使用表和非竞争型投入产出表。其中，1990 年及以前的投入产出表均采用 MPS 的核算理论，从 1992 年开始，采用 SNA 的核算理论。1992 年表同时考虑了 MPS 和 SNA 两个体系表的转换，建立了转换公式。1992 年前全国表的编表情况如表 9-3 所示。

经过近 60 年的发展，特别是自 1987 年正式编制投入产出表以来，我国投入产出表编制及分析应用技术取得了巨大的发展，其中很重要的一个基础和表现就是大量的各种类型的投入产出表的编制。从宏观整体到微观企业，我国在编制投入产出表的探索过程中积累了大量的成果与经验，形成了自己的特色。

表 9-3　全国投入产出表的编制情况

年份	类型	部门数	备注
1973	实物型	61	第一个全国投入产出表
1979	实物型	61	在 1973 年表基础上编制的延长表
	价值型	21	
1981	实物型	146	
	价值型	26	
1983	实物型	146	在 1981 年表基础上编制的延长表
	价值型	22	和 1981 年的部门分类相比，将 5 个农业部门合并成为 1 个农业部门
1987	价值型	117（6，33）	第一个基于投入产出调查的全国投入产出表
1990	价值型	33	在 1987 年表基础上编制的延长表
1992	实物型	151	基于投入产出调查的全国投入产出表
	价值型	118（6，33）	

国际上大部分国家的投入产出表是价值型的，而中国是极少数编制过实物型投入产出表的国家。这一特点也受到国际的关注①。我国第一张全国投入产出表（1973 年表）就是一张实物型表。此外，1981、1983 和 1992 年 3 个年份同时包含了价值型表和实物型表。1981 年和 1983 年的实物型表中包含了 146 种物质产品，1992 年的实物型表包括了 151 种物质产品。

除以上提到的全国表外，在相关项目的支持下，国家统计局还编制了可比价投入产出序列

① BULMER-THOMAS V. Input-output analysis in developing countries: sources, methods and applications[M]. New York: Wiley, 1982.

表。20 世纪 90 年代末,国家统计局和香港中文大学合作,第一次编制了 1981 年、1983 年、1987 年、1990 年、1992 年和 1995 年共 6 个年份的可比价投入产出序列表(李强、薛天栋,1998)。国家统计局国民经济核算司与中国人民大学合作,编制完成了 1992 年、1997 年、2002 年和 2005 年共 4 个年份的可比价投入产出序列表①。为了弥补非编表年份投入产出表的缺乏,中国人民大学应用经济学院编制了 1981—2018 年中国时间序列投入产出表②。

9.3.1.3　地区投入产出表的编制

1979—1986 年间,我国有 25 个省、自治区、直辖市编制了地区投入产出表。山西省是我国第一个编制地区投入产出表的省份,它编制了 1979 年 88 种产品的实物型投入产出表和 27 个部门的价值型投入产出表。黑龙江省和上海市编制了 1981 年本地区的投入产出表;天津市首次利用联合国统计委员会推荐的 UV 表法,编制了 1982 年本地区的投入产出表;辽宁省、贵州省、甘肃省和湖南省编制了 1983 年本地区的投入产出表;吉林省、浙江省、四川省、福建省和新疆维吾尔自治区编制了 1984 年本地区的投入产出表;安徽省、江西省、湖北省、广东省、陕西省、青海省、宁夏回族自治区和广西壮族自治区则编制了 1985 年本地区的投入产出表;北京市编制了 1980 年的实物型表和 1985 年的价值型表;河北省编制了 1984 年的价值型表和 1985 年的实物型表(详见表 9-4)。1987 年以后,除个别省份因为条件不足未编制地区投入产出表外,全国绝大多数省、自治区、直辖市在全国投入产出基本表的编表年份,都同步编制了同一年度的本地区投入产出基本表,一些省份还编制了本地区的投入产出延长表。地区投入产出表的编制已经进入了规范化阶段。

到目前为止,我国大陆地区的 31 个省、自治区、直辖市均编制了地区投入产出表。2009 年,国家统计局首次公开出版了汇集各省、自治区、直辖市的 2002 年 42 部门地区投入产出表。

除省、自治区、直辖市投入产出表以外,部分地市也编制了投入产出表,武汉市、大连市、重庆市、西安市和哈尔滨市等都曾经编制过本市的投入产出表,而且编表方式也不尽相同。如武汉市编制的 1983 年度投入产出表是在专项调查的基础上,采用直接分解法编制的,且分别编制了价值型表(50 个部门)、实物型表(134 种产品)和能源表(112 个能源部门和产品)。河北省从 2012 年开始全省编制地市级投入产出表。

表 9-4　中国 1979—1985 年间地区投入产出表编制情况③

地区	年份	部门数	
		实物型表	价值型表
省、自治区、直辖市			
山西	1979	88	56
北京	1980	46	—
	1985	—	68

① 刘起运,彭志龙. 中国 1992—2005 年可比价投入产出序列表及分析[M]. 北京:中国统计出版社,2010.

② 张红霞,夏明,苏汝劼,等. 中国时间序列投入产出表的编制:1981—2018[J]. 统计研究,2021,38(11):3-23.

③ 陈锡康,杨翠红. 投入产出技术[M]. 北京:科学出版社, 2011:16-17.

续表 9-4

地区	年份	部门数	
		实物型表	价值型表
黑龙江	1981	115	78
上海	1981	197	101
天津	1982	199	80
河南	1982	123	78
辽宁	1983	225	86
贵州	1983	—	25
湖南	1983	115	67
甘肃	1983	90	—
河北	1984	—	96
	1985	110	—
吉林	1984	110	79
浙江	1984	90	60
福建	1984	—	26
四川	1984	159	90
新疆	1984	83	56
江苏	1985	171	75
安徽	1985	95	72
江西	1985	84	50
湖北	1985	—	77
广东	1985	121	67
广西	1985	138	77
陕西	1985	—	68
青海	1985	111	76
宁夏	1985	76	80
城市			
武汉	1983	134	50
大连	1983	160	80
重庆	1984	159	90
西安	1985	120	74
哈尔滨	1985	120	68

9.3.1.4 部门投入产出表的编制

我国较早的部门投入产出表是 20 世纪 80 年代编制的化工系统的 1978 年 16 种产品的实物型表。此后，还编制了机械电子、船舶制造、能源、军工、信息产业、城市水资源、铜业、农业等部门的投入产出表。

中国科学院系统科学研究所编制了 1982 年和 1984 年农业投入产出表。该农业投入产出表被划分为实物型部分和价值型部分，其中实物型部分包括了 40 个农产品，价值型部分包括了 24 个部门。为了编制农业投入产出表，在原中共中央农村政策研究室的领导和组织下进行了一个涵盖 120 个县的专项的农业投入产出调查。农业投入产出表的编制为后来以该模型为背景提出投入占用产出技术提供了条件。之后，陈锡康等还编制了 1987 年中国城乡经济投入产出表①。

中国社会科学院数量经济与技术经济研究所张守一研究员等提出嵌入式投入产出表模型及优化，是在部门投入产出表中，将所研究的部门细分成若干个行业，嵌入一般部门投入产出表中，用以分析部门最优结构对国民经济其他部门的影响和效益。原国家机械工业部和内蒙古自治区统计局编制过这种投入产出表。

为分析机械电子行业的内部结构及其与其他行业间的技术经济联系，当时的国家机械工业局机械科学研究所和清华大学经济管理学院合作编制了 1983 年包含 71 个部门的机械电子工业价值型投入产出表②。为编制该表，在国家机械工业局等相关部门的支持下，他们还组织了一个涵盖 2 240 个机械电子工业企业的投入产出专项调查。利用该表，他们对当时机械电子工业的产品结构、发展状况进行了分析与预测，并就其部分产品价格的调整所引起的影响及合理的调整范围等进行了研究。

9.3.1.5 企业投入产出表的编制

企业投入产出表的编制和应用是我国投入产出研究的重要特色之一。20 世纪 90 年代前，我国企业投入产出研究一直走在世界前列。20 世纪 60 年代，陈锡康、李秉全等在天津化工厂和鞍山钢铁公司开展企业投入产出研究，分别编制了 1964 年天津化工厂实物型投入产出表和 1964 年鞍山钢铁公司投入产出表。鞍山钢铁公司在完成了 1964 年以金属物料平衡为主线的投入产出表后，还编制了 1977—1981 年的实物表和部分年份的价值型投入产出表。此外，上海高桥化工厂③等一批企业都编制过企业投入产出表，且取得了较好的应用成果。

20 世纪 80 年代，由李秉全组建的课题组先后在鞍山钢铁公司、云南锡业公司、吉化公司有机合成厂、青岛第二橡胶厂等单位研发企业投入产出系统，创新性地提出了一整套适合我国企业特点的企业投入产出模型体系——实物价值综合模型和编制该模型的综合比例分摊法，

---

① 陈锡康. 中国城乡经济投入占用产出分析[M]. 北京:科学出版社, 1993.

② LI Y, LIN D,ZHANG L. Input-output analysis of the machinery and electronics industry[M]// POLENSKE K R,CHEN X. Chinese economic planning and input-output analysis. Hong Kong: Oxford University Press, 1991.

③ 孙恒志, 葛文梁, 顾若愚. 化工企业的投入产出分析[J]. 经济管理,1981(11):51-58.

建立了成本价格模型,改进了企业内部结算方法①。20 世纪 80 年代末,在中国科学院系统科学研究所佟仁城的主持下,对企业投入产出技术进行了深化研究,推进企业管理现代化,提出消耗量由产出量和装置负荷量决定的双因素企业投入产出模型,在燕山石油化工公司、桦林橡胶厂、东北输油管理局、石油地球物理仪器总厂等企业进行了推广应用②,还研制了管道输油投入产出模型,首次将投入产出技术应用于管道运输企业,填补了投入产出技术在运输业应用的空白③。宋辉等在 20 世纪 80—90 年代首先在保定毛纺厂开展投入产出技术应用,取得很大成功④,然后在河北省开展了广泛的企业投入产出技术推广和应用活动。南开大学于仲鸣在 20 世纪 90 年代开始企业投入产出研究,研究了企业投入产出技术与制造资源计划(manufacturing resources planning,MRP Ⅱ)的结合⑤。张玲玲、李军和佟仁城在 2007 年提出了基于 ERP 的企业投入产出模型⑥。到目前为止,我国有 100 多家大中型企业曾经编制过企业投入产出表。不过,企业投入产出分析研究在目前处于低潮。

9.3.1.6 投入产出表编制技术的未来发展

近年来,投入产出表在贸易增加值、全球价值链等方面的研究成绩引人注目。同时,投入产出表在资源利用和环境保护、节能减排等领域应用广泛,如对能源强度影响因素的分析⑦,环境投入产出表的编制,绿色投入产出表研究,出口贸易中隐含碳排放增长的结构分析等。

由于可获得的数据日益丰富,投入产出表在国与国间、地区间经济联系的应用研究越来越成为一个热点。例如:涉及不同地区间各产业的联系及影响的研究,地区间溢出效应和反馈效应的研究,不同区域间环境相互影响以及区域间经济贸易对环境影响的研究,中日、中日韩投入产出表的编制,APEC 国家间投入产出表的编制,等等⑧。投入产出表在人口和教育、金融、价格、企业等研究领域也得到了广泛应用。

几十年来,我国投入产出技术应用取得巨大的发展成就,都是在不断改进投入产出表调查与编制工作的基础上取得的。未来如何进一步完善投入产出表的调查、编制制度和方法,仍然是将投入产出技术应用推向新的阶段、取得新的更大成绩的关键所在。

---

① 李秉全. 投入产出技术与企业管理现代化[M]. 北京:科学出版社,1988.
李秉全. 提高企业管理水平和经济效益的投入产出模型[M]//许宪春,刘起运. 中国投入产出分析应用论文精萃. 北京:中国统计出版社,2004.

② 佟仁城. 双因素投入产出模型[J]. 系统工程理论与实践, 1990,10(1):24-29.
佟仁城. 企业投入产出的理论、方法与实践:兼论《桦林橡胶厂成本核算及预测系统》的设计思想和方法[J]. 数量经济技术经济研究,1995(2):27-35.

③ 佟仁城,王万才,郭爱林. 管道输油投入产出模型[J]. 系统工程理论与实践,1995,15(6):48-56.

④ 宋辉, 高宝贵. 推行企业投入产出系统管理法的初步效果[J]. 数量经济技术经济研究, 1990(10):65-68.

⑤ 于仲鸣. 企业投入产出方法与制造资源计划方法的结合研究[J]. 郑州航空工业管理学院学报, 2006, 24(1):33-38.

⑥ 张玲玲,李军,佟仁城. 基于 ERP 的机械制造企业投入产出表结构及分析[J]. 中国管理科学,2007,15(1):55-63.

⑦ 宋辉, 刘新建. 中国能源利用投入产出分析[M]. 北京:中国市场出版社,2013.

⑧ 张亚雄,赵坤. 区域间投入产出分析[M]. 北京:社会科学文献出版社,2006.

9.3.2 投入产出技术在中国的理论与应用创新

中国不仅在投入产出表的编制方面取得了巨大成就,作出了巨大贡献,而且中国学者在投入产出技术的基础理论和应用技术创新方面也作出了重大贡献,推动了投入产出分析学科的进步与发展。

9.3.2.1 投入产出理论创新

在列昂惕夫投入产出模型中,所有的变量均为流量,投入产出表的所有象限的数量都是流量。在经济系统中,流量与存量既有区别又有联系,构成了一个完整的经济量值体系(参见2.4节)。20世纪80年代初,我国著名经济学家、中国科学院系统科学研究所(现在隶属于中国科学院数学与系统科学研究院)陈锡康研究员提出了投入占用产出技术,解决了在投入产出模型中表现经济存量的问题。湖南省统计局原统计工作者廖明球(后到首都经济贸易大学工作)在研究国民经济循环账户时也曾关注过这一问题。投入占用产出技术完善了投入产出技术的理论基础。

建立投入占用产出模型的基础是编制投入占用产出表,目的是研究占用与产出、占用与投入之间的数量关系。陈锡康带领的研究团队在投入占用产出技术领域长期工作,形成了比较系统的理论体系,作了大量应用研究①。刘新建于1995年完成了关于动态投入占用产出分析的博士学位论文,形成动态分析的基础模型体系②-③,提出了人力资源-经济动态投入占用产出模型④。

深入研究经济存量问题具有重要的现实意义和实际应用价值。存量研究涉及经济学的许多重大理论问题,没有存量就无所谓社会经济可持续发展,其中的人口、资源、环境的协调可持续发展是当今世界各国理论和实践共同关注的热点。

中国人民大学教授刘起运提出存量投入产出模型,建立了一个涵盖全部经济存量、流量的经济量值体系。其以存量投入产出表为基础,建立起存量占用配置数学模型,用以描述经济系统在某一时点(通常为年末)上的存量指标,考察它们相互之间的占用与配置关系。而后,再通过这两种模型相联系的数学形式去寻找将存量与流量融为一体的途径和方法,最后形成一个完整的科学量值体系。刘起运还提出以分配系数建立投入产出模型,建立完整的对称模型分析体系,提出建立二阶段投入产出模型,以实现结构化凯恩斯乘数⑤。

中国社会科学院数量经济与技术经济研究所研究员张守一提出在积累与消费部分列出部门的物价变动测算模型,建立科技投入产出模型,测算科技进步对经济增长的贡献⑥。贺菊煌研究发现,联合国统计委员会1968年《国民核算体系》中给出的“混合工艺假定”下的投入产出系数的计算公式与其前提假定并不一致,针对这一问题,给出了补充假设并推导出了三个重

① 陈锡康, 王会娟. 投入占用产出技术[M]. 北京:科学出版社, 2016.

② 刘新建. 考虑资本补偿的动态投入占用产出分析基本模型[J]. 数学的实践与认识,1994(3):21-26.

③ 刘新建. 国民经济动态投入占用产出分析的理论与方法研究[J]. 系统工程学报,1997(1):42-50.

④ 刘新建. 人力资源动态投入占用产出分析模型探讨[J]. 数量经济技术经济研究,1996(3):40-45.

⑤ 刘起运,陈璋,苏汝劼. 投入产出分析[M]. 北京:中国人民大学出版社,2020.

⑥ 张守一,肖志杰. 科技投入产出模型研究[J]. 数量经济技术经济研究,1991 (2):27-35.

要公式[①]。曾力生系统地研究了投入产出经济学理论与矩阵理论之间的紧密关系，发展了矩阵与行列式的有关理论，并把这些新的数学理论应用于投入产出模型，解决了投入产出经济学的有关理论问题，使投入产出经济学理论与矩阵理论融合得更加紧密[②]。

9.3.2.2 投入产出技术应用创新

针对不同时期经济中的重大而突出的现实问题，我国学者和相关部门利用投入产出技术的方法论优势进行数量经济研究，取得了一系列有影响的成果，为不同时期的经济决策提供了有价值的参考。

1987 年 8 月，辽宁省统计局的动态投入产出模型研制与应用课题在北京通过鉴定，对模型的开发和应用做了详细的统计工作，1988 年出版了我国第一本动态投入产出分析专著[③]。

1990 年初，针对当时出现的市场疲软、工业企业开工不足、企业效益降低、社会就业压力加大等问题，国家统计局利用投入产出模型对 1990 年国民经济计划进行了测算，认为如按原定的固定资产投资计划规模，生产速度将达不到计划要求，提出将固定资产投资增加到上年实际量水平。在 1990 年 2 月 2 日召开的国务院总理办公会上，时任国家统计局局长张塞提出了调整 1990 年宏观操作力度的建议，向会议提交了国家统计局关于《继续坚持“双紧”方针，及时调整操作力度》的研究报告。国务院采纳了这个建议，决定将 1990 年固定资产投资规模增加 400 亿元。

陈锡康在长期研究全国粮食产量预测中提出了系统综合因素预测法，投入占用产出技术为其核心技术之一。在 1980—2009 年，平均预测误差为 1.8%，在预测技术和实际应用上居国际领先地位。在国家自然科学基金重点课题“非线性和动态投入占用产出技术及其应用(2002—2005)”的研究中，陈锡康领导的团队取得了重要进展，建立了以主系数为技术进步函数的非线性投入产出模型，将列昂惕夫线性动态模型与非线性动态可计算一般均衡模型统一为可计算非线性动态投入产出模型，提出求解平衡增长轨道和最优增长轨道的快速计算方法，建立了新的教育-经济投入占用产出动态模型和考虑多年时滞的教育-经济动态投入占用产出模型。

在国家社科基金重大课题“我国经济结构战略性调整与增长方式转变(2006)”的研究中，刘起运领导的团队利用投入产出多部门分析框架，对我国经济结构转变过程中的实际变化、内在经济联系和政策效果进行了模拟测算，并提出了可操作的政策建议。整个研究历时三年，取得了一系列阶段性成果，包括年度序列表的编制及应用研究等。此外，中国人民大学的投入产出研究团队还参与了定期发布的中国人民大学宏观经济报告的研究，利用投入产出技术，着重分析我国不同时期最为重大的经济问题，并提出政策建议。

中国科学院数学与系统科学研究院与国家统计局、中国人民大学和西安交通大学等单位合作，承担水利部“十五”重大项目“水利与国民经济协调发展研究”，编制了 1999 年中国水利

---

① HE J. A method of deriving input-output coefficients under the assumption of mixed technology[J]. Economic Systems Research, 1990,2(1):43-46.

② 曾力生. 投入产出经济学理论与矩阵理论之间关系的新进展 [M]. 北京:中国社会科学出版社, 2015.

③ 赵新良, 方晓林,郁红军,等. 动态投入产出[M]. 沈阳:辽宁人民出版社, 1988.

投入占用产出表及中国九大流域水利投入占用产出表,深入研究水利投入占用产出模型,对水利投资的效益、水资源的影子价格、水利投资占 GDP 及全社会固定资产投资和国家财政支出的最佳比重等进行了系统深入的研究。

西安交通大学教授郭菊娥等研制了中国金融投入占用产出模型,将金融业分成银行业、证券业、保险业和其他金融行业,编制了 1997 年、2000 年和 2001 年我国金融投入占用产出表,并在此基础上测算了金融业和其他行业的关联系数,分析研究了金融部门与其他部门各自变化的交互影响效应问题。

近 20 年来,随着中国区域间投入产出表的编制,区域间投入产出分析研究也开展起来。国务院发展研究中心在其编制的中国 1997 年 8 个区域的区域间投入产出表基础上,建立了可计算一般均衡(computate general equilibrium,CGE)模型,进行了中国多区域经济分析。清华大学、国家信息中心与日本亚洲经济研究所则利用自己编制的中国 2000 年 8 个区域的区域间投入产出表,对中国区域经济发展进行了多角度、全方位的分析。研究成果也在海内外引起了较为广泛的关注。中国科学院地理科学与资源研究所利用其在国情地理方面的知识优势,编制了省级区域间投入产出表,并开展了系列研究①,目前已出版发布了 2007 年 30 个和 2012 年 31 个省、自治区、直辖市的区域间投入产出表。

结构分解分析(structural decomposition analysis,SDA)是投入产出技术应用于经济变动因素影响分析的流行方法,但是存在严重的理论缺陷。刘新建在深入辨析 SDA 缺陷的基础上,提出了多因素多阶影响分析(multifactor and multi-order impact analysis,MMIA),使得多因素影响分析建立在更严谨的方法论基础上②。该技术已被应用于分析产业结构变化和能源利用变化③。

9.3.3 中国投入产出学会

1987 年 3 月,由中国人民大学、中国科学院系统科学研究所、国家统计局三个单位联合发起成立中国投入产出学会。1987—1992 年间,投入产出学会是隶属于中国数量经济学会下的二级学会,1993 年 5 月经民政部批准,中国投入产出学会正式注册为全国学术性研究团体一级学会。自中国投入产出学会成立以来,每隔三年召开一次年会。从 1988 年 10 月在江西省九江市召开第一届年会开始,到 2023 年已召开了 12 届年会,在两届年会之间召开投入产出技术专题研讨会。河北省投入产出协会 1992 年成立,目前是全国唯一的省级投入产出分析专业学术协会。

中国投入产出学会历届年会的召开对推动我国投入产出研究的发展起到了至关重要的作用。为了展示和总结我国投入产出研究取得的丰硕成果,促进投入产出技术的发展与应用水平的提高,中国投入产出学会 2003 年征集国内优秀的投入产出技术应用论文,经过多轮严格

---

① 刘卫东,陈杰,唐志鹏,等. 中国 2007 年 30 省区市区域间投入产出表编制理论与实践[M]. 北京:中国统计出版社,2012.

② 刘新建. 多因素影响分析的数量理论与方法. 中国科学院科技论文预发布平台[DOI:10. 120741202210. 00166V2]. https://chinaxiv. org/abs/202210. 00166.

③ 宋辉, 刘新建. 中国能源利用投入产出分析[M]. 北京:中国市场出版社,2013.

筛选，汇集 34 篇论文，出版了《中国投入产出分析应用论文精萃》[①]。

我国经济社会发展已进入一个更加繁荣的新时代，投入产出表编制的意义和作用也将进入一个全新的发展阶段。相信，基于投入产出表的经济核算功能、投入产出表数据的系统性与结构性特点、投入产出技术的经济管理强实践性等，投入产出技术在我国的研究和应用必将有更加良好的发展前景。

习　题

1. 在投入产出分析的发展历程中，国内外哪些重要学者对这一领域的发展起到了关键作用？

2. 简述投入产出技术的产生和发展与人类社会经济发展的关系。

3. 简述投入产出技术在中国的发展应用历史。

4. 总结投入产出技术的各种应用，简述投入产出分析在现代经济学研究中的地位和重要性。结合实际案例，说明其在决策制定和经济预测中的具体应用。

本章主要参考文献

1. 刘起运，陈璋，苏汝劼. 投入产出分析[M]. 北京：中国人民大学出版社，2020.

2. 陈锡康，杨翠红. 投入产出技术[M]. 北京：科学出版社，2011.

3. 沃西里·里昂惕夫. 投入产出经济学[M]. 崔书香，译. 北京：商务印书馆，1982.

4. 许宪春，刘起运. 中国投入产出分析应用论文精萃[M]. 北京：中国统计出版社，2004.

5. 张亚雄，赵坤. 区域间投入产出分析[M]. 北京：社会科学文献出版社，2006.

6. 陈锡康，王会娟. 投入占用产出技术[M]. 北京：科学出版社，2016.

7. HAGEMANN H. Leontief and his German period[J]. Russian Journal of Economics, 2021, 7(1):67-90.

8. LEONTIEF W. Input-output economics[M]. New York: Oxford University Press, 1986.

① 许宪春，刘起运. 中国投入产出分析应用论文精萃[M]. 北京：中国统计出版社，2004.

附　　录

投入产出分析实验讲义

投入产出技术是由美籍俄裔经济学家瓦西里·列昂惕夫在 1936 年提出的经济数量分析技术,之后得到不断发展和应用,取得了良好的理论和实际应用效果。列昂惕夫因此获得 1973 年诺贝尔经济科学奖。

一、实验目的

投入产出分析实验的最终目的是使学生获得以计算机为基本工具进行投入产出技术分析计算的工作能力,具体要求包括:

(1) 复习线性代数中矩阵、矩阵运算、逆矩阵及其算法等概念和理论。

(2) 理解投入产出分析中的基本概念和模型。

(3) 掌握 MWORKS 特别是 Excel、WPS 软件中矩阵输入、矩阵运算、求逆矩阵等的命令和方法。

(4) 从数学和投入产出理论的角度,理解矩阵相乘、逆矩阵等的含义。

(5) 全面掌握和灵活运用投入产出数据处理和模型计算的计算机方法论。

二、基础知识①

(一) 投入产出分析基本概念

投入产出分析:以投入产出技术为核心进行现代经济数量分析的理论和技术知识体系,是一门数量经济学学科。

投入产出技术:以一定形式的投入产出表为变量框架体系、以经济部门间投入产出关系为核心的一类经济数量分析技术。

投入产出表:将经济中的生产和消费活动进行集合的划分,每个集合称为一个部门,每一个部门在一定时期内的活动都要消耗(消费)其他部门的产品及原始生产要素。将各部门产品在经济系统中的使用分为中间使用和最终使用,将每个部门的投入构成一列、每个部门的产品使用去向分布构成一行,行列交叉,这样形成的表格就称为投入产出表。

投入产出关系:在投入产出表中,部门活动与部门产品间的数量结构关系就称为部门间投入产出关系。表示投入产出关系的基本经济系数有直接投入(消耗)系数和直接分配系数、完全消耗系数和完全分配系数。

投入产出模型:以基本投入产出系数为核心建立的经济变量间关系的数学模型称为投入产出模型。广义地,以投入产出关系为核心建立的经济变量间关系数学模型就称为投入产出

---

① 这些知识的系统学习可阅读前面章节的相关内容,这里的内容起引导作用。

模型。广义而言,投入产出表也可以称为投入产出模型,不同形式的投入产出表就是不同的投入产出模型。

(二)投入产出技术建模的基本方法

投入产出技术建模的基础是一张投入产出表。针对不同的研究目的,可以建立不同形式的投入产出表,下面以最常用的 A 型表简述基本投入产出建模方法(见表 1)。

表 1　基本价值型投入产出表(A 型表)

		中间使用	最终使用				进口	总产出
		1　2　…　n	居民消费	公共消费	资本形成	出口		
中间投入	1 2 ⋮ n	X_{ij}	C_i	G_i	F_i	EX_i	$IM_i(-)$	Q_i
最初投入	折旧	D_j						
	劳动报酬	W_j						
	生产税净额	T_j						
	经营盈余	M_j						
总投入		Q_j						

1. 投入产出表的矩阵表示

令 $\boldsymbol{X}=(X_{ij})_{n\times n}$,$\boldsymbol{Y}=((C_i)_{n\times 1}+(G_i)_{n\times 1}+(F_i)_{n\times 1}+(EX_i)_{n\times 1}+(IM_i)_{n\times 1}$,$\boldsymbol{Q}=(Q_i)_{n\times 1}$,$\boldsymbol{Z}=(D_j)_{1\times n}+(W_j)_{1\times n}+(T_j)_{1\times n}+(M_j)_{1\times n}$,则有投入产出基本平衡方程:

$$\boldsymbol{We}+\boldsymbol{Y}=\boldsymbol{Q},\boldsymbol{eX}+\boldsymbol{Z}=\boldsymbol{Q}' \tag{1}$$

其中,$\boldsymbol{e}$ 是所有元素都为 1 的行或列向量,称为求和向量。

2. 直接消耗系数定义

$$a_{ij}=\frac{X_{ij}}{Q_j} \tag{2}$$

其中,a_{ij} 称为部门 j 对产品 i 的直接消耗系数,$\boldsymbol{A}=(a_{ij})$ 称为直接消耗系数矩阵。

将直接消耗系数定义代入投入产出行平衡方程,有

$$\boldsymbol{AQ}+\boldsymbol{Y}=\boldsymbol{Q} \tag{3}$$

这个方程称为投入产出基本模型,以 $\boldsymbol{Q}$ 为未知变量可以解得

$$\boldsymbol{Q}=(\boldsymbol{E}-\boldsymbol{A})^{-1}\boldsymbol{Y} \tag{4}$$

其中,$\boldsymbol{E}$ 为单位矩阵,$(\boldsymbol{E}-\boldsymbol{A})^{-1}$ 称为列昂惕夫逆(矩阵)或完全需要系数矩阵,一般记作 $\widetilde{\boldsymbol{B}}$ 或 $\boldsymbol{L}$。$\widetilde{\boldsymbol{B}}$ 的 i 行 j 列元素表示:为了生产 1 个单位产品 j 作最终产品,整个经济系统需要部门 i 生产的总产出。

3. 完全消耗系数

在 $\widetilde{\boldsymbol{B}}$ 中,除了主对角线元素,其他元素都在生产系统中消耗,而主对角元素包含了 1 个单

位的最终产品。在主对角元素中都减去1,则所有元素都变成了生产部门的消耗,这样的矩阵称为完全消耗系数矩阵,记作 $\boldsymbol{B}$。

$$\boldsymbol{B}=(\boldsymbol{E}-\boldsymbol{A})^{-1}-\boldsymbol{E}=\boldsymbol{A}(\boldsymbol{E}-\boldsymbol{A})^{-1}=(\boldsymbol{E}-\boldsymbol{A})^{-1}\boldsymbol{A} \tag{5}$$

$$\boldsymbol{BY}+\boldsymbol{Y}=\boldsymbol{Q} \tag{6}$$

三、实验任务

表2改编自国家统计局编制的中国2002年投入产出表,是一个6部门表。

表2　中国2002年投入产出表　　单位:10亿元

	农业	工业	建筑业	交通运输业	商业	其他服务业	最终使用	总产出
农业	464	788	229	13	128	12	1 224	2 858
工业	499	8 604	1 444	387	1 040	756	3 512	16 243
建筑业	5	9	3	17	75	75	2 629	2 813
交通运输业	60	519	127	158	120	76	349	1 410
商业	138	1 303	314	140	799	416	1 908	5 018
其他服务业	29	168	37	12	89	103	2 564	3 002
中间投入合计	1 195	11 392	2 154	727	2 251	1 438	12 186	31 343
劳动者报酬	1 332	1 862	390	294	897	1 121		
生产税净额	54	996	28	59	533	74		
固定资产折旧	76	767	70	181	567	212		
营业盈余	200	1 225	171	147	769	157		
增加值	1 663	4 851	659	682	2 767	1 564		
总投入	2 858	16 243	2 813	1 410	5 018	3 002		

任务1:验证列昂惕夫逆矩阵存在的条件。

任务2:假设直接消耗系数不变,如果对农业、工业、建筑业、交通运输业、商业和其他服务业的最终需求分别为1 500亿元、4 200亿元、3 000亿元、500亿元、950亿元、3 000亿元,计算6个部门对应的总产出。

任务3:如果6个部门的最终需求分别增加100个单位,计算总产出的变化。

任务4:计算完全消耗系数矩阵、完全税收系数、完全盈余系数和完全增加值系数,并对结果举例加以解释。

任务5:假设劳动报酬系数提高5%、10%、15%和20%,分别计算可能引起的各部门价格变动及总价格水平变动。

任务6:假设运输部门价格提高10%、20%和30%,分别计算对各部门价格的影响及总价格水平的影响。

任务7:分别计算6个部门的价格提高10%对总体价格的影响,对各部门的影响力进行评述。

四、MWORKS 实验示范

MWORKS 是一款由中国自主研发的多领域系统建模仿真与验证平台，由同元软控公司开发。它基于国际开放的 Modelica 语言标准，专注于复杂工程系统的建模、仿真、分析与优化。软件支持模型导入/导出与联合仿真，针对复杂系统的强非线性、多模式切换等特性，提供稳定高效的数值求解方案。

在同元软控官网（https://www.tongyuan.cc/download）可以下载软件 MWORKS.Syslab 2025a（见图 1），软件的安装与教育版账号申请详见官方提供的 MWORKS.Syslab 2025a 安装与配置说明书。MWORKS.Syslab 以科学计算与算法开发为核心，兼具高性能与易用性，兼容 MATLAB 语法（通过 MLang 引擎），允许直接运行 M 脚本而无须安装 MATLAB。

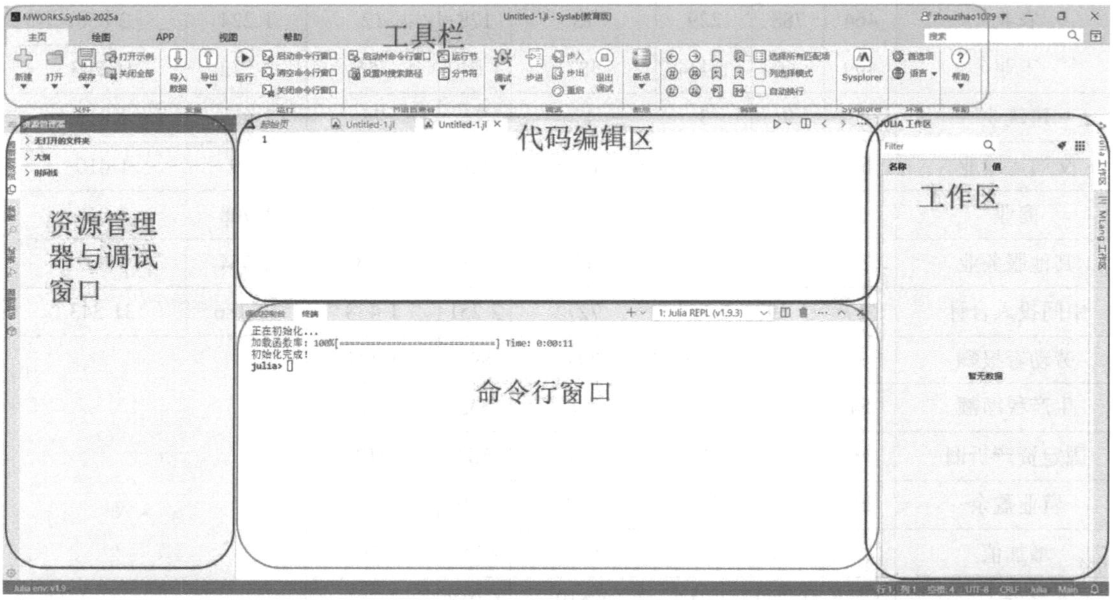

图 1　MWORKS.Syslab 2025a 界面

如图 1 所示："工具栏"窗口可根据需要选择合适的选项，选中要运行的代码，单击"运行"可运行编辑的代码；"帮助"选项可以调阅软件提供的各种命令的含义以及代码的正确书写方式；"代码编辑区"可进行代码的书写，是操作的核心，单击代码编辑区右上方的"▷"也可运行代码；"命令行窗口"可进行快速的代码编写以及检查代码的运行情况，如果代码运行错误，此区域会出现"error"的提示；"工作区"可查阅输入或生成的变量的名称与具体值，输出结果也储存于此。

（一）问题（1）

如果某年对农业、工业、建筑业、交通运输业、商业和其他服务业产品的最终需求分别为 1 500 亿元、4 200 亿元、3 000 亿元、500 亿元、950 亿元、3 000 亿元，求这 6 个部门的总产出。

（1）首先利用表 2 的数据得到直接消耗系数。输入代码：

```
X=[464   788   229   13   128   12;
   499   8604  1444  387  1040  756;
```

```
        5    9    3    17    75    75;
        60    519    127    158    120    76;
        138    1303    314    140    799    416;
        29    168    37    12    89    103]
Q_colsum=[2858    16243    2813    1410    5018    3002;
          2858    16243    2813    1410    5018    3002;
          2858    16243    2813    1410    5018    3002;
          2858    16243    2813    1410    5018    3002;
          2858    16243    2813    1410    5018    3002;
          2858    16243    2813    1410    5018    3002]
A=X./Q_colsum        #X与Q_colsum的对应元素相除得到直接消耗系数矩阵①
```

运行以上代码,求得直接消耗系数矩阵:

```
A=[0.162  0.049  0.081  0.009  0.026  0.004;
   0.175  0.530  0.513  0.274  0.207  0.252;
   0.002  0.001  0.001  0.012  0.015  0.025;
   0.021  0.032  0.045  0.112  0.024  0.025;
   0.048  0.080  0.112  0.099  0.159  0.139;
   0.010 0.010  0.013  0.009  0.018  0.034]
```

(2) 求列昂惕夫逆矩阵。输入代码:

```
Y=[1 500;4 200;3 000;500;950;3 000]   #输入最终需求Y
n=size(Y,1)          #获取矩阵Y的行数
W=eye(n)-A           #求E-A;eye(n)建立一个阶数为n的单位矩阵
W_inv=inv(W)         #求W的逆矩阵,即列昂惕夫逆
```

运行以上代码可得列昂惕夫逆:

```
W_inv=[1.232  0.147  0.189  0.0704  0.080  0.062;
       0.568  2.374  1.389  0.841  0.667  0.775;
       0.005  0.007  1.008  0.018  0.021  0.031;
       0.054  0.097  0.115  1.166  0.0621  0.067;
       0.135  0.252  0.297  0.228  1.273  0.262;
       0.022  0.032  0.037  0.024  0.032  1.050]
```

(3) 运行代码:

```
Q= W_inv * Y
```

① 在 MWORKS 中,矩阵与矩阵对应元素相除一般要行数列数对应相等,如要矩阵 **A** 的每一行与行向量 **Q′** 对应元素相除(**A** 的列数与 **Q′** 的元素数相等),可以直接写成代码:**A./Q′**,其隐含的是将 **Q′** 扩展成与 **A** 同型的矩阵,即扩展成的矩阵每一行都同 **Q′**,行数与 **A** 相同,称为隐式扩展。代码行中#后的是解释性文字。

可得结果：

```
Q=3329.786450074256
18370.772592894406
3190.266179627705
1679.1333943267987
4268.507122107296
3474.9824601342375
```

即 6 个部门的总产出分别为 3 330、18 371、3 190、1 679、4 268、3 475(亿元)。

(二) 问题(2)

如果 6 个部门的最终使用需求分别增加 1 个单位，它们的总产出分别增加多少？

从方程组(4)可以看出，总产出 $\boldsymbol{Q}$ 关于最终使用需求 $\boldsymbol{Y}$ 是线性的，所以当 $\boldsymbol{Y}$ 有 1 个增量(记为 $\Delta\boldsymbol{Y}$)时，$\boldsymbol{Q}$ 的增量为

$$\Delta\boldsymbol{Q}=(\boldsymbol{E}-\boldsymbol{A})^{-1}\Delta\boldsymbol{Y} \tag{7}$$

当对农业的最终需求增加 1 个单位，而其余部门的最终需求不变时，令 $\Delta\boldsymbol{Y}=[1\quad 0\quad \cdots\quad 0]^{\mathrm{T}}$，则 6 个部门的总产出增加 $\Delta\boldsymbol{Q}$ 等于 $(\boldsymbol{E}-\boldsymbol{A})^{-1}$ 的第一列。类似，当工业的最终需求增加 1 个单位，而其余部门的最终需求不变时，6 个部门的总产出 $\Delta\boldsymbol{Q}$ 增加等于 $(\boldsymbol{E}-\boldsymbol{A})^{-1}$ 的第二列；其余类推。

利用如下的代码即可获得问题(2)的结果：

```
dY=[1;0;0;0;0;0]      #农业的最终需求增加 1 个单位,其他不变
dQ=W_inv * dY
```

求解结果：

```
dQ=[1.2320276082569124
0.5667665433006047
0.005705788889249927
0.05409514212508285
0.13561298515842415
0.02206095656946612]
```

d$\boldsymbol{Q}$ 与列昂惕夫逆的第一列相等。根据上述结果可知，当农业的最终需求增加 1 个单位时，农业、工业、建筑业、交通运输业、商业和其他服务业的总产出分别增加 1.232，0.567，0.006，0.054，0.136，0.022 个单位。其余 5 个部门的最终使用需求分别增加 1 个单位引起的总产出增加计算以此类推。在此基础上，可以类推计算最终使用各部门产品增加多个单位时的总产出影响。

(三) 问题(3)

为使投入产出运算是可行的(对于任意给定的、非负的最终使用需求，都能得到非负的总产出)，分析直接消耗系数应满足的条件。

根据方程组(4)，要使对任意给定的、非负的最终使用需求 $\boldsymbol{Y}\geqslant 0$，都有 $\boldsymbol{Q}\geqslant 0$，显然只需 $(\boldsymbol{E}-\boldsymbol{A})^{-1}\geqslant 0$(指每个元素非负，下同)。

当直接给定投入产出表的实际数据时，由直接消耗系数 a_{ij} 的计算公式(1)可知，非负条件等价于：

$$\sum_{i=1}^{n} X_{ij} < Q_j, j=1,2,\cdots,n \tag{8}$$

由表 2 可知，只要最初投入非负，式(8)就成立，从而投入产出分析是可行的。

对于小型投入产出表可以用眼睛直接观察得知，对于大型投入产出表(数十行乃至百行以上)，有效快捷的方式是利用软件程序。这样的程序也可以检验投入产出表数据的合理性和可靠性。下面给出 MWORKS 的基本代码。

方法一：判断是否 $(\boldsymbol{E}-\boldsymbol{A})^{-1} \geqslant 0$。

```
#设已知列昂惕夫逆 W_inv=(E-A)^-1
isMatrixNonNegative=all(i->(0<=i), W_inv)        #若 W_inv 为非负矩阵，则 isMatrix-
                                                 NonNegative=true
```

方法二：验证式(8)是否满足。

```
sum_cols = sum(X,dims=1);        #求各列元素之和
Q_row = Q′;              #若 Q 为列向量，则转置为行向量①
result = all(sum_cols. < Q_row);        #检查 X 的所有列和是否严格小于 Q 的对应元素
```

(四) 问题(4)

计算各部门的完全消耗系数。

利用问题(1)求得的列昂惕夫逆，可得问题(4)的解，求解代码如下：

```
B=W_inv-eye(n)        #求完全消耗系数矩阵
```

运行结果：

```
B=[0.232  0.147  0.189  0.070  0.080  0.062
   0.567  1.374  1.389  0.841  0.667  0.775
   0.006  0.007  0.009  0.019  0.021  0.032
   0.054  0.097  0.115  0.166  0.062  0.068
   0.136  0.253  0.297  0.228  0.273  0.263
   0.022  0.033  0.037  0.024  0.032  0.050]
```

根据计算结果可知，当农业部门增加对外供应 1 亿元的最终产品，就不仅需要农业增加 0.159 亿元(a_{11}×1 亿元)、工业增加 0.171 亿元(a_{21}×1 亿元)、建筑业增加 0.002 亿元(a_{31}×1 亿元)、交通运输业增加 0.021 亿元(a_{41}×1 亿元)、商业增加 0.027 亿元(a_{51}×1 亿元)、其他服务业增加 0.050 亿元(a_{61}×1 亿元)的直接消耗，而且还将有 0.067 6 亿元[($b_{11}-a_{11}$)×1 亿元]的农业、0.391 4 亿元[($b_{21}-a_{21}$)×1 亿元]的工业、0.005 5 亿元[($b_{31}-a_{31}$)×1 亿元]的建筑业、0.033 9 亿元[($b_{41}-a_{41}$)×1 亿元]的交通运输业、0.043 9 亿元[($b_{51}-a_{51}$)×1 亿元]的商业、0.082 5 亿元[($b_{61}-a_{61}$)×1 亿元]的其他服务业作为间接消耗。在为某企业或部门扩大生产

① 在 MWORKS 中，简单矩阵符号后加撇号“′”就是其转置矩阵，如果矩阵是一个算式，比如 $\boldsymbol{E}-\boldsymbol{A}$，则可用 transpose(E-A)表示 $\boldsymbol{E}-\boldsymbol{A}$ 的转置矩阵。

而进行投资等计划问题上,要充分考虑其他部门的承受能力。

(五) **全部代码**

将问题(1)—(4)的全部代码汇总如下:

```
X=[464  788  229  13  128  12;
   499  8604  1444  387  1040  756;
   5  9  3  17  75  75;
   60  519  127  158  120  76;
   138  1303  314  140  799  416;
   29  168  37  12  89  103]        #输入中间流量矩阵X
Q=[2858; 16243; 2813; 1410; 5018; 3002];       #输入总产出列向量
A=X./Q'     #X每一行与Q的转置对应元素相除得到直接消耗系数矩阵
Y=[1500;4200;3000;500;950;3000]          #输入最终使用需求Y
n=size(Y,1)           #获取最终使用向量Y的行数
W=eye(n)-A            # eye(n)用于获取阶数为n的单位矩阵
W_inv=inv(W)              #求A对应的列昂惕夫逆矩阵
isMatrixNonNegative=all(i->(0<=i), W_inv)            #若W_inv为非负矩阵,则isMatrix-
                                                      NonNegative=true
Q=W_inv * Y              #对于给定最终使用Y求总产出Q
dY=[1;0;0;0;0;0]              #输入最终使用向量的变化dY
dQ=W_inv * dY              #对于给定最终使用变化dY求总产出变化dQ
B=W_inv-eye(n)              #求完全消耗系数矩阵
```

投入产出分析实验指导书(基于 Excel 或 WPS 表格)

Excel 或 WPS 表格具有相当强大的运算和存储能力。WPS 表格最高行数为 104 857 6,列数为 16 384(到 XFD),一个工作簿文件可以有 255 个工作表,所以,可以满足投入产出技术应用的通用计算和存储需求。当工作表或工作簿比较大时,对微型计算机的性能要求也较高。如果在一个工作簿里有较多的工作表时,在第一个工作表上制作一个目录超链接是有用的。

1 基本电子表格操作

1.1 选定单元或区域

任务 1:选取单元 C8;任务 2:选取区域 E2:H12。

求解步骤如下:

(1) 打开 Excel 或 WPS 表格软件。

(2) 找到 C 列和第 8 行的交叉点,用鼠标单击。

(2′) 或在左上角的地址框里输入 C8,回车,即可发现鼠标已位于 C8 单元。

(3) 找到单元 E2,单击鼠标,按住鼠标左键移动至 H2,不松手,继续下移至 H12,即可看到鼠标所画出的区域除开始的第一格外,其余都变暗。以上操作可以从 H12 开始逆顺序操作。

(3′) 或在左上角的地址框里输入 E2:H12,回车,即可发现阴影已覆盖指定区域。

1.2 基本算术计算

任务:用电子表格做以下计算:

(1) $165+888$; (2) $967-328$; (3) 268×352; (4) $689\div257$;

(5) 678^9; (6) e^8; (7) $\ln 86$; (8) $\log_9 86$

求解方法如下:

(1) 选定使用的单元。

(2) 在电子表格中输入算式。首先,在确定的单元格中输入等号(=)或加号(+),在等号或加号后输入待计算的算式。

(3) 在电子表格中,除号用斜杠(/)代替,乘号用“ * ”代替,指数前加“^”,如“3^5”要输入“3^5”。

(4) 在电子表格中的嵌套运算中,只使用圆括号( ),全角和半角都可以,但必须正确配对。如:$(165+888)+((967-328)+(268\times352-689\div257)\times678^9$。

(5) 在电子表格中有丰富的内嵌函数,如自然对数 ln、一般对数 log、以 e 为底的幂(EXP)等等,可在应用中不断学习(在左上角地址框的右侧有 fx,单击即可显示。如果已经知道,可以直接输入)。

1.3 单元格的引用

在电子表格中,可以引用已有单元格的数据进行运算。

任务：在单元格 C8 中输入数字 786，在单元格 E5 中输入数字 156，在单元格 B6 中计算 C8 和 E5 的和，在单元格 D2 中计算 C8 除以 E5 的商，保留 4 位小数。

求解方法如下：

(1) 在单元格 C8 中输入数字 786，在单元格 E5 中输入数字 156。

(2) 选定单元格 B6，在 B6 中先输入"="，然后输入"C8+E5"，即可得其和。

(2′) 或选定单元格 B6，在 B6 中先输入"="，鼠标放在等号后，然后单击 C8，输入加号"+"，再单击 E5，回车即得其和。

(3) 选定单元格 D2，在 D2 中先输入"="，鼠标放在等号后，然后单击 C8，输入除号"/"，再单击 E5，回车即得其商。

(3′) 或选定单元格 D2，在 D2 中先输入"="，鼠标放在等号后，然后输入"C8/E5"，即可得其商。

(4) 鼠标置于商值单元格，点击鼠标右键，从命令栏中选中"设置单元格格式"，出现"单元格格式"菜单。在"数字"栏下选择"数值"，在右边区域看到"小数位数"，使其值等于要求的保留小数位，单击右下方的"确定"按钮，即完成(在不修改的情况下，自然小数位最大显示 9 位)。

2 矩阵运算

矩阵的运算需要符合型式原则，如算术加减运算时，两个矩阵必须同型，即行数和列数分别相同；矩阵乘法运算时，左矩阵的列数等于右矩阵的行数；只有方阵才能求逆。

2.1 矩阵的加减运算

任务：已知矩阵 $\boldsymbol{A}$ 和 $\boldsymbol{B}$，求其和矩阵与差矩阵。

$$\boldsymbol{A}=\begin{pmatrix}12 & 23 & 33\\45 & 21 & 62\\36 & 75 & 98\end{pmatrix},\boldsymbol{B}=\begin{pmatrix}32 & 25 & 43\\65 & 28 & 32\\36 & 95 & 68\end{pmatrix}$$

求解步骤如下：

(1) 在指定区域输入矩阵 $\boldsymbol{A}$ 和 $\boldsymbol{B}$ 的值，例如：$\boldsymbol{A}$ 的值在区域 B22：D24，$\boldsymbol{B}$ 的值在 F22：H24。

(2) 确定和矩阵的存放区域并覆盖之，例如在区域 D26：F28。

(3) 鼠标不动，输入"=B22：D24+F22：H24"，按【Ctrl】+【Shift】+【Enter】，即可得和矩阵：

$$\boldsymbol{A}+\boldsymbol{B}=\begin{pmatrix}44 & 48 & 76\\110 & 49 & 94\\72 & 170 & 166\end{pmatrix}$$

(4) 确定差矩阵的存放区域并覆盖之，例如在区域 D30：F32。

(5) 鼠标不动，输入"=B22：D24-F22：H24"，按【Ctrl】+【Shift】+【Enter】，即可得差矩阵：

$$\boldsymbol{A}-\boldsymbol{B}=\begin{pmatrix}-20 & -2 & -10\\-20 & -7 & 30\\0 & -20 & 30\end{pmatrix}$$

注意:用按【Ctrl】+【Shift】+【Enter】得到的矩阵,不能单独清除或修改其中一个或部分元素,只能全部清除或统一修改。一般计算结果为矩阵的运算,输出结果时都必须“同时按【Ctrl】+【Shift】+【Enter】”。

2.2 矩阵的算术乘除运算

所谓矩阵的算术乘除就是两个矩阵的对应元素相乘或相除。

2.2.1 数乘

数乘即一个纯单个数与一个矩阵相乘,其结果矩阵等于矩阵的每一个元素与该数相乘。

任务:对前述矩阵 $\boldsymbol{A}$,与数 $b=25$ 相乘,求其结果。

求解步骤如下:

(1) 确定 $\boldsymbol{A}$ 的区域 B22:D24,指定 b 的位置为 K23 并输入 25。

(2) 选定结果存放区域,设为 I25:K27。

(3) 鼠标不动,在区域 I25:K27 输入“=B22:D24 * K3”,按【Ctrl】+【Shift】+【Enter】,即可得结果矩阵:

$$\boldsymbol{A} * b=b * \boldsymbol{A}=\begin{pmatrix} 300 & 575 & 825 \\ 1\ 125 & 525 & 1\ 550 \\ 900 & 1\ 875 & 2\ 450 \end{pmatrix}$$

注:只要除数不为 0,可以类推作矩阵的数除,请试之。

2.2.2 矩阵与向量的算术乘

矩阵与向量的算术乘分矩阵与列向量的算术乘和矩阵与行向量的算术乘。矩阵与列向量的算术乘中,列向量的元素数必须与矩阵的行数相等,其结果等于矩阵的每一列与该列向量对应元素相乘;矩阵与行向量的算术乘中,行向量的元素数必须与矩阵的列数相等,其结果等于矩阵的每一行与该行向量对应元素相乘。

任务 1:设有矩阵 $\boldsymbol{A}=\begin{pmatrix} 7 & 8 & 8 \\ 1 & 7 & 6 \\ 2 & 5 & 7 \end{pmatrix}$,列向量 $\boldsymbol{b}=\begin{pmatrix} 1 \\ 2 \\ 5 \end{pmatrix}$,求 $\boldsymbol{A} * \boldsymbol{b}$。

求解步骤:

(1) 在选定区域 F8:H10 中输入矩阵 $\boldsymbol{A}$ 的值,在选定区域 J8:J10 中输入列向量 $\boldsymbol{b}$ 的值。

(2) 选定结果存放区域 F12:H14,并覆盖。

(3) 输入“=F8:H10 * J8:J10”,按【Ctrl】+【Shift】+【Enter】,即可得结果矩阵:

$$\boldsymbol{A} * \boldsymbol{b}=\boldsymbol{b} * \boldsymbol{A}=\begin{pmatrix} 7 & 8 & 8 \\ 2 & 14 & 12 \\ 10 & 25 & 35 \end{pmatrix}$$

任务 2:设有行向量 $\boldsymbol{h}=(2 \quad 3 \quad 5)$,求 $\boldsymbol{A} * \boldsymbol{h}$。

求解步骤:

(1) 在选定区域 K6:M6 中输入列向量 $\boldsymbol{h}$ 的值。

(2) 选定结果存放区域 J12:L14,并覆盖。

（3）输入“=F8:H10*K6:M6”，按【Ctrl】+【Shift】+【Enter】，即可得结果矩阵：

$$\boldsymbol{A}*\boldsymbol{h}=\boldsymbol{h}*\boldsymbol{A}=\begin{pmatrix}14 & 24 & 40\\ 2 & 21 & 30\\ 4 & 15 & 35\end{pmatrix}$$

2.2.3 矩阵与矩阵的算术乘

矩阵与矩阵的算术乘即两个矩阵的对应元素相乘，两个矩阵应该同型，即列数与行数对应相等，又称为 Hadamard 乘，结果称为 Hadamard 积。

任务：设有矩阵 $\boldsymbol{A}=\begin{pmatrix}12 & 23 & 33\\ 45 & 21 & 62\\ 36 & 75 & 98\end{pmatrix}$，$\boldsymbol{B}=\begin{pmatrix}32 & 25 & 43\\ 65 & 28 & 32\\ 36 & 95 & 68\end{pmatrix}$，求 $\boldsymbol{A}*\boldsymbol{B}$。

求解步骤如下：

（1）在选定区域 B22:D24 中输入矩阵 $\boldsymbol{A}$ 的值，在 F22:H24 中输入矩阵 $\boldsymbol{B}$ 的值。

（2）选定结果存放区域 I30:K32，并覆盖。

（3）输入“=B22:D24*F22:H24”，按【Ctrl】+【Shift】+【Enter】，即可得结果矩阵：

$$\boldsymbol{A}*\boldsymbol{B}=\boldsymbol{B}*\boldsymbol{A}=\begin{pmatrix}384 & 575 & 1419\\ 2925 & 588 & 1984\\ 1296 & 7125 & 6664\end{pmatrix}$$

2.3 矩阵乘法

矩阵乘法是一般矩阵理论中通称的乘法，由第一矩阵的一行乘以第二矩阵的一列，得新矩阵的一个元素，从而要求第一矩阵的列数等于第二矩阵的行数，新矩阵的行数等于第一矩阵的行数，新矩阵的列数等于第二矩阵的列数。

在电子表格中，矩阵乘法有内置函数，函数名为“MMULT”。

任务：设有矩阵 $\boldsymbol{A}=\begin{pmatrix}12 & 24 & 33\\ 43 & 21 & 22\\ 32 & 75 & 38\end{pmatrix}$，$\boldsymbol{B}=\begin{pmatrix}3 & 2 & 4 & 8\\ 6 & 2 & 3 & 6\\ 3 & 9 & 6 & 4\end{pmatrix}$，求 $\boldsymbol{AB}$。

求解步骤如下：

（1）在选定区域 E34:G36 输入矩阵 $\boldsymbol{A}$ 的值，在 I34:L36 输入矩阵 $\boldsymbol{B}$ 的值。

（2）选定结果存放区域 G38:J40，并覆盖。

（3）输入“=MMULT(E34:G36,I34:L36)”，按【Ctrl】+【Shift】+【Enter】，即可得结果矩阵：

$$\boldsymbol{AB}=\begin{pmatrix}279 & 369 & 318 & 372\\ 321 & 326 & 367 & 558\\ 660 & 556 & 581 & 858\end{pmatrix}$$

注：一矩阵 $\boldsymbol{A}$ 与一列向量 $\boldsymbol{b}$ 的算术相乘相当于矩阵 $\boldsymbol{A}$ 右乘向量 $\boldsymbol{b}$ 对应的对角矩阵 $\langle \boldsymbol{b} \rangle$；一矩阵 $\boldsymbol{A}$ 与一行向量 $\boldsymbol{h}$ 的算术相乘相当于矩阵 $\boldsymbol{A}$ 左乘向量 $\boldsymbol{h}$ 对应的对角矩阵 $\langle \boldsymbol{h} \rangle$，即

$$A * b = b * A = \langle b\rangle A;A * h = h * A = A\langle h\rangle$$

运用这个规则,在电子表格中需要计算一个矩阵与一个对角矩阵相乘时就不必专门构造一个所需要的对角矩阵了,而用其对应的向量即可计算。

2.4 矩阵求逆

如果两个方阵互乘后得一单位矩阵,那么这两个矩阵互为逆矩阵。如果一个矩阵的行列式值等于 0,则该矩阵就不存在逆矩阵。

在电子表格中,求逆矩阵有内置函数,函数名为“MINVERSE”。

任务:求矩阵 $\boldsymbol{A}=\begin{pmatrix}12 & 24 & 33\\43 & 21 & 22\\32 & 75 & 38\end{pmatrix}$ 的逆矩阵。

求解步骤如下:

(1) 在选定位置 E34:G36 输入矩阵 $\boldsymbol{A}$ 的值。

(2) 选定结果存放区域 G42:I44,并覆盖。

(3) 输入“=MINVERSE(E34:G36)”,按【Ctrl】+【Shift】+【Enter】,即可得结果矩阵,并修改小数位数为既定值:

$$\boldsymbol{A}\text{ 的逆矩阵}=\begin{pmatrix}-0.016\,48 & 0.030\,23 & -0.003\,19\\-0.017\,99 & -0.011\,60 & 0.022\,34\\0.049\,38 & -0.002\,55 & -0.015\,09\end{pmatrix}$$

2.5 变量赋名

所谓变量赋名就是对电子表格中的某个单元格或一个区域赋予一个名称,在 WPS 中叫“指定名称”,在 Excel 表格中叫“定义名称”。赋名之后,引用该单元格或区域的值就可以直接使用其名称,而不必写上其地址。

任务 1:在电子表格中,将放置矩阵 $\boldsymbol{A}=\begin{pmatrix}12 & 24 & 33\\43 & 21 & 22\\32 & 75 & 38\end{pmatrix}$ 的区域命名为“A3A”。

求解步骤如下:

(1) 找到矩阵 $\boldsymbol{A}$ 的放置区域,并记下其地址,如 E34:G36。

(2) 在最上方工具栏行的“公式”下,找到“名称管理器”按钮并单击,出现“名称管理器”菜单。单击菜单上方命令行中的“新建”,出现“新建名称”菜单,在“名称”行输入对 $\boldsymbol{A}$ 的命名“A3A”,在“引用位置”行输入 $\boldsymbol{A}$ 的区域地址(注意使用固定地址,即行和列号前必须加美元符号,如“$E$34:$G$36”),在备注区域可以写上 $\boldsymbol{A}$ 的内涵意义,然后单击下方的“确定”按钮,即定义好了矩阵 $\boldsymbol{A}$ 的区域名称。

定义好 $\boldsymbol{A}$ 的名称以后,以后计算中用到 $\boldsymbol{A}$ 时,就不必再翻找 $\boldsymbol{A}$ 的位置和确定其地址,直接使用名称即可。在不引起混淆的情况下,上面的矩阵 $\boldsymbol{A}$ 在电子表格中可以直接赋名为“A”,设还有一个矩阵 $\boldsymbol{B}$ 也定义其区域名称为“B”,这样在求矩阵乘法 $\boldsymbol{AB}$ 时,可以在选定结果存放区域直接输入"=MMULT(A,B)",然后按【Ctrl】+【Shift】+【Enter】即可。

赋名规则:在指定名称时,必须遵循一定的规则。

(1) 名称可以是任意字符与数字组合在一起,但不能以数字开头,更不能以数字作为名称,如不能用 1PL。同时,名称不能与单元格地址相同,如 B3。

如果要以数字开头,可在前面加上下划线,如_1PL。

(2) 不能以字母 R、C、r、c 作为名称,因为 R、C 在 R1C1 引用样式中表示工作表的行、列。

(3) 名称中不能包含空格,可以用下划线或点号代替。

(4) 不能使用除下划线、点号和反斜线(/)以外的其他符号,允许用问号(?),但不能作为名称的开头,如"tkw?"可以,但"? tkw"就不可以。

(5) 名称字符不能超过 255 个字符。一般情况下,名称应该便于记忆且尽量简短,否则就违背了定义名称的初衷。

(6) 名称中的字母不区分大小写。

任务 2:已知 $\boldsymbol{A}$ 如任务 1 所示,$\boldsymbol{B}=\begin{pmatrix}32 & 14 & 31\\ 23 & 23 & 52\\ 12 & 35 & 18\end{pmatrix}$,作矩阵乘法:$\boldsymbol{AB}$。

求解步骤如下:

(1) 在电子表格中分别输入 $\boldsymbol{A}$ 和 $\boldsymbol{B}$,如 $\boldsymbol{A}$ 在 D9:F11,$\boldsymbol{B}$ 在 H9:J11。

(2) 将区域 D9:F11、H9:J11 分别命名为 A、B。

(3) 设定放置运算结果的区域:一个 3×3 的矩阵,如 F13:H15。

(4) 在设定区域中输入"=MMULT(A,B)",按【Ctrl】+【Shift】+【Enter】即得

$$\begin{pmatrix}1332 & 1875 & 2214\\ 2123 & 1855 & 2821\\ 3205 & 3503 & 5576\end{pmatrix}$$

2.6 对角矩阵的输入与乘法

对角阵的特点是除主对角线元素外,其余元素都为 0。在 Excel 中使用逻辑条件语句可以方便地输入对角阵。

2.6.1 输入单位矩阵

单位矩阵是主对角线上元素为 1 其他元素为 0 的方阵。在电子表格中输入单位矩阵的程序如下:

(1) 确定单位矩阵的阶,现设要输入一个五阶单位矩阵。

(2) 划定矩阵存放区域 C2:G6,并覆盖。

(3) 输入"=IF(ROW()=COLUMN()-1,1,0)",按【Ctrl】+【Shift】+【Enter】即得。

注:ROW()=COLUMN()-1 表明主对角线行号比列号小 1,这是由起始位置决定的。还可替换为 IF(COLUMN()-ROW()=1,1,0)。

2.6.2 输入与一个向量对应的对角阵

在矩阵运算中,会碰到使用一个向量的元素为一个对角阵的主对角元素的情况,如果逐一

输入会很费事,借鉴输入单位矩阵的方法,这时可采用下面的方法。

任务:输入与向量 $\boldsymbol{P}$=(2　35　46　5)对应的对角阵。

求解步骤如下:

(1) 确定向量 $\boldsymbol{P}$ 的区域地址,设为 C8:H8。

(2) 划定对角矩阵存放区域 C11:H16,并覆盖。

(3) 输入"=IF(ROW()-COLUMN()=8,C8:H8,0)",按【Ctrl】+【Shift】+【Enter】即得。

2.6.3 对角阵与矩阵的矩阵乘

(1) 设行向量 $\boldsymbol{x}$ 的对角阵是 $\langle \boldsymbol{x} \rangle$,那么,$\langle \boldsymbol{x} \rangle$ 右乘矩阵 $\boldsymbol{A}$ 等于 $\boldsymbol{x}$ 与 $\boldsymbol{A}$ 的算术乘,即 $\boldsymbol{A}\langle \boldsymbol{x} \rangle = \boldsymbol{x} * \boldsymbol{A}$,即一个对角阵右乘一个矩阵等于该对角阵对应的行向量与矩阵算术乘。

(1) 设列向量 $\boldsymbol{y}$ 的对角阵是 $\langle \boldsymbol{y} \rangle$,那么,左乘矩阵 $\boldsymbol{A}$ 等于 $\boldsymbol{y}$ 与 $\boldsymbol{A}$ 的算术乘,即 $\langle \boldsymbol{y} \rangle \boldsymbol{A} = \boldsymbol{y} * \boldsymbol{A}$,即一个对角阵左乘一个矩阵等于该对角阵对应的列向量与矩阵算术乘。

3 结构计算

利用投入产出表可以求得丰富的经济结构数据,基本的有产业结构(分总产出结构、增加值结构)、居民消费结构、进出口结构、最终使用结构、最初投入结构等。从投入产出表计算经济结构基本就是行列两个数乘操作。

已知:设给定一个投入产出表。

求解步骤如下:

(1) 将已知投入产出表录入指定电子表格,设此表格为工作表 1(可以换为其他方便名称)。

(2) 将第四象限全部补 0,对全表行、列分别求和,分别放在最后一列和最后一行。

(3) 将工作表 1 全部(按【Ctrl】+A)复制(按【Ctrl】+C)到另一个工作表(按【Ctrl】+V),设为工作表 2。

(4) 将工作表 2 中的数据除栏目标题外全部清除。

(5) 选定工作表 2 的原数据区域,并覆盖。

(6) 输入"=工作表 1 数据区域地址/工作表 1 最后一行地址",按【Ctrl】+【Shift】+【Enter】,就得到投入产出表的列结构数据。

(7) 或输入"=工作表 1 数据区域地址/工作表 1 最后一列地址",按【Ctrl】+【Shift】+【Enter】,就得到投入产出表的行结构数据。

行结构数据和列结构数据分别放在一个工作表里,设分别为工作表 2 和工作表 3。从这两个表里根据需要提取相应的结构数据。

从列结构表的第一象限得到直接消耗系数矩阵,即直接投入系数矩阵;从列结构表的第二象限就得到各种最终使用的产品结构;从列结构表的第三象限可得到各部门的最初投入结构,如果有中间使用的合计列,第三象限的最后一列就是一个经济的 GDP 在劳动报酬、生产税、固定资产折旧和营业盈余上的分配结构。

列结构表各部门对应的列向量整体反映一个部门的投入结构,最后一列对应的就是以总产出度量的产业结构。

从行结构表的第一象限得到直接分配系数矩阵；从行结构表的第二象限就得到各部门产品的最终使用结构，如果有中间使用的合计行，第二象限的最后一行就是一个经济四驾马车的最终使用结构；从行结构表的第三象限可得到各项最初投入的部门结构，增加值行的数据就是以增加值度量的产业结构。

行结构表各部门对应的行向量整体反映一个部门产品的分配使用结构，最后一行就是一个经济以总产出度量的产业结构。

4 列昂惕夫逆矩阵计算

求列昂惕夫逆矩阵就是求一个矩阵的逆矩阵，可以直接使用电子表格中的内部函数。

任务：设已知上一节的直接消耗系数，求该投入产出系统的列昂惕夫逆矩阵。

求解步骤如下：

(1) 将上一节列结构表的直接消耗系数矩阵命名为 **A**(或其他符号)。

(2) 在一个单独的工作表中输入与 **A** 同阶的单位矩阵，并命名为 dwjz6(或其他方便的符号)。

(3) 在新的工作表中划定列昂惕夫逆阵(与 **A** 同阶)的放置区域，并覆盖。

(4) 输入"=MINVERSE(dwjz6-A)"，按【Ctrl】+【Shift】+【Enter】即得。

注：如果一个矩阵是不可逆的，将显示"#NUM!"。来自实际经济数据的直接消耗系数矩阵一般是可逆的，如果出现不可逆的情况，说明数据处理有误。

5 部门合并

在投入产出技术数据准备中，经常需要将几个部门合成一个部门，获得一个较少部门数的投入产出表。如果手动逐部门进行操作，既费时费力，又容易出错。使用转换矩阵即可轻松解决。

任务：设有一个 2017 年中国 6 部门投入产出表如下(按当年生产者价格计算，单位：亿元)，将之转换成一个 3 部门表，3 个部门分别为 3 次产业。

第一象限：

	农业 1	工业 2	建筑业 3	交通运输业 4	商业 5	其他服务业 6	中间使用合计 TIU
农业 1	14 684	62 795	1 896	10	3 734	1 947	85 067
工业 2	21 738	643 473	111 996	22 808	18 221	84 581	902 816
建筑业 3	75	469	7 307	138	203	2 308	10 500
交通运输业 4	2 503	33 413	7 184	11 043	8 599	16 150	78 893
商业 5	2 607	54 058	11 574	4 172	3 523	25 109	101 041
其他服务业 6	3 065	54 953	33 530	17 925	28 854	117 874	256 201
中间投入合计 TII	44 672	849 161	173 487	56 096	63 134	247 969	1434 518

第二象限：

FU101 农村居民消费	FU102 城镇居民消费	THC 居民消费合计	FU103 政府消费	TC 消费合计	FU201 固定资本形成	FU202 存货变动	GCF 资本形成合计	EX 出口	TFU 最终使用合计	IM 进口	GO 总产出
8 683	17 558	26 241	1 238	27 479	1 991	410	2 401	1 194	31 073	6 016	110 124
26 085	97 750	123 835	0	123 835	83 860	4 294	88 154	132 202	344 192	120 441	1 126 567
0	0	0	0	0	218 044	0	218 044	825	218 869	583	228 786
3 092	11 956	15 048	3 016	18 064	3 652	172	3 824	7 969	29 856	6 196	102 553
5 820	29 272	35 092	0	35 092	7 534	434	7 968	14 104	57 164	4 248	153 957
21 060	99 151	120 211	119 497	239 708	44 069	0	44 069	7 553	291 330	11 784	535 746
64 739	255 688	320 427	123 750	444 177	359 151	5 309	364 460	163 847	972 484	149 268	2 257 734

第三象限：

		1	2	3	4	5	6	合计
劳动者报酬	VA001	65 271	105 011	34 212	22 067	42 704	154 003	423 268
生产税净额	VA002	-3 411	56 263	8 073	1 016	10 096	22 941	94 979
固定资产折旧	VA003	2 285	38 496	1 958	19 801	11 813	35 972	110 325
营业盈余	VA004	1 307	77 636	11 056	3 573	26 210	74 862	194 644
增加值	TVA	65 452	277 406	55 299	46 458	90 823	287 778	823 216
总投入	TII	110 124	1 126 567	228 786	102 553	153 957	535 746	2 257 734

求解步骤如下：

(1) 首先将原表输入电子表格中，3 个象限分别命名为 X6X，Y6Y，Z6Z。在中间流量区域命名中只包含 6 部门区域，不包括中间使用和中间投入的合计区，第二象限的区域不包括总产出列区域，第三象限区域不包括增加值和总投入行。

(2) 在电子表格中输入转换矩阵，并将转换矩阵命名为 T6T3：

		第一产业 1	第二产业 2	第三产业 3
农业	1	1	0	0
工业	2	0	1	0
建筑业	3	0	1	0
交通运输业	4	0	0	1
商业	5	0	0	1
其他服务业	6	0	0	1

在转换矩阵中,有归属关系的单元填 1,没有归属关系的填 0。

(3) 选定 3 部门投入产出表的存放区域,并添加栏目名称。

注意:除了部门数减少外,其他部分两个表结构是相同的。

(4) 选定 3 部门表的第一象限区域,并覆盖。

(5) 输入"=MMULT(MMULT(TRANSPOSE(T6T3), X6X), T6T3)",按【Ctrl】+【Shift】+【Enter】即得 3 部门表的中间流量矩阵。

(6) 选定 3 部门表的第二象限区域(不包括最终使用合计列和总产出列),并覆盖。

(7) 输入"=MMULT(TRANSPOSE(T6T3), Y6Y)",按【Ctrl】+【Shift】+【Enter】即得三部门表的最终使用矩阵。

(8) 选定 3 部门表的第三象限区域(不包括增加值行和总投入行),并覆盖。

(9) 输入"=MMULT(Z6Z, T6T3)",按【Ctrl】+【Shift】+【Enter】即得三部门表的最初投入矩阵。

(10) 计算 3 部门表中的合计项。

(11) 将 3 部门表合计项与 6 部门表合计项进行对照,应具有一致性。如果存在应一致而不一致的单元,则说明计算有误,应仔细检查找出错误。

投入产出表中平衡关系校验:

(1) 中间使用总和不变。

(2) 社会总产出不变。

(3) GDP 不变。

(4) 总投入=总产出。

2017 年中国 6 部门投入产出表部门合并后的 3 部门表

	第一产业 1	第二产业 2	第三产业 3	中间使用合计	农村居民消费	城镇居民消费	居民消费合计	政府消费	消费合计
第一产业 1	14 684	64 692	5 692	85 067	8 683	17 558	26 241	1 238	27 479
第二产业 2	21813	763 245	128 259	913 317	26 085	97 750	123 835	0	123 835
第三产业 3	8 175	194 712	233 248	436 134	29 972	140 379	170 351	122 512	292 863
中间投入合计	44 672	1 022 648	367 198	1 434 518	64 739	255 688	320 427	123 750	444 177
劳动者报酬	65 271	139 223	218 774	423 268					
生产税净额	−3 411	64 336	34 053	949 79					
固定资产折旧	2 285	40 454	67 586	110 325					
营业盈余	1 307	88 692	104 645	194 644					
增加值	65 452	332 705	425 058	823 216					
总投入	110 124	1 355 353	792 256	2 257 734					

续表

	固定资本形成	存货变动	资本形成合计	出口	最终使用合计	进口（-）	总产出
第一产业 1	1 991	410	2 401	1 194	31 073	6 016	110 124
第二产业 2	301 904	4 294	306 198	133 028	563 061	121 025	1 355 353
第三产业 3	55 256	605	55 861	29 626	378 350	22 228	792 256
合计	359 151	5 309	364 460	163 847	972 484	149 268	2 257 734

6 部门调序

所谓部门调序就是改变一些部门在投入产出表中的排列顺序。以上一节的 6 部门投入产出表为例。

如果仅仅是变动一个部门的位置就可以直接完成，比如目标是将交通运输业放到第二位，那么可以采取直接移动行列的办法实现：

（1）首先为新的行位置腾出空，即在农业部门行和工业部门行之间插入一行。

（2）全选交通运输业部门原所在行，予以剪切，并粘贴到上面腾出的空行中。

（3）为新的列位置腾出空，即在农业部门列和工业部门列之间插入一列。

（4）全选交通运输业部门原所在列，予以剪切，并粘贴到上面腾出的空列中。

（5）删除交通运输业部门原位置所在的空行与空列。

上面的步骤是先调行，先调列也是可以的。如果需要改变顺序的几个部门挨着在一起，在新表中它们的排序也没有变化，那么，可以把它们当作一个整体，采取与单部门改变同样的步骤调序。

如果需要调序的部门有不同的间隔，或在新表中的排序发生变化，那么，比较合理的办法是采用与部门合并任务同样的类似办法，即先建立转换矩阵，再进行矩阵运算。转换矩阵的行排序与原表相同，列排序与新表相同。新表中，同一个部门交叉的地方是 1，其他单元是 0。

练习：将上面的 6 部门表中的建筑业和商业分别调到第 2 和第 4 部门的位置。

7 基本 RAS 法：算法与性质验证

RAS 法的实质是解非线性方程组。

7.1 基本 RAS 法求解

设基准投入产出表的中间流量矩阵是 $\boldsymbol{X\_0}$，已知目标表的中间使用合计是列向量 $\boldsymbol{U}$，中间投入合计是行向量 $\boldsymbol{V}$。设求得的行修订向量是列向量 $\boldsymbol{R}$，列修订向量是行向量 $\boldsymbol{S}$。则修订得到的目标表中间流量矩阵是

$$\boldsymbol{X}=\hat{\boldsymbol{R}}\boldsymbol{X\_0}\hat{\boldsymbol{S}}$$

约束条件是

$$\begin{cases}\boldsymbol{Xe}=\boldsymbol{U}\\ \boldsymbol{eX}=\boldsymbol{V}\end{cases}$$

RAS 法用电子表格求解步骤如下：

(1) 输入基准表的中间流量矩阵，并命名为 X_0；在此区域的右方和下方分别放置行修订向量 ***R*** 和列修订向量 ***S***，并设置其元素初值(注意要差异化！)，并分别命名为 R 和 S。

(2) 选定目标表中间流量矩阵的放置区域(应在区域的上方和左方输入部门名称或代码)，输入"=R * X_0 * S"(注：这里使用的是算术乘，可以代替对角矩阵乘法)。

(3) 在目标表区域的右方放置目标表的中间使用合计的中间结果并命名为 U_0，在此结果的右方输入已知目标表的中间使用合计列向量并命名为 U，在 U 的右方一列放置中间结果与 U 的差；在目标表的下方一行放置其中间投入合计的中间结果并命名为 V_0，在此结果区域的下方输入已知目标表的中间投入合计的行向量并命名为 V，在 V 的下方一行放置中间结果与 V 的差。

(4) 在两个差的交叉位置放置两个差的和。

(5) 打开电子表格系统的规划求解功能(此功能在 WPS 表格数据栏的模拟分析下，靠中间位置；在 Excel 表格系统的数据栏下，靠右边末端)。

在最上面找到"设置目标"，在其右边的框里输入上一步"两个差的和"的地址(可以通过鼠标单击输入)。

在下一行"到"的右方选择"最大值"或"最小值"。

在下一行"通过更改可变单元格"的下方输入框中输入第一步中 ***R*** 和 ***S*** 的地址。

在"遵守约束"下方单击"添加"，分别录入约束条件"U_0=U"，"V_0=V"；返回规划求解界面，单击最下方的"求解"，电子表格系统就开始计算。

注：最快数秒就可得到结果，有的可能会经历较长时间。也有可能掉入死循环出现"找不到有用的解"的结果，这时改变 ***R*** 和 ***S*** 的初值，或将目标的最大化改成最小化或反之，或持续重复运行"求解"。有些任务 Excel"找不到有用的解"而 WPS 电子表格可以，有时显示"找不到有用的解"但已满足约束。

在模拟过程中可以发现，不同的 ***R*** 和 ***S*** 的初值可能会得到不同的 ***R*** 和 ***S*** 的解，但是，对中间流量矩阵的修订值是一致的。

以上方法逻辑实际上可用于求解任何普通非线性方程组。

7.2 改进 RAS 法

所谓改进 RAS 法就是在基本中间使用合计和中间投入合计条件的基础上再增加新的约束条件，比如已确定某些单元格的值。将这些已知元素的值直接填入对应的单元格中，然后再运行"规划求解"。请读者自行尝试。

实验习题
（用 MWORKS 或电子表格）

1.（经济计划上的应用）某城市经济投入产出表的投入系数如表 1 所示。现预计，该市明年在农业上可有 10 亿元增加值，第二产业有 5 亿元增加值，服务业有 6 亿元增加值，问：该市明年农业、第二产业和服务业的总产出预计分别是多少？

表 1　某市的投入系数表

	农业	第二产业	服务业
农业	0.2	0.3	0.2
第二产业	0.4	0.1	0.2
服务业	0.1	0.3	0.2

2.（实物型表）设某经济有 A、B、C 三个产品部门，有投入产出表如表 2 所示。假设投入系数不变，如果 A 部门产品增加进口 30 吨，C 部门产品增加出口 36 部，B 部门不变，求新的投入产出表。

表 2　某经济投入产出表

	A	B	C	最终产品	总产量
A	30	20	50	150	250（吨）
B	20	30	35	115	200（千米）
C	16	18	2	64	100（部）

3. 设某经济有农业、工业和服务业 3 个生产部门，已知初始投入产出表如表 3 所示。

表 3　某经济 3 部门投入产出表　　单位：亿元

	农业	工业	服务业	最终使用	总产出
农业	35	20	20	25	100
制造业	20	60	50	70	200
服务业	10	55	45	40	150
最初投入	35	65	35		
总投入	100	200	150		

以表 3 为基础回答下列问题：

（1）假定投入系数不变，如果对农业、工业和服务业的最终使用需求分别为 50 亿元、150 亿元、100 亿元，则这 3 个部门的总产出分别应为多少？

（2）如果 3 个部门的最终使用需求分别增加 1 个单位，它们的总产出应分别变化多少？

4. 表 4 是 2007 年中国 7 部门现价投入产出表。

表4　2007 年中国 7 部门投入产出表　单位:亿元

		农业	非农第一产业	采掘业	制造业	建筑业	物流业	其他服务业	中间使用合计
中间投入	1 农业	2 109	2 281	1	13 707	137	379	546	19 159
	2 非农第一产业	461	2 027	77	10 872	122	1	1 625	15 185
	3 采掘业	16	17	2 188	35 230	892	152	278	38 773
	4 制造业	4 563	5 653	9 902	278 779	37 034	10 761	35 791	382 483
	5 建筑业	9	2	27	133	598	123	1 108	2 000
	6 物流业	431	367	1 218	10 488	4737	2 265	5 616	25 121
	7 其他服务业	1 070	1 230	1 967	30 287	4 688	3 768	27 084	70 094
中间投入合计		8 658	11 576	15 381	379 496	48 208	17 448	72 048	552 815
最初投入	劳动者报酬	15 154	12 027	4 863	33 726	7 405	4 059	32 813	
	生产税净额	48	0	2 516	22 694	1 800	1 420	10 041	
	固定资产折旧	799	631	1 499	15 887	776	2 835	14 829	
	营业盈余	0	0	4 921	33 876	4 532	6 669	30 224	
	增加值	16 001	12 658	13 800	106 182	14 513	14 983	87 906	26 604
总投入		24 659	24 234	29 181	485 678	62 722	32 431	159 954	

农村居民消费	城镇居民消费	居民消费小计	公共消费	消费合计	固定资本形成总额	存货增加	资本形成合计	出口	最终使用合计	进口	其他	总产出	
2 909	2 495	5 404	0	5 404	0	−161	−161	542	5 785	1 490	1 205	24 659	1
2 250	3 502	5 752	342	6 094	1 067	1 135	2 202	124	8 420	838	1 467	24 234	2
87	60	148	0	148	0	249	249	640	1 037	10 339	−290	29 181	3
8 828	29 642	38 470	0	38 470	38 418	4 131	42 549	80 559	161 578	55 304	−3 078	485 678	4
0	932	932	0	932	58 847	0	58 847	409	60 187	221	756	62 722	5
567	1 843	2 410	1 621	4 032	263	26	289	4 032	8 353	1 104	61	32 431	6
9 676	33 761	43 437	33 228	76 665	6 841	103	6 944	9 235	92 844	4 724	1 741	159 954	7
24 317	72 235	96 553	35 191	131 744	105 436	5 484	110 919	95 541	338 204	7 4021	1 860	818 859	合计

请回答下列问题:

(1)用三种方法计算 GDP。(2)计算分别用增加值和总产出表示的产业结构。(3)计算中国 2007 年基于 GDP 的消费率。(4)计算居民消费的产品结构。(5)计算出口值和进口值的产品部门结构。(6)为什么公共消费支出中对农业和第二产业的消费都是 0?(7)比较各部门的增加值率,对增加值率最大和最小的两个部门给出一些解释:为什么大或小?(8)计算投入系数矩阵和分配系数矩阵。(9)计算影响力系数、感应度系数、生产诱发系数、最终依赖度系数。(10)用局部闭模型计算投资乘数。(11)验证:完全增加值率等于1。(12)对前面各项计算结果进行适当评论。(13)从这个投入产出表,你还能发现哪些有趣或有意义的现象?

5. 分别获取一个2017年、2018年、2020年的投入产出表。以2018年为基准表,用RAS法分别求修订的2017年和2020年的投入产出表。在求解之前,把各年份处理成同样部门数同样结构的表式。对照所得修订表和原发布表,分析其误差情况。

术语索引